中国企业ERP模式与应用

——企业高级管理软件

主编 郭 翔 莫海鸿

编委 苏思宏 许梦狮 卢小玲 莫 枢 张文昶

廣東省出版集團

广东科技出版社

·广 州·

图书在版编目（CIP）数据

中国企业 ERP 模式与应用——企业高级管理软件/郭翔，莫海鸿主编.
—广州：广东科技出版社，2012.1
ISBN 978-7-5359-5601-9

Ⅰ.①中…　Ⅱ.①郭…②莫…　Ⅲ.①企业管理—计算机管理系统，ERP—中国　Ⅳ.①F270.7

中国版本图书馆 CIP 数据核字（2011）第 159053 号

策划编辑：陈　兵
责任编辑：李　青　刘　耕
版式设计：陈维德
责任校对：蒋鸣亚　梁小帆
责任印制：罗华之
出版发行：广东科技出版社
（广州市环市东路水荫路 11 号　邮政编码：510075）
E-mail：gdkjzbb@21cn.com
http：//www.gdstp.com.cn
经　　销：广东新华发行集团股份有限公司
印　　刷：佛山市浩文彩色印刷有限公司
（佛山市狮山科技工业园A区兴旺路6号　邮政编码：528225）
规　　格：787 mm×1 092 mm　1/16　印张 24.75　字数 490 千
版　　次：2012 年 1 月第 1 版
2012 年 1 月第 1 次印刷
印　　数：1～5 000 册
定　　价：50.00 元

主要作者简介

郭翔，总（副）会计师，党校本科毕业。1969年海南下乡知青，做过农工、文书、农场机关财务科会计。1973年广州农展馆讲解员。1979年广州造船厂，曾任会计、审计、经理、总（副）会计师。获高级会计师，美国高级国际财务管理师职称。并获广东首届“金算子杯”国际财务管理师十优称号。在中国工程院、中国科学院刊物曾发表论文《关于目标成本管理方法的探讨》，《国企改革的出路在哪里》等其他论文在多处国家级刊物发表并获奖。

莫海鸿教授，博士生导师。1982年毕业于武汉水利电力学院（现武汉大学），1988年至1990年在同济大学土木、水利博士后流动站从事博士后研究，出站后调入华南理工大学建筑工程系任教至今。1994年至1996年到美国俄克拉荷马大学岩石力学研究所做高级访问学者。兼任中国人民政治协商会议广东省第8、9、10届委员会常务委员。任《岩石力学与工程学报》、《地震工程与工程振动》编委，中国水利学会水工专业教学指导委员会委员，中国岩石力学与工程学会动力学专业委员会委员，广东省水利学会理事，广东省岩石力学与工程学会常务理事，广东省土木工程学会土力学与地基基础学术委员会委员。长期从事教学和科研，主持过多项重大项目的研究。国内外学术刊物发表论文200余篇，其中被SCI、EI、ISTP收录50余篇。曾获省部级以上奖励10项。主编的本科教材《基础工程》被收进教育部《21世纪系列教材》和《教学指导委员会推荐教材》，被多间大学选为必修课用书。指导过硕士研究生、博士研究生70多名。

前 言

《中国企业 ERP 模式与应用》在多方鼓励下面世了。感谢读者的支持与指导。

在此，首先郑重声明，本书不存在盗版侵权问题。因为：

1. 书中已说明是在一个企业中许多人的工作表形成了“信息孤岛”，将它们集中起来作为 ERP 软件的设计基础来表达。比如企业经营管理系统，很多单位自己设计了经济合同台账，没有将财务核算管理部分连接起来。工艺流程卡的设计是作者与工程技术人员、经营人员一起研究讨论出来的，在生产过程的管理科学化一目了然，在财务核算管理起到不可估量的作用。一般上规模的企业，每月有几百个、几千个生产合同项目，工号混乱，成本张冠李戴的情况经常发生，有工艺流程卡以后，可以经常检验核对，使产品成本的真实性有了重要的保障。

2. 市场经济与企业管理不断地完善，许多资料是企业必不可少的财富。为了审计，为了产品的分析，为了企业能持续稳定地有所发展，企业的一切档案资料必须规范的管理。作者在工作期间，能先于当时的形势，极力促成企业各种档案的建立保管要求，心得不少。企业的经济档案包括人事档案、技术档案，对财务管理都非常重要。所以，设计其他系统的产品软件需要目录在线，有接口在必要的时候联网运用。

3. 有的软件设计在市面上比较成熟，说成熟是已经成为了商品。只不过离企业要求的管理功能相差太远，需要补充，需要完善，需要更合理更科学化。其中固定资产管理核算系统，要加强对资本的运用管理、分类细化。原材料管理分商品材料仓库管理体系和商品材料会计核算体系两部分，仓库系统加上掌上电脑（PDA）、集成电路（IC 卡）、销售终端（POS）等功能的设计要求，商品材料的分类管理更全面。预算管理体系要求更全面、更细化、更系统化。

4. 作者聚毕生的工作实践经验，指导、指挥创造了许多工作环节需要的核算管理软件，在企业付诸实现使用了多年。其中目前最难设计的成本核算与销售管理体系是亲自主导设计，多年使用不断修改，现在更是趋于完美的成本核算设计系统。希望推广和运用。

5. 市面上会计核算系统有许多不完善、不够理想的地方，会计工作底稿体系提出了许多管理的需求，对在系统体系以外自行设计使用不少补丁软件不规范提出了异议。其中目前市面上没有独立的厂内银行系列、原始凭证体系等，属于新思维方法的新设计。要求原始凭证体系与电子印章联网使用控制的系统设计。

6. 在工作期间用手工繁琐地做了许多工作表，尤其企业经济状况分析体系、历史台账及汇总报表体系，在堆积如山的数据中挑选整理的分析，更希望将它们作为企业今后正常的数据流，加强对决策管理层的参谋作用。

7. 将外部报表联网一体化，省去企业会计的重复工作，避免错误百出与漏洞。其中要求常规的财政报表、税务报表、统计报表、工商管理报表等，在企业资源计划（ERP）线上固定下来，并且可以随需求的修改功能，设计留有接口联网空间的功能。

8. 在长期工作中的理想是真正做到事前的管理，而实现事前的预测管理，应该是技术系统的成本设计作为成本控制的源头。作者在近几年的论文、讲课、吹风，致力于学习国外的先进理念，开展中国企业的成本设计行为。因此有工厂成本设计和经营计划毛利测算表的设计理论，是一个新领域的系统工程，需要培养技术人员新的设计观念，纳入企业规范程序管理的工作轨道。

这里设计了560多个表格，并不是作者凭空杜撰出来的。那是企业一个总会计师时刻辛苦面对的基本工作，管理需要参考参阅大量的工作总结表格，精心管理需要大量的数据作旁证和论理。

总会计师非常需要ERP软件精细的帮助和科学的管理。

要致力于推行ERP管理软件，需要正视一种管理理论的发展观。

新中国成立以后几十年在企业发展的历程里，形成了许多合理的管理制度，同时也产生了许多自认为合理的习惯势力。企业需要向现代化进军就必须引进ERP管理软件，按时代的要求规范企业的管理行为，向管理更高层次的发展是企业的必由之路。

然而要进行新的管理理念并不容易，曾经引发的"ERP是良药还是毒酒"的争论事件说明了许多的问题。争论代表了企业管理领域里对ERP没有充分的理论与实践的认识，也代表了IT行业没有能力承担改造企业管理的导向设计与水平。因此，争论也给既得利益者最好的借口，起到了阻止ERP软件发展的机会。

企业计算机管理软件的系统设计是一把手工程，充分体现了企业最高行政长官的管理理念，是最高行政长官管理意志的精神杰作。因此，企业的财务总负责人需要理解和了解最高行政长官的基本管理思路后，才可以需求设计体现企业"管理会计"作用的财务管理体制。

时代发展到现在，需要重新认识ERP，不仅是企业的高级管理层，也是自然社会的政权机构和可以承担这个责任的IT行业。ERP不仅是商业化的实现，也是社会责任价值的实现。

这本书的设计，向我国IT行业提出了深层次的、严峻的思考问题。

计算机进入我国市场多年的历史，向各行各业进军冲刺，目前留下没有计算机涉及的空白领域不多了。现在提出计算机能在各行各业设计的管理软件，联网接口已经是市场发展的迫切要求。

然而，我国计算机市场规则到现在还没有建立起来，各自为战，互相干扰，盗版猎奇的行为处处泛滥。而今的客户提高了选择的水平，知道了寻求规范化计算机公司开发与设计的品牌，知道了几个人组成小公司开发完以后溜之大吉的恶果，更知道凡是软件价格低廉的就是盗版行为，没有后续维护和服务而产生了不得已的舍弃，从而又一次起到阻碍计算机管理作用的推广。计算机市场让使用者懂得了对IT行业的要求，将潜规则摆到了市场经济的台面上寻求高质量的服务。

因此，计算机行业需要考虑研究怎样划分市场，分工合作，实行专业技术垄断，建立信用市场秩序，保护知识产权，实现既紧密联合，又分散经营的集团垄断公司，健全企业在市场运转的规则，把我国的企业管理都发展成为有世界一流的管理模式。为建立有中国特色的工业、农业、商业企业的科学化，IT行业有义不容辞的社会责任。

作者网站：GXSSHERP. 163. COM

主编

2011年5月30日

目 录

第一章 绪论 …… 1
第一节 关于 ERP …… 1
第二节 总会计师的说白 …… 3
一、关于信息需求 …… 3
二、关于预算 …… 3
三、关于管理模式 …… 4
四、关于软件设计 …… 5
第三节 软件设计方案说明 …… 6

第二章 企业高级管理软件 …… 10
第一节 企业经营管理系统 …… 11
一、生产管理体系 …… 12
（一）经济合同系列 …… 13
（二）经营管理系列 …… 20
（三）技术质量管理系列 …… 25
（四）生产管理系列 …… 33
二、商品物资管理体系 …… 36
（一）物资材料购销管理系列 …… 36
（二）商品产品销售业务管理系列 …… 40
三、物业管理体系 …… 43
四、饮食管理体系 …… 47
五、人事管理体系 …… 52
（一）人员管理 …… 52
（二）人事管理 …… 56
六、投资管理体系 …… 60
（一）决策管理 …… 60
（二）固定资产管理 …… 64
（三）投资职能管理 …… 65
（四）上市公司及股份制公司管理 …… 65
七、其他管理软件的提示 …… 66
（一）医院软件 …… 66
（二）收计费软件 …… 67

第二节 财产物流管理系统 …… 69
一、固定资产管理核算体系 …… 70
（一）资产的增加与减少单据系列 …… 71
（二）资产管理台账系列 …… 78
（三）资产效益管理系列 …… 85
二、商品材料仓库管理体系 …… 86
（一）仓库入库单管理系列 …… 88
（二）仓库出库单管理系列 …… 91
（三）仓库账目管理系列 …… 95
三、掌上电脑（PDA）操作系统 …… 98
四、集成电路（IC）卡感应系统 …… 98
五、销售终端（POS）电子收款机系统 …… 99
六、商品材料会计核算管理体系 …… 100
（一）材料会计核算汇总表系列 …… 100
（二）材料商品成本分配系列 …… 105
（三）客户资料储备系列 …… 106
第三节 资本核算管理系统 …… 107
一、薪酬管理体系 …… 108
（一）人员报酬系列 …… 108
（二）人员工资档案管理系列 …… 110
二、原始凭证体系 …… 111
（一）自制原始凭证系列 …… 112
（二）外来原始凭证系列 …… 118
（三）电子印章的作用 …… 121
三、关于厂内银行程序修改的提示 …… 123
（一）以前的设计方法原理 …… 123
（二）修正设计方法原理 …… 124
四、资金及外汇管理体系 …… 127
（一）厂内银行系列 …… 127
（二）资金管理系列 …… 129
（三）外汇管理系列 …… 132
五、账务处理体系 …… 133
（一）会计凭证系列 …… 134
（二）账页系列 …… 137
六、现金流量体系 …… 138
七、会计工作底稿体系 …… 142

（一）资金平衡表系列 …… 143
（二）利润表系列 …… 151
（三）成本表系列 …… 156
（四）债权债务表系列 …… 166
（五）业务台账表管理系列 …… 172
（六）资本管理表系列 …… 177
（七）上市及股票账表系列 …… 180
（八）进出口业务表系列 …… 182
（九）税务业务表系列 …… 185
（十）统计业务表系列 …… 191
八、成本核算与销售管理体系 …… 197
（一）生产费用分配系列 …… 197
（二）成本核算流程系列 …… 208
（三）产品价格储备系列 …… 218
九、预算管理体系 …… 222
（一）企业预算表系列 …… 222
（二）预算管理系列 …… 228
（三）预算分析 …… 237
十、外部报表体系 …… 245
（一）财政决算系列 …… 246
（二）税务报表系列 …… 273
（三）统计报表系列 …… 274
十一、历史台账及汇总报表体系 …… 274
（一）企业集团报表汇总系列 …… 274
（二）历史台账管理分析与汇总系列 …… 278
十二、企业经济状况分析体系 …… 287
（一）财务指标考核台账表 …… 288
（二）收入与利润分析表 …… 290
（三）主要产品市场分析表 …… 293
（四）企业市场分析表 …… 294
（五）资金效益分析表 …… 297
（六）成本指标考核分析表 …… 300
（七）债权债务分析表 …… 302
（八）薪酬使用效益分析表 …… 305
（九）固定资产使用效益分析表 …… 309
（十）库存管理指标分析表 …… 313

（十一）税收台账分析表 …… 316
十三、会计资料档案管理体系 …… 318
（一）财务文档 …… 318
（二）会计档案 …… 322

第三章　企业经济管理体制论述 …… 326
一、关于财务集中模式 …… 328
二、关于经营集中模式 …… 330
三、关于技术集中模式 …… 334
四、关于采购集中模式 …… 336

第四章　理想的经济责任承包制方法论述 …… 340
第一节　原则 …… 340
一、确定法律管理原则与位置 …… 340
二、建立厂长（经理）负责制的原则 …… 340
三、明确各级第一责任人的经营行为 …… 341
四、对班子的考核方法 …… 341
五、实行一级考核一级工资标准的办法 …… 341
六、各部门报备工资考核方法 …… 341
七、超额完成利润指标鼓励方法 …… 342
八、配套的政策措施 …… 342
第二节　方法 …… 342
一、承包制经济指标的方法 …… 343
二、承包制辅助指标的方法 …… 344
三、机关各职能部门实行费用承包指标的方法 …… 345
第三节　监督 …… 345
一、建立我国职业经理人制度 …… 346
二、总会计师的监督者职能 …… 347
三、财务集中管理 …… 347
四、实行专家治厂的真正功能 …… 347
五、规定企业切实可行的监督办法 …… 347
六、内部制约控制机制的可行性 …… 348

第五章　科学考核权、责、利管理方法论述 …… 349
一、工资酬薪的考核 …… 349

二、工业单位考核系列 …… 351
三、商业单位考核系列 …… 354
四、技术设计考核系列 …… 358
五、经营管理考核系列 …… 359
六、福利事业部门考核系列 …… 361
七、单项奖考核系列 …… 361

第六章 关于财务管理的论述 …… 365

第一节 谈谈企业财务负责人的职业操守 …… 365
一、财务负责人的职业道德 …… 365
二、财务负责人的权利范围 …… 366
三、财务负责人的工作方法 …… 367
四、财务负责人的希望与要求 …… 369
五、对财务负责人的组织原则 …… 371

第二节 行政长官要学会财务管理工作的艺术 …… 372
一、关于财务管理权利的问题 …… 372
二、在专业业务上的领导 …… 373
三、在财务人才上的领导 …… 374
四、在财务管理上的领导 …… 378
五、强调不要外行领导内行 …… 379

参考文献 …… 381

第一章 绪论

第一节　关于 ERP

现代对 ERP 的解释是“企业资源计划”（Enterprise Resource Planning，ERP）。关于 ERP 的概念解释，清华大学出版社在 2008 年 3 月版《ERP 原理与实践》中已基本说明。本书设计的 ERP 具体概念是阐述企业管理模式所引申的运用。

以企业管理而言，不管生产什么有形产品，不管服务什么无形项目，最终都必须实现企业管理的终极目标——利润或者亏损、节余或者超支。所有人类活动因社会分工而产生的社会结构，没有不围绕着价值所决定的一切行为而生存，那就是管理价值的核算。本书设计理念的解释是企业以财务管理为中心展开的一切管理行为所需求的信息技术，而企业管理的模式又完全取决于最高行政长官以及高级管理人员所决定的管理层次与方法才能决定信息技术的取向与归集。然而，并不是说每一个企业只能是一个个性化的 ERP 版本需要设计不同的模式及运用方法。

价值观念决定的是一个方法与原则，归根到底是所有的信息都必须归集到会计报表系统里。会计报表系统对大企业、小企业、机关单位与服务流通企业，是完全共享、绝对一致、毫无分差的信息要求。会计信息基于一个共同的原则就是《国际会计法准则》和中国《企业会计准则》所规定的基本流程。

对所有的企业与单位而言，都会有经营、生产、服务程序的特性，而主要的管理方法同样是绝对共性的。比如，流通企业不需要质量管理系统的说法，是管理意识不到位的具体表现。流通企业同样需要建立起质量管理系统记录，商品产品和生产资料在销售过程中必然带有生产厂家的质量证明书、检验合格书，将其系统地录入保管起来，是企业形象诚信的需要，也是在法治不断完善的社会活动的需要，对流通企业的发展起绝对的保障作用。

再比如，投资管理程序是国有企业、上市控股企业、股份制企业必须要建立完善的管理程序。对于私有资本的小企业，自己的资金投向也应该有规范的历史记录，随时进行总结与分析，才能保证资本的安全与发展。

况且，所有的企业单位都需要以人为本，对劳动生产力的考核，对自然人的业绩肯定而合法合理地承认价值并懂得加以利用。对于小到仅有 3～5 人的小公司，也具有分工的不同、经营项目的不同、生产程序的不同，同样需要划小核算单位，算账到每一个可以分类的部门和个人，了解评价每一个劳动力的情况，是每一个经营管理者需要了解掌握的。要做到了解和掌握，必须依靠规范的计算机程序。

因此，计算机管理程序的设计可以随企业的需求而设置，按企业的管理模式而设计，是IT行业对所有企业的承诺。现在需要IT行业在理论设计原则的重新说法是，现代计算机管理软件的设计是完整的、规范的企业管理程序模式，适合所有企业管理的所有行为。

规范的管理程序则要求企业必须适应的同时需要改变企业的某些习惯势力及方法，调整管理的层次架构与规章制度，全面地实施利用计算机规范的程序，实现企业内部控制制度在自然操作中建立与健全执行的过程。

规范企业的一切行为，适应计算机管理程序必须取决于最高行政长官以及高级管理人员所决定的管理思路和方针，在基本规范管理的程序下提出更高、更特殊的管理需求设计，是资本出资人要求经营管理者绝对忠诚管理的需求，是企业持续发展的基础保证。

所以，本设计的基础是适应“麻雀虽小，五脏俱全”的所有企业。大数据的企业一个职能几个人操作；小数据的企业几个职能一个人操作，基本的功能是一致的。在模式设置的功能上，所有企业必然具备的管理功能固定下来，今天不用，当管理基础跟上的时候，明天也可以展开使用。对明显不是所有企业都需用的功能，可以隐藏或者在设计上是另一个模块，需用时启动。比如，财政部的会计决算报表系统、掌上电脑（PDA）系统、医院等生活后勤的系统等。

在基本完整的设计配置下，还需要在每一个模块留有设计的空间，随时增加企业管理过程中特殊性的要求。比如，农工商联合企业带有农产品的设计需求，餐饮业和小商店连锁企业的特殊需求等。

如果还有说计算机不适合企业管理的舆论是需要考究其动机的。所谓管理基础跟上是企业没有管理基础与ERP模式不适合，是一些经营管理者对ERP不理解，需要时间培训的。

举例说，小单位与小分厂只是生产规格型号不同的一个产品，一个月平均3～5个生产合同，由经理或副经理直接掌管，交货后即完成合同的使命，似乎不需要计算机管理程序的辅助。可是，面对着所有企业年初、年中、年末工时费用的单价不同是必然的规律，一个厂家供应商在年初和年中原材料价格相差各异是市场调节机制的自然轨道，企业是不可以靠猜想和感应来持续发展和经营的。即使企业可以千篇一律的单价进行营销，总的不亏损即可，或者亏损了，在销售产品中是哪一批利润和亏损的差别，是哪一批在交货过程中出现意外的情况，是哪一批可以反映最高成本与最低成本的极限，客户是可以长期合作还是一次性的交易等问题，没有规范的合同程序管理，个人的管理条件与能力是不可能达到管理的细化而达到科学系统化。市场经济会迫使经营管理者需要建立合同管理人员程序化，要求按工作量决定兼职或者专职，将企业基本的管理职能完善起来。这就是管理的基础。

企业ERP管理软件的成功，必须依赖计算机各行各业专业开发队伍的合作。目前市场上不少广告声称可以开发企业ERP管理软件是不可能的。使用企业都已经明白，事实也已经证明，一个财务软件不可能包揽其他的专业软件，不可能具备各行各业的技术人才为一体，经济成本和市场竞争机制的价值规律也不会允许泡沫经济与不切实际的理论存在。

目前，财务软件应该是企业管理软件的龙头技术，销售ERP财务软件时，需要配套销售带动产品技术设计软件、质量检验软件、物流仓库PDA软件、IC卡运用管理软件、办公自动化软件、电子印章软件、POS 机收款软件，对集团式多种经营企业再加上物业管理软件、餐饮软件、医院软件、学校幼教管理软件等，以此带动整个 IT 行业的规范竞争。因此，财务软件需考虑对合作伙伴开放接口的问题，或者共同考虑开发所有接口软件的新技术新产品。同时，必须考虑与政府部门的税务软件、统计软件、进出口海关软件、工商管理软件、银行金融软件等的接口问题。不考虑上述因素，则不能称其为企业 ERP 管理软件。

中国企业 ERP 模式与应用是适应中国还处在发展中国家开始腾飞经济需要加强法制建设同步的时代需求，完善各个企业的工作流程基础管理、计算机技术管理、商贸诚信管理，才能建立市场经济的信用市场，实现中国经济质的飞跃。

第二节　总会计师的说白

“总会计师是企业管理的总设计师”，这是管理理论发展的实践总结。

因为，现代企业管理的一切渗透着价值观念，“经济基础决定上层建筑”，以项目专业制实行模拟法人开展内部核算方法以控制成本项目的方法，确定了财务管理的位置。企业管理理论的实质内容与财务管理理论基本是并驾齐驱，企业管理的实质就是成本控制。

财务管理没有区域性，也没有阶段性，所以，科学地、全面地、整体地对企业管理的要求也就成为市场经济发展的现代企业管理的要求。

一、关于信息需求

现代企业家的管理理念是：一切用数据说话。

人类所有的劳动都是有价值的，价值的权衡在参与企业活动的每一个角落。

一个企业的生存与发展，决定了它是否有利润，而利润的取得必须在企业的成本控制中实现。

所谓企业管理的概念实际上就是成本控制。成本控制的最终结果就是产生利润或者亏损，而亏损也就是企业管理与生存的终结。

成本费用的发生在生产企业的每一个环节，成本控制也就在企业的每一个角落，在企业管理的方方面面。因此会计核算的准确、真实与否更取决于企业管理信息的详细、正确与否，最终形成企业决策的会计信息科学与否。

会计信息是决定企业发展的根本性资源信息。企业总会计师整天泡在表格数据的海洋里，利用和整理会计信息是艰难的重要工作。

会计信息的整理者、利用者，是为企业决策层做好参谋助手作用。企业在告别了手工计算时代以后，对计算机信息的要求更迫切、更渴望。

目前，我国市场引进了国外的 ERP 管理软件，“是良药还是毒酒”的争论至今没有结果。那么，应该有一个如何适合我国国情的管理软件迫在眉睫。

二、关于预算

预算先行是企业运作的开始要求。

我国目前是发展中的国家，市场经济体系未完善，企业竞争机制混乱，价格体系没有标准杠杆，信誉市场没有完全建立起来的时候，成本费用的变数因此而此起彼伏。

仅以单一产品的小企业而言，材料市场的不稳定，费用成本的不可预测性，必然产生价格成本的起伏多变，价格的储备资料更是所有企业的急需。何况是大型企业。

国外先进的经营管理应该学习与借鉴，企业在项目未动之前先有预算，也就是经济可行性研究报告，基本可以预测在 10 ～ 20 年内的市场和企业运行的成本与结果。然后是按预算的宗旨与管理，按部就班地进行生产。他们创造的“托盘管理”和“零库存”，同样是我国生产企业管理的理想和希望。

而我国现在的状况，预算基本是参照以前年度实际费用的发生而制定新一年的预算指标，这种预算基本是心中无数的。然而，企业在进步，利用计算机对当年的费用发生以后进行的分析，不仅是对照预算表数据的完成百分比和差额的对比，更重要的是将以前年度发生的明细费用与本年度发生费用的分析对比，以此积累企业的基本数据，掌握变化规律。因此，每年发生数据项目的细化储存就是企业成本分析的重要需求。

同时，企业希望建立标准预算成本的依据，需要价格资料的储备，了解本企业价格成本的最高限与最底线标准，用以应付市场经济的弹性机制，以及对企业内部经营人员的考核需求等。

所谓价格储备，目前对所有的企业都是一个管理课题。它包含了每一个生产产品价格的储备参考功能，也为制定企业标准成本价格的功能，更重要的是实行工厂成本设计的功能。

工厂成本设计就是企业真正的全面预算。

三、关于管理模式

改革至今，因为市场经济没有完全规范起来，企业的生存方法各式各样，理论与实践的方法在不断地探索，到现在比较完善认可的理论方法就是在企业采取内部划小核算单位，实行内部模拟法人的小企业型的核算管理模式，即分厂、事业部的形式。

开始是为了找米下锅，分开计算企业内部的考核责任制。实践让许多企业形成了基本认识，提出了以内部核算管理方法的宗旨，采取考核各部门业绩与效益挂钩的办法，促进了权、责、利相结合的管理，催生了企业良性发展的科学管理模式。

随着企业管理的深入，不仅是分厂、事业部的考核，还考核到工段、班组、个人，考核到企业管理机关各职能部门，目的都是围绕着一个成本控制，产生了以会计核算体系分解的、分类形成的不同体制的管理方法，以成本控制涵盖整个企业的全员、全方位的管理方式。

一个企业的成本核算方法是根据这个企业的产品而决定的，一个企业的会计账务处理方法是根据这个企业的生产组织设定的。西方经济管理学提出为“以项目专业制实行模拟法人的内部开展核算方法以控制成本项目”的理论，决定了改革的实践认知。

市场经济的发展，不论是大型企业集团，还是中小型的企业集团，都渗透了各行各业经济形式的并存并举，纯工业、纯商业的发展形式已经转化为多种经营、纵向联营、多元化的资本联合。企业只要有上百人的规模，同样需要宿舍和饭堂等存在其他经营方式的管理设施，同样需要经济责任承包核算，实行内部独立的管理体制。上述的办法是“一级经济核算，二级实施管理”，在我国目前的企业管理体制来说，采取这个方法是比较科学合理的。同时也带来了核算的复杂性、凌乱性，经济信息的渠道多样性、错漏百出、失去了参考价值的准确性。

计算机的成功加入，是许多经营管理者梦寐以求的需要，靠计算机提供信息已经是企业内部各个岗位的自觉行动，多年的自由发展，初步解决了许多“手工速度”的管理问题。

然而，在我国应用计算机管理的十多年里，企业有外来的管理软件，自制的管理软件，还有许多随手的记录，在企业形成了许多个“信息孤岛”。在信息孤岛中的串通与集合是财务总会计师的艰难工作。

改革开放已经让我国企业不断地寻找到应该有的企业管理模式，从高度的集中，到分散的管理，现在重新提出“四集中”就是财务集中、经营集中、技术集中、采购集中，是企业信息管理给经营者对企业管理提出的一个新理念。

这是维持已经分散形成的内部核算考核的管理机制，重新要求在一个资金链下的集中。实际是财政权力的集中在企业最高权力决策层下的、继续实行分专业生产组织单位的、可以划分清楚责任制的各种生产组织的存在下的集中。利用真实、可靠、完整的管理信息，开展权、责、利相结合，对提高各生产组织劳动生产率实行更科学化的管理。

核算的复杂模式继而产生了信息的分散，目前需要集中信息管理，因此寄希望于计算机技术的快速发展来完成企业管理的需求目标显得更迫切性。

四、关于软件设计

在计算机时代，企业的管理需要高素质、更快捷的信息方法和渠道，而建立信息渠道就是寻求现代称之为 ERP 的管理软件。

我国 IT 行业引进国外 ERP 软件也有 10 多年了。可是在目前的中国市场急需求的情况下却推不开，原因是不适合中国的国情。企业需要 ERP，不用 ERP 系统觉得信息不快捷，而使用 ERP 却有诸多的功能不完善，不能完全地适应企业的管理需求。单纯地引进国外的软件与我国的国情区别太大，目前需要的是我国自己的管理软件。

关键是设计我国自己的管理软件。作者在此的设计称为企业高级管理软件。

企业高级管理软件是作者将一生在各行各业工作的实践知识集合起来的设计，是考虑到方方面面的管理要求而设计。企业高级管理软件的设计基本能够全面地、完善地设计企业的整个管理方法，实际上也是在设计企业内部制度的执行、管理、控制过程，能够帮助企业达到理想的成本控制管理目标。

企业高级管理软件是将企业所需求的信息用表格化的形式反映出来，不论是重工业、轻工业、加工业、商业、农工商联合的农场、事业单位和上市公司等，所需求的管理都是共性的，因此本设计已达到企业管理 90% 的需求，对个别单位增加的需求功能应该不是艰难的事了。这个设计可以成为 IT 企业的市场招标书，用表格形式反映的内容直接、简单、明了，符合企业经营者和财务总负责人对 ERP 软件产品市场的采购而迫切需求的心理。

本书将希望为规范所有企业管理行为的标准作为参考指导，作为 IT 行业的工作版本，作为大专院校社会实践的教科书。帮助企业提供管理营养资源，开拓中国驰骋世界的成功企业，IT 行业有着极大的市场和社会责任。

第三节　软件设计方案说明

在总会计师的思维方式里，企业的综合管理分三大块，即资本、成本、物流，统称企业高级管理 ERP 组合。推行 ERP 软件是现代企业管理的需要，企业高级管理软件的设计就是目前的 ERP 管理软件。

企业高级管理软件在企业内部的管理使用范围不同，管理的层次不同，需要分开 3 个系统，即资本核算管理系统，企业经营管理系统，财产物流管理系统组成。

现代企业要求分开设计软件的目的，是因为“财产物流管理系统”是企业人员基本都需要参与的管理系统。使用传递的范围大，在生产车间、工地现场，要求实行“托盘管理”（在此不作解释），同时使用 PDA（掌上电脑），要求快速传递。企业经营管理系统的使用范围基本在企业机关各部门，实行经济管理的保密要求比较高。资本核算管理系统基本限制在企业的财务人员和各级主要经营者，需要保密级别更高。因此分为 3 个数据模块比较合理。

尤其是军工保密企业网络的限制，需要建立外网和内部局域网进行计算机的管理和运用，让物理隔离达到一定的权限和保密的效果。

本书将企业管理的共性以及特殊性详细地分解，科学地集中，凡是与财务核算管理有千丝万缕联系的表格都列入此设计中，形成 500 多个表格，以助成功企业家管理理念的说法是：一切以数据说话。

这里聚集的 560 个表结构都代表了经营管理者高度的需求与理想行为，做好这些表格，能检验企业的管理基础是否科学合理，也能检验财务人员的素质水平。只要是企业在用的表格，都要求在整个设计系统里。系统设计配套完整，对企业的监督管理成本控制自然在掌握之中。

计算机化的管理软件在各行各业日趋完善，企业不断地引进运用时，需要用“接口”的方式联起来。设计接口软件必须考虑可以转换容纳各方面的软件模块，所有的外来系统都必须与企业高级管理软件对接。企业需要一个计算机中心接口，将 ERP 系统连接，将内部的“信息孤岛”连接，将外来的专业软件连接，形成企业的管理网络。

企业高级管理软件是按财政部颁发的《企业会计准则》的要求设计的。内容是全面的，按企业的管理功能是全方位的，适宜国内全部企业，包括不论是大型企业、中型企业、小生产单一企业、企业集团；包括不同服务方式的企业，不同专业不同性质的企业；包括不论是什么生产组织型的企业，不论是什么产品型的企业，都是以一个一个小型多功能的自然体存在和管理的，是需要开展权、责、利相配套的管理方式运作的，它所需要的管理信息是一致的。

所有企业的管理功能基本是一样的，只不过在大企业一个职能多个人做，小企业是几个职能一个人做。许多的表格内容是所有企业都在使用的，需要在管理中完善的。企业高级管理软件使用时可以按不同专业和管理组织的情况再增加设计使用项目，不需要用的项目可以隐藏。

企业高级管理软件设计功能不管企业大与小，只要核算到班组、车间、工段，甚至是个人，都需要设置相应的核算账套，因此称为“集团式核算方法”。企业内部的核算管理权利的运作是小核算，大汇总。通过各种汇总，有专业小汇总，分部门的中汇总，企业全部大汇总的方式，将企业所有的资源信息总体汇总起来，统一展现结果给企业最高决策管理层的理想模式。这些就是企业高级管理软件 ERP 进行资源分配管理中心的设计思路。

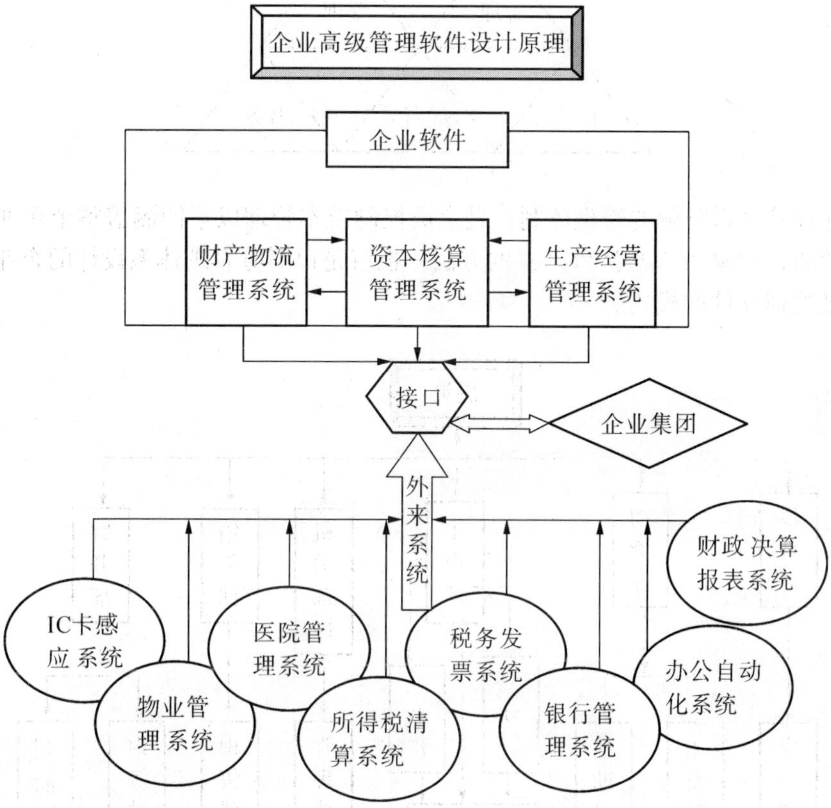

同时，设计的基本理论必须明确。

学习国外的先进管理方法，就是按工作量考核到班组、工段、个人，考核围绕一个经济指标就是利润。一个利润指标为一个会计核算账套，分别核算汇总许多账套就是集团式的核算管理软件。实际上，许多中、小企业都在渴求集团式的核算管理软件，核算到班组，核算到个人。

国外许多先进的管理理论，其中要求企业管理人员的必修科是《会计原理》。学习了《会计原理》，对理解当今西方经济管理理论要求按会计原理分类方式，实行企业科学管理的依据也是这个道理。

企业管理的每一个角落与财务管理有着千丝万缕的联系，并不是其他岗位运行完以后才与财务发生关系。会计信息资料取决于许多岗位工作资料符合财务管理的需要，反过来，会计信息又能提高并指导许多岗位经济运行的方向。因此，需要修正目前提出“金字塔”式的软件设计误区，将财务管理作为一个管理的分支部门方式是行不通的。

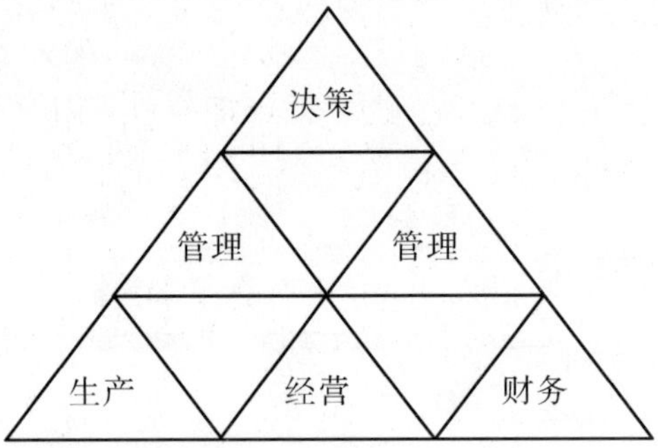

以会计核算体系分解的管理体制，是全员控制成本管理以平铺涵盖整个企业的管理方式是最科学的，形象为“八爪鱼”式的方法，也就是以财务管理体系设计的企业管理软件是企业高级管理软件的模式。

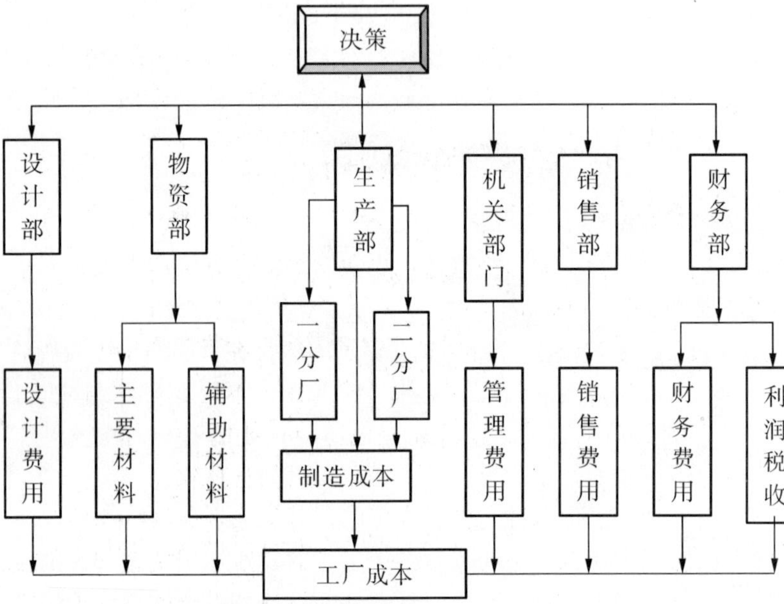

经济合同的管理方法是目标成本，工厂成本管理的是整个企业。

工厂成本和目标成本是两个概念，利润或亏损加全部经济合同成本是工厂成本，企业的生存必须有利润，有利润以后形成企业资本，亏损是吃掉企业的资本，俗话说是“吃老本”。因此，企业管理是整个工厂成本的控制。

所有的系统管理，最终的信息都集中在财务部门的会计决算报表里，报告的绝对信息就是有利润或者亏损，一个关系到企业决策层需要的管理信息，可使决策层做出决定企业生存与发展的命运决策规划。

企业所有的管理离不开价值的计算。

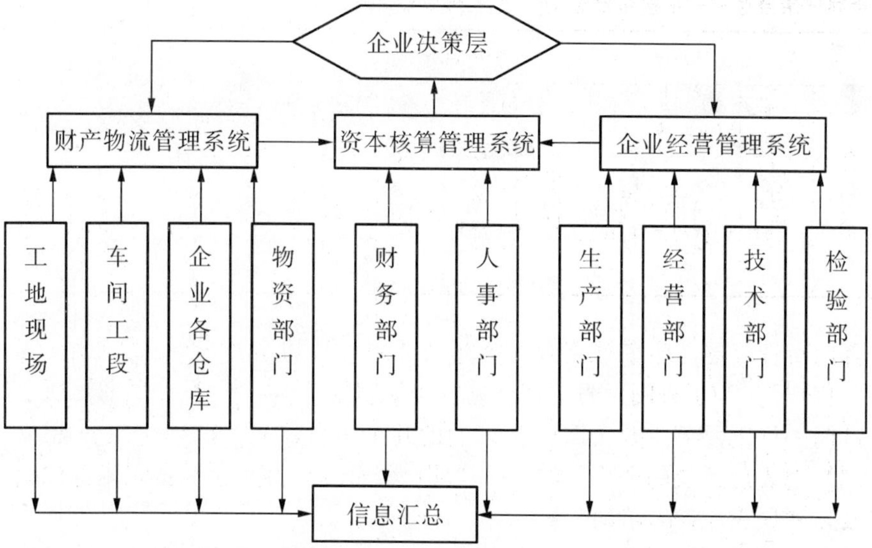

按照价值管理理念，所有的部门都是一个经济实体，每天不同程度地产生费用和收益，形成企业管理的控制点。所有的经济信息需要准确地归结到企业的会计核算管理中，达到会计决策信息的高水准。

所有的部门都是经济实体，是指企业内部所有生产及管理部门，企业集团所属企业的不论是法人和非法人的组织，企业紧密型和板块合作型的其他经济实体。

企业高级管理软件反映的一个利润科目集中一个会计账套组织的所有管理行为，然后按所有账套汇总的集团行为，有权汇总的组织就是企业高级管理软件的最高权限责任范围。

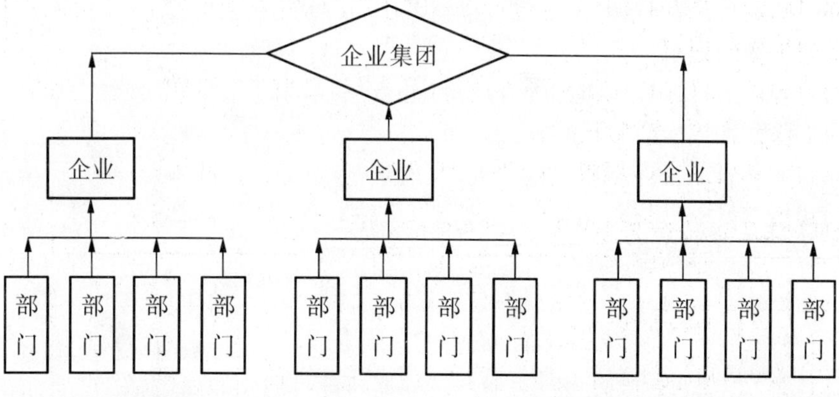

企业高级管理软件设计的信息流最终能汇集在财务管理部门。

一个企业高级管理软件模块涵盖了一个企业的全部信息流，企业集团掌握各个所属企业信息的方式也是通过接口，随时调阅企业账套明细项目，获取报表信息，实行权利范围内的管理责任。

第二章 企业高级管理软件

企业高级管理软件按三大管理系统设置管理程序。

从企业建立初始，资本的投入，及资金资本和固定资产的固定资本的核算管理，到开始承接生产合同定单，实行生产、经营、技术、质量每一个生产环节的管理，到原材料与产品成形后的进出库管理，到会计资料的收集核算费用成本，到产品保质保量的交货，交货后的成本质量分析管理，形成企业目标成本管理、预算管理、价格管理，历史资料的保存分析一体化，使整个企业的管理人员都可以称为管理会计。

管理会计代表了现代企业高水平的高级管理人员的素质标志之一。

管理会计实行的财务管理内容囊括了方方面面。曾经以为资料档案不属于财务范畴是管理的偏见。在开展企业产品分析预测，资产的评估审计，工厂成本的设计，都需要许多技术设计图纸的配合阐述分析。因此，财务管理设计的深入不难体现在各个专业领域的每一个角落，都是企业需要认真管理的每一个环节。

使用 ERP 管理程序，目的是规范企业的每个管理环节。不论是什么产品和服务，不论是生产组织的前后秩序，管理的方式都是一样的。所以，企业高级管理软件的设计是所有企业普遍适用的管理软件。

企业高级管理软件将企业内部需求的软件信息流进行分类设计，管理的方式更明朗更准确一些。第一部分是企业经营管理系统，第二部分是财产物流管理系统，第三部分是资本核算管理系统。3 个系统有各自不同的内容，也有紧密相连的因果关系。

在所有表格项目设计的内容里，代表了使用者的需求。有的内容在表格里比较明显的，不再作过多的解释说明。对财务专业过程的原理也不再作过多的说明，基本原理都在《会计原理》的知识里。需要解释说明的是作者认为一些需要强调的原理，一些属于新鲜事物的理论，一些有创见的地方。

在整篇表格设计的样式里，原本应该按一般会计报表 16 开纸的格式，为了项目的清晰说明，基本拆开以 A4 纸的格式显现。

还要说明的一点是，在有的章节里有“已经成熟”的说明，指的是按目前的管理需求“勉为其难”地使用在市面上流通的一些软件，对于企业暂时没有更高要求的某个阶段可以行得通的软件产品。

在整篇设计说明里，【】符号里加编号为注明表格题目，〔〕符号为注明表格内的项目需要说明的内容。

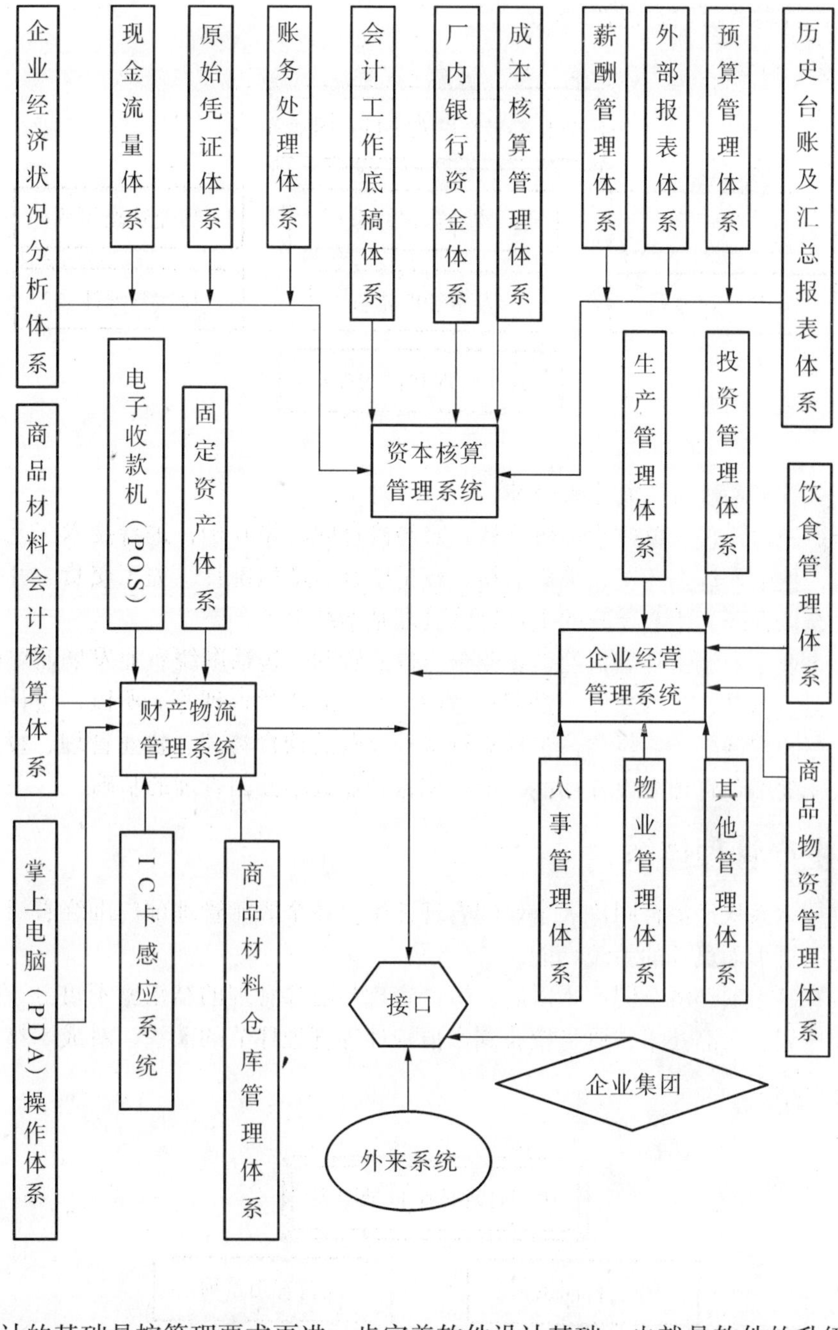

本设计的基础是按管理要求更进一步完善软件设计基础，也就是软件的升级版设计和更高管理层次的需求设计。

第一节　企业经营管理系统

当经济合同进入生产企业，也就是企业找到市场定位的开始，一切围绕着经济合同展开企业的生产经营活动。

企业经营管理系统内容包括：

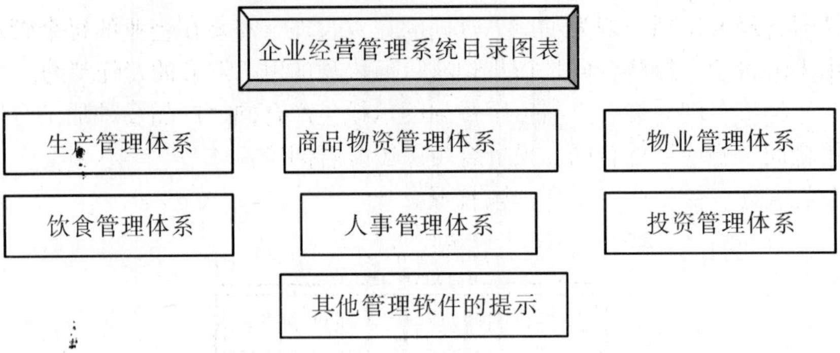

企业经营管理系统有7大体系分类。

一般生产经营管理，单纯地理解是从记录经济合同台账开始，进行技术工艺设计，安排生产计划，按生产计划开工、采购下料、质量检查、产值统计、完工交货、开发票、记录收款情况，以合同为中心展开的生产经营管理基本结束了。

其实，企业生产经营管理指的是企业全方位的管理，包括围绕企业发展需要的其他管理行为，吃饭、休息、基本建设，投资和劳动生产力的科学管理等。所以，设计的理论关系到企业生存和发展的一切行为，包括实行多种经营的饮食管理、物业管理、投资与人事管理等行政辅助经营管理的设计功能，全面完善企业成本控制管理的基础。

一、生产管理体系

生产管理体系从经济合同进入企业的管理开始，各个职能管理部门围绕着经济合同进行经营职能的管理而设计的系统功能。

成本核算是根据经济合同产生以后，生产管理与财务管理的结果密不可分。财务管理包括对生产计划、产品技术、质量检验到产值统计等管理环节的关注，对成本核算的真实性起着重要的作用。

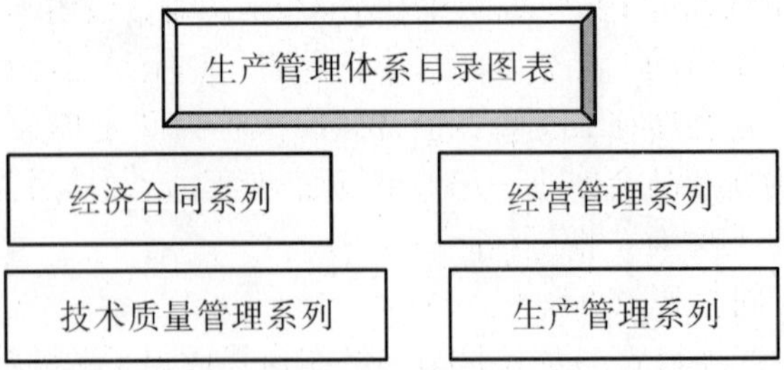

生产管理体系分4个系列。在市场目前的软件设计中，各个专业软件已经有一定的样式，在此是补充完善的设计。

（一）经济合同系列

经济合同是企业生命的血液。在有商品形态展现的生产产品的工业企业，经济合同进入企业以后，成本控制的开始就是经济合同。

生产经营管理要做到一切为了经济合同的完善管理，需要在企业的每个管理环节表示它所表现出来的价值。经济合同是指一切有价值表现的甲乙双方的责任契约。

在企业，经济合同分类有产品生产系列的承揽生产合同、产品发外加工合同。经济合同包括购销合同、物业租赁合同、投资合同、服务合同等。

此章节先表述产品生产的系列合同管理。

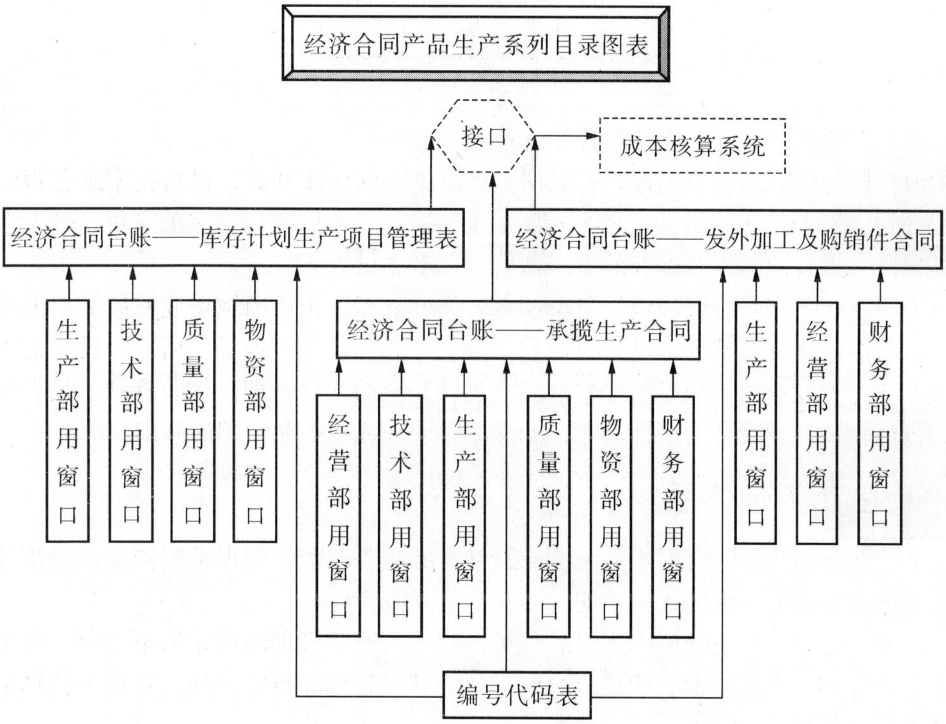

经济合同产品生产系列有 19 个表格。凡是虚线框图表，说明不是此章节的内容目录。

产品生产企业的开工启动，无非是两个决定因素，一个是已经签订了经济合同而启动生产，产品所有权是一定会转移成交，在会计核算上称为“定单法”。另一个是已经了解了市场需求或者是认为新产品会创造一定的市场而启动生产，然后是经营部门的推销签订购销合同，在会计核算上称为“批量法”。

【001. 承揽生产合同】比较好理解。

【010. 库存计划生产项目管理表】是指已经在市场取得了商品流通的位置，或者正在取得的同时计划安排生产产生库存的产品，按生产计划安排的生产项目，视同经济合同流程一样的程序进行管理。

【016. 发外加工及购销件合同】是企业将生产过程中需要合作的工序寻找合作伙伴的契约。

经济合同是企业的经济秘密，管理需要分部门、分层次、分责任，明确各自的任务，所以需要不同的窗口实行管理与利用。

1. 承揽生产合同：［承揽生产合同］是所有生产企业的第一合同。统一记录在台账表格里规范管理，才能产生完美的经济效果。［承揽生产合同］一般指已经有产品所有权对象的经济责任合同。

001. 经济合同记录台账——承揽生产合同

（单位）经济合同记录台账——承揽生产合同																											
填报单位：												年度												第	页共		页
合同定单编号	合同号	定货单位	产品名称	规格型号	计量单位	数量	合同价格或计划价	当年合同价格累计	合同签订时间	合同交货时间	开工时间	报验完工时间	定额工作量或工时	计划发外加工额	产品材料定额	产品材料性质	产成品入库时间	出库交货时间	实际交货数量	质量检验交货状态	开出交货清单时间	开出发票时间	发票号码	收回款项时间	收款金额	项目负责人	备注

〔合同价格或计划价〕是指已经在合同上签订价值的即是合同价格，有的可能按合同意向书先承诺的价格，也有可能按实际生产后的情况定价，还有长期合作按习惯性通过电讯工具产生的合同契约为暂时的生产价格。

经济合同台账的项目定下来以后，一般不要随便改动，它是成本核算项目的基础，否则会张冠李戴，费用乱摊，影响成本的真实性。经济合同台账与成本核算模块要接口。

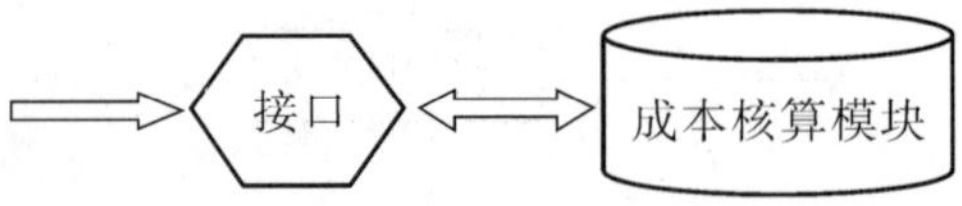

经济合同台账首页内容不需要太长太宽，主要供企业经营管理者参考审阅，需要详细资料，点击〔合同定单编号表〕，寻找该项目联系的主管部门查阅有关情况。

002. 经济合同记录台账——承揽生产合同，合同定单编号表

合同定单编号表											
产品代码	合同号	目标成本号	质量检验号	生产计划号	合同分析号	门岗通知号	设计图纸号	产品分解号	产值统计号	定额工时号	材料采购单号

〔合同定单编号〕在台账表中自动生成。〔合同定单编号〕不能重复，预计大企业集团会有5位数的合同项目，一个年度一个特殊标志，以便存档查阅及系列管理。

〔合同定单编号〕是集中号，为了检索查阅各种资料的显示码。

〔合同定单编号〕点击后出来组合的内容是每一个管理项目的编号，与该合同有密切的因果联系。

〔合同定单编号〕是成本核算与销售管理体系中所有表格使用的编号，贯穿产品生产全过程的标志号码。

〔产品分解号〕是大型企业或者是有组装生产产品的企业。比如造船产品分小合拢、中合拢、大合拢、上层建筑等工序分包工作。再比如电冰箱产品分机壳、压缩机等工序。企业内部分解号一般为主产品的副号，如主产品是 A0901 号，分解号为 A0901－1 号，如此类推，便于管理与核算，以及个人业绩考核系列的利用。

〔产品代码〕最好使用国家颁布的商品产品目录。企业可以自编一个为了管理查阅的顺序号，与国家代码并列使用。

经济合同台账使用时必须设置权限，分解各部门使用查阅的范围。

以下设想一个企业可能设置的管理部门应该有的工作窗口。实际在现场实施设计时，可以按各企业情况设定，可以合并功能，也可以一个部门多种职能一起负责资料的输入工作。

设置那个部门输入有关数据时，在【001. 承揽生产合同】总表呈现不同的颜色，一看即知道合同的进程进度，管理跟踪及时到位。

003. 经济合同记录台账——承揽生产合同（经营部市场科用窗口表）

经营部（市场科）用窗口														
合同定单编号	合同号	产品分解号	目标成本号	定货单位	产品名称	规格型号	计量单位	数量	合同价格或计划价	当年合同价格累计	合同签订时间	合同交货时间	项目负责人	备注

合同签订以后，由经营部门先设置，其他部门才能进行后续工作。〔合同号〕、〔产品分解编号〕由经营部市场科负责设置。

〔合同价格或计划价〕是有的合同签订时已有价格确定，有的合同先安排生产后再定价以计划价先行。如批量生产的电冰箱产品等。

〔目标成本号〕是经营部定价格进行管理系列时使用。

〔项目负责人〕即项目经理。

此时的内容输入以后，【001. 承揽生产合同】总表反映的全部是白色，说明合同已经签订回来，暂时还没有进行任何的生产活动。

004. 经济合同记录台账——承揽生产合同（生产部用窗口表）

生产部用窗口													
合同定单编号	合同号	产品分解号	生产计划号	产品名称	规格型号	计量单位	数量	合同签订时间	合同交货时间	开工时间	定额工作量或工时	计划发外加工额	本月计划形象进度

生产部门负责设置〔生产计划号〕,〔生产计划号〕的编号不能重复使用。

〔生产计划号〕为了查阅每月生产计划安排编制的【042. 生产计划书】所需编号。

生产部门一旦设置了〔开工时间〕以后的几个项目输入，此窗的内容输入【001. 承揽生产合同】总表后反映的全部是红色，说明已经开工，并且已经按技术部门设计的定额派工，以及发外加工计划的启动等。

生产计划的启动，带来一系列工作的起动。首先是技术部门的产品设计任务的启动。

005. 经济合同记录台账——承揽生产合同（技术部用窗口表）

技术部用窗口															
合同定单编号	产品分解号	产品代码	设计图纸号	定额工时号	材料采购单号	产品名称	规格型号	计量单位	数量	合同价格或计划价	合同签订时间	合同交货时间	产品材料定额	产品材料性质	主管工程师

技术部门确定〔产品代码〕、〔设计图纸号〕、〔材料采购单号〕、〔定额工时号〕，是技术部门系列工作的记录。

此窗的内容输入【001. 承揽生产合同】总表后反映的全部是蓝色，说明已经进行了技术有关的工作，在下面会叙述。

质量部门随之启动，许多质量检验工作必须步步跟上，在此不详述。

006. 经济合同记录台账——承揽生产合同（质量部用窗口）

质量部用窗口														
合同定单编号	产品分解号	设计图纸号	质量检验号	产品名称	规格型号	计量单位	数量	合同签订时间	合同交货时间	报验完工时间	产品材料性质	质量检验交货状态	质量检查员	主管工程师

〔质量检验号〕由质量部门确定。

此窗的内容输入【001. 承揽生产合同】总表后反映的全部是黄色，说明已经由生产部门申请报告检验，可以完工入库。

产品在物资部门入库后，按客户要求交货，一个经济合同的一批货有可能分几次交货。

007. 经济合同记录台账——承揽生产合同（物资部用窗口）

物资部用窗口																
合同定单编号	合同号	产品分解号	产品代码	产品名称	规格型号	计量单位	数量	合同签订时间	合同交货时间	产成品入库时间	第一次出库交货时间	第二次出库交货时间	出库交货时间	实际开出交货清单数量	开出交货清单时间	采购计划员

此窗的内容输入【001. 承揽生产合同】总表后反映的全部是绿色，说明已经到交货的时段。

当产品交出去时，〔合同价格〕就是确定的收款金额。一般收款职能由经营部门负责。

008. 经济合同记录台账——承揽生产合同（经营部管理室用窗口）

经营部管理室用窗口												
合同定单编号	合同号	产品代码	合同分析号	产值统计号	定货单位	产品名称	规格型号	计量单位	数量	合同价格	收回款项时间	项目负责人

〔合同分析号〕、〔产值统计号〕由经营部管理室确定。

此窗的内容输入【001. 承揽生产合同】总表后反映的全部是紫色，说明已经进入结账收款阶段。

009. 经济合同记录台账——承揽生产合同（财务部用窗口）

财务部用窗口														
合同定单编号	合同号	产品代码	产品分解号	门岗通知号	定货单位	产品名称	规格型号	计量单位	数量	合同价格	开出发票时间	发票号码	收款金额	主管会计

〔门岗通知号〕由财务部门确定。一般收款以后立即启动该项目的告知，主要是通知经营部门与门岗的放行。由财务部门启动的原因是，收款有几种方法，一是确立了契约的

赊账，二是已经有预收款的划账，三是现场收款交易。

此窗的内容输入【001. 承揽生产合同】总表后反映的全部是青色，说明此合同的使命已经全部完成。

2. 库存计划项目管理表：库存代表了先生产再推销与利用的意思。企业生产库存有产成品和自制加工材料即半成品的实物存在形式。

010. 经济合同记录台账——库存计划生产项目管理表

经济合同记录台账——库存计划生产项目管理表															
填报单位：						年度							第	页共	页
合同定单编号	产品名称	规格型号	计量单位	数量	计划价格	开工时间	报验完工时间	定额工作量或工时	计划发外加工额	产品材料定额	产品材料性质	产成品入库时间	质量检验交货状态	入库时仓库已有存货量	项目负责人

除了不是直接交货的方式，整个生产技术的管理与【001. 承揽生产合同】的流程基本一样，在此不再表述。

011. 经济合同记录台账——库存计划生产项目管理表，合同定单编号表

合同定单编号表							
产品代码	目标成本号	质量检验号	生产计划号	设计图纸号	产值统计编号	定额工时号	材料定额流水号

012. 经济合同记录台账——库存计划生产项目管理表（生产部用窗口）

生产部用窗口									
合同定单编号	生产计划号	产品名称	规格型号	计量单位	数量	开工时间	定额工作量或工时	计划发外加工额	本月计划形象进度

以生产部按年度生产计划的安排开始项目的启动管理。

013. 经济合同记录台账——库存计划生产项目管理表（技术部用窗口）

技术部用窗口												
合同定单编号	产品代码	设计图纸号	定额工时号	材料定额流水号	产品名称	规格型号	计量单位	数量	计划价格	产品材料定额	产品材料性质	主管工程师

014. 经济合同记录台账——库存计划生产项目管理表（质量部用窗口）

质量部用窗口												
合同定单编号	产品代码	设计图纸号	质量检验号	产品名称	规格型号	计量单位	数量	报验完工时间	产品材料性质	质量检验交货状态	质量检查员	主管工程师

015. 经济合同记录台账——库存计划生产项目管理表（物资部用窗口）

物资部用窗口								
合同定单编号	材料采购单号	产品名称	规格型号	计量单位	数量	产成品入库时间	采购计划员	仓库管理员

没有财务部门的收款终结，表明在进行另一种方式的管理，即后面商品物资管理体系系列的表述。此项目的管理到物资部门的进库即完成了它的使命。

3. 发外加工及外购件合同：生产企业在发展专业上不应该“小而全，大而全”，会寻求产品生产的合作分工企业，将部分工序发出其他生产企业合作契约而进行的管理记录。

016. 经济合同记录台账——发外加工及外购件合同

经济合同记录台账——发外加工及外购件合同																	
单位：								年度							第　页共　页		
合同定单编号	合同号	承揽加工单位	产品名称	规格型号	计量单位	数量	合同价格	合同签订时间	要求交货时间	产品材料性质	交货时间	交货数量	交货状态	发票号码	付款时间	付款金额	项目负责人

〔发外加工〕及〔外购件〕是专门独一无二的产品部分项目或者一次性的合作项目，发外加工及外购件是特定的项目，管理范围小，在程序管理上直接进入成本的〔专用费用〕会计科目里，管理的部门是经营部和生产部。

管理的控制权限于上述方法大同小异。

017. 经济合同记录台账——发外加工及外购件合同——合同定单编号表

合同定单编号表					
产品代码	质量检验号	生产计划号	门岗通知号	设计图纸号	发票清单号

018. 经济合同记录台账——发外加工及外购件合同（经营部用窗口）

经营部用窗口											
合同定单编号	合同号	承揽加工单位	产品名称	规格型号	计量单位	数量	合同价格	合同签订时间	要求交货时间	产品材料性质	经营项目负责人

此时的内容输入【016. 发外加工及外购件合同】总表后反映的全部是白色，说明合同已经签订回来，暂时还没有进行任何的生产活动。

019. 经济合同记录台账——发外加工及外购件合同（生产部用窗口）

生产部用窗口														
合同定单编号	质量检验号	生产计划号	门岗通知号	设计图纸号	承揽加工单位	产品名称	规格型号	计量单位	数量	交货时间	交货数量	交货状态	付款时间	主管工程师

生产部负责监督收货直接交到现场工地，检验合格后通知财务部门付款。此窗的内容输入【016. 发外加工及外购件合同】总表后反映的全部是红色，说明已经开工。

020. 经济合同记录台账——发外加工及外购件合同（财务部用窗口）

财务部用窗口											
合同定单编号	产品代码	承揽加工单位	产品名称	规格型号	计量单位	数量	合同价格	发票号码	付款时间	付款金额	主管会计

此窗的内容输入【016. 发外加工及外购件合同】总表后反映的全部是青色，说明此合同的使命已经全部完成。

经济合同的管理过程是企业生产经营的整个管理过程。经济合同管理的水平标准，显示说明了企业的管理水平。

企业经济合同不仅是生产经营的承揽合同、加工合同，应该包括企业全部活动的一切合同，其中有采购合同、销售合同在商品物资管理体系介绍，还有物业合同在物业管理体系介绍，投资合同在投资管理体系介绍。

企业与员工签订的劳动合同，也属于经济合同的范畴，需要认真的管理重视。因为劳动合同属于另一个管理领域，不在这里介绍。

（二）经营管理系列

经营部门是生产经济合同的直接管理部门。合同管理是生产全过程的控制管理目标，由合同台账生成【025. 产品交货清单】的后续工作，生成【029. 经济合同记录台账分析】、【028. 门岗进出货通知书】等一系列的管理报表。

【022. 年度经营计划毛利测算表】是企业厂长（总经理）一直盼望的工作表，随时掌握企业生产任务和经营毛利情况。【024. 目标成本分析书】是加强经营的管理手段。

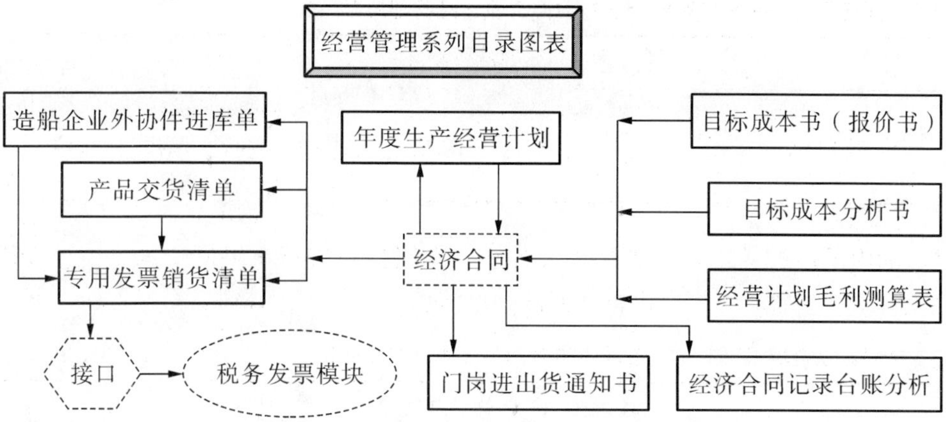

经营管理系列有9个表格。凡是虚线框，说明不是此章节的内容目录。

1. 经营计划的管理：年初是企业预测当年生产任务的时点，总结前一年的情况，落实当年的已经在手合同，计划本年生产任务负荷量，计划努力承接任务的方向，对已经承接到长期产品任务的展开工作的检查等。

021. 年度生产经营计划

（单位）年度生产经营计划													
序号	项目	计量单位	（上年）实际		本年计划		本年计划已落实		本年计划承接		（明年以后）已落实	
			数量	金额	数量	金额	数量	金额	数量	金额	数量	金额

【021. 年度生产经营计划】是整个企业各管理部门共同关注的重大事项。

对经营计划的管理，不应接到任务后就万事大吉，需要在整个过程中，最终的效益管理是对经营部门的重点考核。

考核一年中可承接的经营合同数量，测算毛利情况需作为规范性的工作条例之一。目的为了及时掌握企业的经营动态，调整企业的经营策略。测算毛利是企业预算的基础，所有商品产品和服务性行业都需要具备帮助企业进行科学管理的设计功能。

022. 年度经营计划毛利测算表

（单位）年度经营计划毛利测算表									
单位：				年　度				计量单位：万元	
年计划工时____万个			全年预测工时（固定）费用____万元					计划工时单价____元	
序号	项目工号	合同价	材料成本	专用费用	工时费用	计划工时	工时单价	计划税款	毛利润

【022. 经营计划毛利测算表】在“科学考核权、责、利管理论述”中详细说明。此表可按合同台账顺序生成排列，也可以按经营人员个人或生产单位排列，最后汇总。

要做好毛利的测算，先期的基础应该是由经营人员按承接谈判的价格基础做好【023. 目标成本书】。

023. 目标成本书

单位：		目标成本书（报价书） 年　月		目标成本号： 计量单位：万元	
项目	金额	项目	金额	项目	金额
工程项目		材料成本		工时费用	
客户名称		主要材料		工时	
工程地点		辅助材料		工时单价	
客户信誉评价		进项税		管理费用	
合同号		专用费用		财务费用	
产品代码		保险费		不可预测费用	
合同价		大型吊装费		营业税金与附加	
销项税		发外加工		毛利	

【023. 目标成本书】是经营谈判时的报价书，是企业成本控制的计划书，是经营计划毛利测算的依据，也是考核经营人员的依据。

经营人员与技术部门一起将参加谈判前后的报价书整理出来，也是技术部门对产品进行成本设计的预测基础。

在理论上，对经营人员的考核是毛利，不是利润，用利润考核的是领导。产品毛利的标准也是一个系统工程，由企业决定编排资料，在此不详述。

当工程项目完成以后，需要作【024. 目标成本分析书】检验，此分析书是考核经营部门的业绩，考核经营效果的依据，也是企业价格存档的资料之一。

024. 目标成本分析书

单位：			目标成本分析书 年　月			目标成本号： 计量单位：万元		
项目	计划	实际	项目	计划	实际	项目	计划	实际
工程项目			材料成本			工时费用		
客户名称			主要材料			工时		
工程地点			辅助材料			工时单价		
客户信誉评价			进项税			管理费用		

续上表

合同号			专用费用			财务费用		
产品代码			保险费			不可预测费用		
合同价			大型吊装费			营业税金与附加		
销项税			发外加工			毛利		
说明								
主管：				业务员：			制表：	

【024. 目标成本分析书】是经营人员应协同财务人员一起整理实际数据，进行成本项目对比，也可以加上〔实际与计划对比〕和〔完成百分比〕的数据整理分析。

2. 产品交货的管理：产品与工程完工以后的交货程序由经营部门负责。当产品和商品所有权转移时需制作带有法律依据的凭证资料，交与客户同样责任的凭证依据是交货清单。

025. 产品交货清单

（单位）产品交货清单							
定货单位：				交货时间：	年　月　日		第　页共　页
合同号	产品代码	产品名称	规格型号	计量单位	数量	重量	合同价格金额
合计							
对方签收人：				经办人：			

这个格式是所有商品、产品共用的清单样式。企业可制作设计不同产品性质的专业交货清单样式。比如造船行业的复杂性，需要凭证的特殊性。

026. 造船企业外协件进库单

造船企业外协件进库单							
协作单位：			日期：				
船名：			编号：				
序号	订单号	项目编号	产品名称	规格	单位	数量	备注

造船、航空等产品复杂的企业，管理的复杂性，成本核算的繁琐性，需要根据行业管理的特殊性考虑凭证的多样性。像这种凭证的设计留多一些空间功能以增加项目的方便。

交货的同时开具税务机关统一印制的发票，【027. 专用发票销货清单】需要与税务专网连接作为发票凭证的附件。

027. 专用发票销货清单

专用发票销货清单					
（只作发票附件，不作收付款凭证）				总页数：	第 页
购货单位名称：				发票清单号	
商品或劳务名称	发票号	计量单位	数量	单价	金额

企业设计使用的账表与税务网站模块一致，通过接口导入连接，避免企业重新输入数据，增加错误的几率。

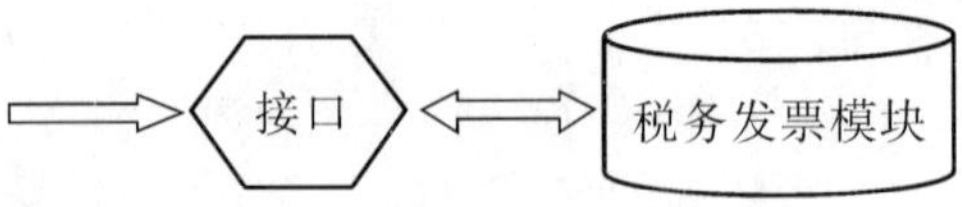

这个表达模式是此工作表范围不在这个模块系统，通过接口到另一个模块系统去。税务发票模块是税务机关与企业联网的工作站。

产品交货出门离开企业，一般是另外填制的“放行条”，漏洞很多。将【028. 门岗进出货通知书】附设在财务部门的发票收款程序同时启动，加强企业物流管理程序非常重要。

028. 门岗进出货通知书

（单位）门岗进出货通知书						流水号：		
定货单位：				年 月 日		第 页共 页		
序号	合同号	产品代码	产品名称	规格型号	计量单位	数量	重量	合同价格金额
合计								
出货部门：				经办人：			对方签收人：	
进出名称：				门岗员工：			出门时间：	

此系统设置是上规模的企业使用，在门岗设置工作站联网，每天定时检验结果汇总。

3. 合同台账的管理：每个合同在经营部门是以收款后为一个小结，每月及时总结合同执行情况，反馈到各个管理部门和决策层，加强企业的生产经营管理，及时调整经营策略与经营方向。

029. 经济合同记录台账分析

（单位）经济合同记录台账分析

填报单位：　　　　　　　　　　　　　　　年　月

内容	项目（个）		合同金额		备注
	本期	累计	本期	累计	
前一年转入今年的合同					
今年签订合同总额					
在手合同总数					
已开工合同					
（以前年度）					
已完工合同					
已完工交货开发票合同					
已完工未交货合同					
已完工入产成品库合同					
未完工合同					
未开工合同					
当年实现销售收入					

主管：　　　　　　　　　　　　　　　　　　　　制表：

此表设置可以在合同台账上自动生成。

（三）技术质量管理系列

当经济合同进入企业的时刻，技术设计刻不容缓立即展开。

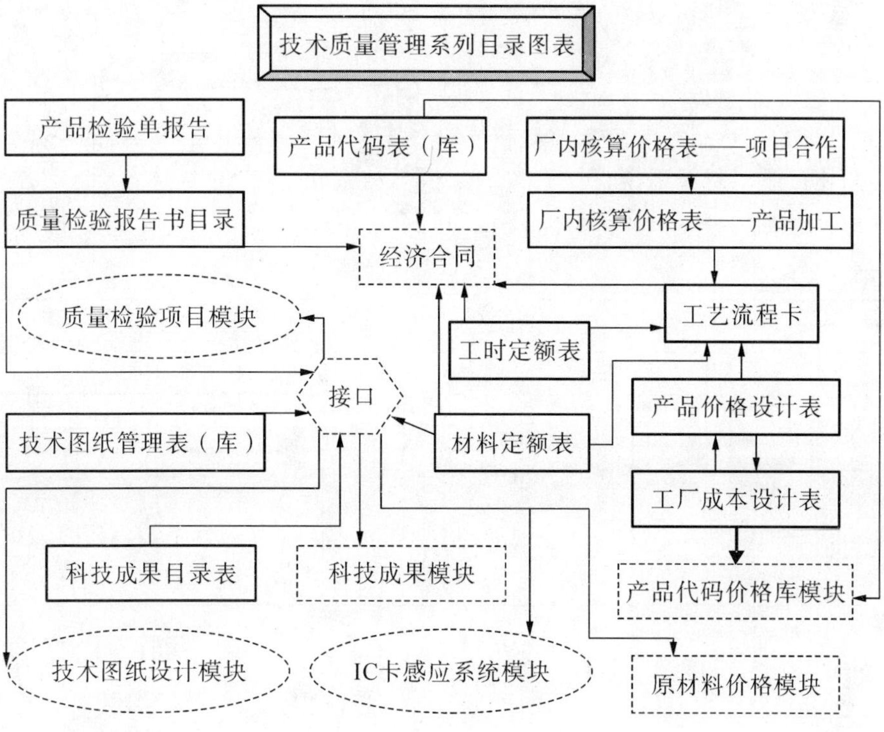

质量部门与技术部门的工作紧密相连，大单位会分开质量部，小单位的质量部设在技术部里，因此在本章一起表述。

技术质量管理系列有 12 个表格。凡是虚线框，说明不是此章节的内容目录。

1. 产品工艺设计管理：企业形成规模以后，产品发展系列以后的长期性、稳定性，应该建立系统的管理方法。因此，需要建立企业自己的产品代码管理制度。

030. 产品代码表（库）

（单位）产品代码表（库）												
国家商品产品目录	企业产品代码	产品名称	规格型号	材质	计量单位	理论重量或数量	计划价格	初始出品时间	修正时间	修正价格	第二次修正时间	第二次修正价格

企业产品代码在国家统一的商品产品目录中寻找联系，便于使用方便。为了企业内部管理的方便，企业按产品顺序和规律建立自己的产品代码与国家目录配套使用。国家目录暂时没有的，单独使用本企业的产品代码。

企业产品代码与价格等一系列的设计为一个资料模块。现代技术设计对工程技术人员有更高的要求是【038. 工厂成本设计】和【032. 产品价格设计】，需要与合同有连接的管理。

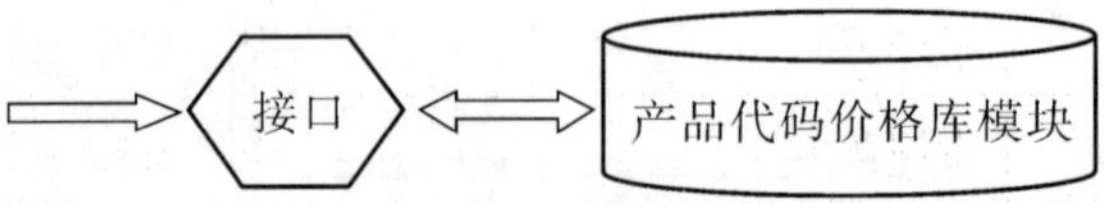

〔产品代码价格库模块〕制定修改权规定在技术部门，属于技术档案的一部分。

企业技术图纸对财务工作有着千丝万缕的联系，产品分析的时候需要，产品工程审查的时候需要。技术档案是企业的顶级机密，必须专门保管，规定制度，规范使用和查阅。

031. 技术图纸管理库

（单位）技术图纸管理库												
设计图纸号	图纸来源	图纸份数编号	产品代码	产品名称	规格型号	计量单位	数量或理论重量	价格设计表编号	设计工程师	主审工程师	图纸档案编号	图纸库位编码

〔图纸来源〕是自行设计或者是某设计院设计的内容区分。【031. 技术图纸管理库】要求在企业 ERP 设计线上是目录，供管理者使用时查找方便。〔技术图纸设计模块〕是另

一个管理领域。

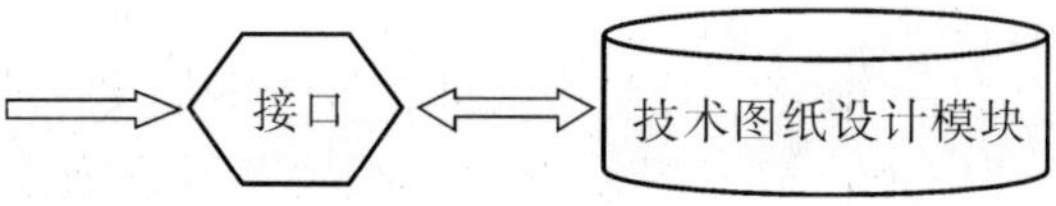

在此有一个接口，连接外来的产品技术设计模块。这个工作表是技术部专用模块，制定修改权规定在技术部门。

企业现代管理对产品技术的管理不仅是工艺设计，还需要进行产品价格设计，在源头控制成本的具体做法实际是产品价格设计。

【032. 产品价格设计】与经营部的【023. 目标成本书】有所不同，是企业真实的资料组合，确定的目标成本。经营部的【023. 目标成本书】有时是为了市场需要报高价，有时是为了占领市场以低价或者是已经完成毛利任务后为了分解固定成本时的报价需要。

032. 产品价格设计

		产品价格设计		价格设计表编号：	
单位：		年　月		计量单位：万元	
项目	金额	项目	金额	项目	金额
设计图纸号		材料成本		工时费用	
产品代码		主要材料		工时工作量	
产品名称		……		工时单价	
规格型号		辅助材料		管理费用	
计量单位		……		财务费用	
数量或理论重量		专用费用		不可预测费用	
图纸编号		……		营业税金与附加	
		进项税		毛利	
		保险费		销项税	
		大型吊装费		计划利润率	
		发外加工		计划利润	
		计划价格			
说明					
主管：		设计工程师：		主审工程师：	

成本设计是成本控制的源头，材料成本比例最大，一般最少占50%以上的分量。设计时重要的是参考企业在商品材料会计核算管理体系模块里的客户资料储备系列，和在成本核算与销售管理体系模块里的产品价格储备系列。

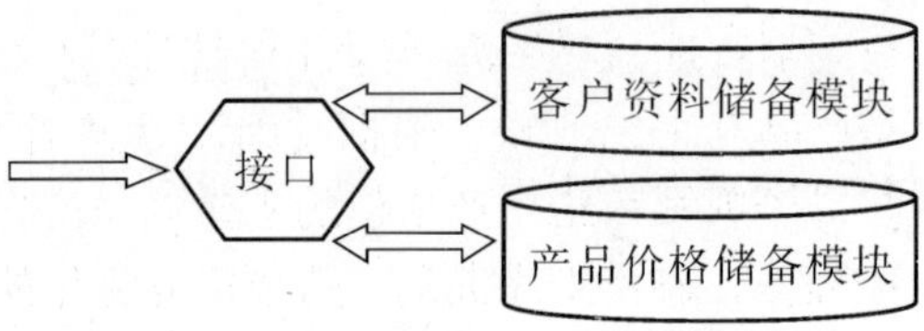

控制原材料成本1分，是控制人工成本10分以上的倍数。控制每1分物耗成本，才能提高人工成本，是企业发展的根本。

控制材料成本，必须实行材料定额的管理。由技术部门作好材料定额后，寻找仓库有没有积压和可以替代品以后决定采购计划。【033. 材料定额表】属于技术设计的一部分。

033. 材料定额表

	（单位）材料定额表		流水号：
执行单位		生产时间	
设计图纸号		材料计划采购单号	
产品代码		生产计划号	
产品名称		产品计量单位	
规格型号		产品数量或理论重量	
材料名称	规格型号	计量单位	定额量

材料定额在企业管理中需要IC卡的管理结合。在IC卡感应系统章节表述。

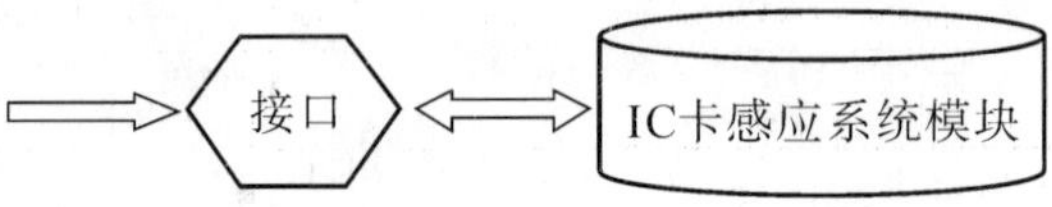

这个系统模块在企业内广泛使用，需要设计功能尽快实现。

工时定额也属于技术设计的一部分，是成本控制的重要环节。不仅是合同谈判时的参考值，也是在现场生产时派工的依据。

034. 工时定额表

	（单位）工时定额表		流水号：
执行单位		生产时间	
设计图纸号		定额工时号	
产品代码		生产计划号	
产品名称		产品计量单位	
规格型号		产品数量或理论重量	
工种名称	定额工时	实际工时	执行人签字

【034. 工时定额表】与人事管理的【095. 实动工时统计表】对应比较，总结修正。

【035. 工艺流程卡】是产品开工的时候，根据【042. 生产计划书】和【034. 工时定额表】【033. 材料定额表】等资料填写给生产单位的工艺流程控制通知。

为了规范企业内部生产程序，避免工序混乱，造成反复劳作的浪费现象。对于多工序产品的企业管理尤其重要必不可少。

035. 工艺流程卡

（单位）工艺流程卡

部门：　　　　　年　月　　　　　流程卡流水号：

合同号		合同定单编号		设计图纸号	
产品代码		产品名称		规格型号	
数量单位		数量		生产车间工段	
开工时间		报验完工时间		工艺员签字	
开工工序项目	生产时间	定额工时	实动工时	执行人签字	部门负责人签字
车工					
装配工					
电焊工					
……					
材料定额项目	规格型号	计量单位	数量	领料人签字	仓库发料人签字
……					
报验完工时间	报验项目	质检员签字	检验负责人签字	进库时间	仓库收料人签字

【035. 工艺流程卡】属专业表格，可以按企业的管理工序修正使用。

2. 质量检验管理：质量检验是产品生产过程不可缺少的程序。在产品工程交货时的质量证明书是企业的信誉凭证。

036. 质量检验报告书目录

质量检验报告书目录

单位：　　　　　年度　　　　　第　页共　页

质量检验号	合同号	产品代码	产品名称	规格型号	计量单位	数量或理论重量	图纸编号	企业证书名称	证书编号	国内证书名称	证书编号	国外证书名称	证书编号	档案编号

许多企业不仅有自己的检验证书，也具备了国家统一标准要求的检验证书，同时也考取获得国际标准的产品合格证书。这些是企业的形象，也是企业的无形资产和无形的资本。

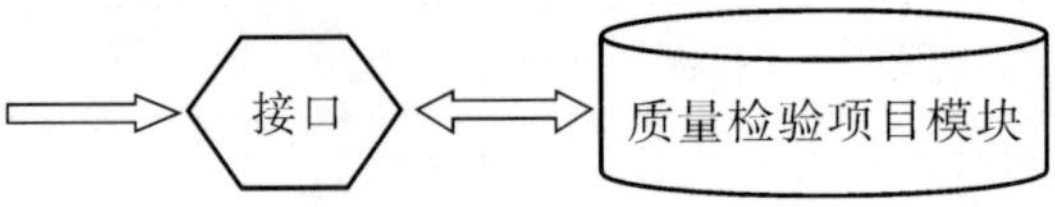

质量检验是一个系统工程，有外来的模块，也有企业自行设计的模块。这个项目模块在企业内部使用范围不大。

许多企业当产品完工以后会设置自行报验的常规检查，一经检查后表示已经按质按量完工，可以在经济合同台账上显示一个完善的程序。

037. 产品检验单报告

产品检验单报告

单位：　　　　　　　　　　　　时间：　　　　　　　　　　流水号：

合同定单编号	产品代码	产品名称	规格型号	计量单位	数量或理论重量	质量检验号	检验项目	其中：项目	单价	项目	单价	项目价格合计	产品质量评价	结论：合格或不	检验员签字

【037. 产品检验单报告】是企业内部运行的技术检验工作程序。在企业内部核算比较完整的时候，会按部门的需要，计算【034. 产品检验单报告】的 价值，进行考核等需要的管理。

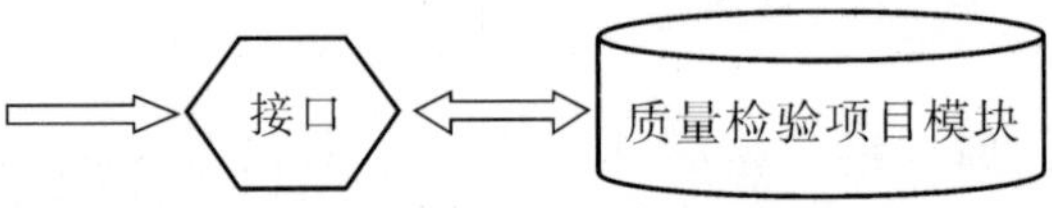

【037. 产品检验单报告】必须作为档案存储，以备存查。这个项目模块只限于检验部门内部使用。

3. 工厂设计工艺管理：开展〔工厂成本设计〕的意义在“关于技术集中模式”的章节表述。

038. 工厂成本设计表

（单位）工厂成本设计表

年度　　　　　　　　　　编号：

项目	第一方案	第二方案	第三方案
计划产品销售量			
其中：A 产品			

续上表

B 产品			
……			
平均单价			
销售收入			
利润			
税金			
成本			
其中：变动成本			
原材料			
辅助材料			
……			
其中：固定费用			
人工成本			
折旧大修			
……			
计划工时量（小时）			
计划工时单价			
占企业生产能力（%）	60%	90%	110%
备注			
主管：	设计工程师：		财务会计：

【038. 工厂成本设计】是企业决策的重要项目。具体实施检验是经营管理的【022. 经营计划毛利测算表】。设计有方案一，是计划年利润和生产任务 60% 时的工厂成本负荷能力。方案二是计划年利润和生产任务 90 % 时的工厂成本负荷能力。方案三是计划年利润和生产任务 110% 时的工厂成本负荷能力。

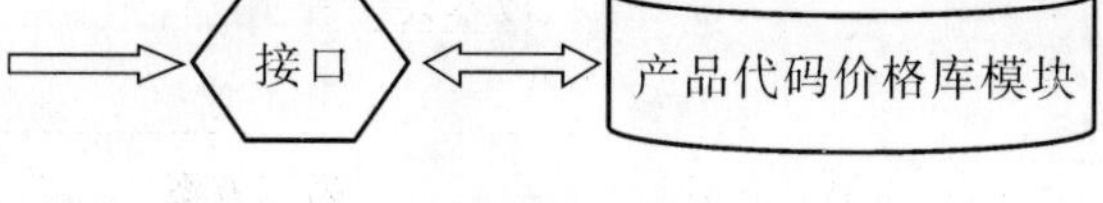

工厂成本设计属于价格管理系列模块存储。

企业按自然核算体分开以后，之间的往来经济业务需要由企业内部制定统一的价格结算往来后，以〔内部销售收入〕抵消科目内容，避免收入与成本费用在企业内部虚增现象。

039. 厂内核算价格表——产品加工

(单位)厂内核算价格表——产品加工 单位：　　　　　　　　　　年度								
序号	产品代码	产品名称	规格型号	计量单位	数量或理论重量	厂内价格①	厂内价格②	厂内价格③

【039. 厂内核算价格表——产品加工】是承接有形物体的加工合作。价格比【032. 产品价格设计】中的价格规定要低，其中是不含企业内的〔管理费用〕，不含税收，允许有利润空间，称为〔内部利润〕，价格按三类可以更多或者更少，以企业内部生产单位规模的大小，费用水平不一而制定，让内部谈判选择的机会均等多一些。

040. 厂内核算价格表——项目合作

(单位)厂内核算价格表——项目合作 单位：　　　　　　　　　　年度							
序号	项目名称	形象表达	计量单位	数量或理论重量	厂内价格①	厂内价格②	厂内价格③

【040. 厂内核算价格表——项目合作】是指水、电、风、气、劳务、房产租赁等项目的合作，〔形象表达〕指整体或者部分，或者一个情况等说明。

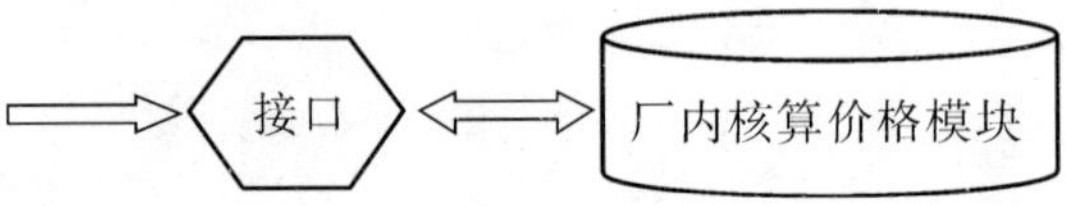

这个项目模块在企业内广泛使用。

科研成果是企业发展的秘密武器，高新企业对科技成果管理需要更加规范。

041. 科研成果目录表

(单位)科技成果目录表 年度											
序号	项目名称	项目等级	已办理专利	专利年限	专利价值	正在办理专利	发明专利教授级人员	专利获奖情况	科技创新收入	其中：四项收入	研发人员人数
		国家级									
		省级									

企业的科研成果应有专门的设计模块，所存档的资料更具不可估量的价值。

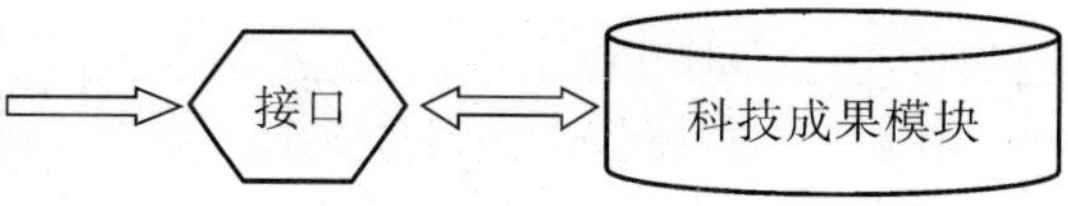

这个项目模块属绝密系统，使用范围非常小。

（四）生产管理系列

生产管理系列由经济合同台账生成【042. 生产计划】等一系列的管理报表。

【046. 约当产量计算表】是目前财政部要求分段分时细化结算产品的重要资料，需要规范统一。

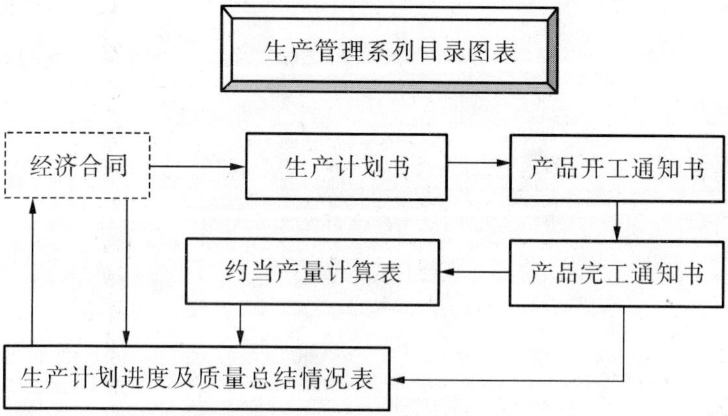

生产管理系列有 5 个表格。凡是虚线框，说明不是此章节的内容目录。

财务管理需要关注【042. 生产计划书】，目的为了了解产品是否开工，开工以后发生的成本情况是否对应等，及时掌握成本进度。

042. 生产计划书

（单位）生产计划书 年　月　　　　第　页共　页											
生产计划号	合同定单编号	设计图纸号	产品名称	规格型号	计量单位	数量	开工时间	计划工作量	生产车间	工段班组	项目工程师

如果有成本而没有开工的项目，或者有开工而没有发生成本，财务人员必须及时核对清楚，报告有关部门共同修正原因。

一般大型生产企业会专门发出【043. 产品开工通知书】到各部门，知会各部门的开工事宜，材料部门开始采购、下料，生产车间安排人员、场地等。

043. 产品开工通知书

（单位）产品开工通知书			
下通知书时间		开工时间	
产品名称		计划完工时间	
规格型号		合同定单编号	
计量单位		产品代码	
数量或重量		生产单位	
定额工作量（工时）		项目管理工程师	
备注		按定额领取发放原材料	

每月末，企业会进行生产总结，检查完工和未完工的生产情况，及时检查产品质量情况。如果出现废品重新安排生产，长期产品继续安排生产工时。

044. 生产计划进度及质量总结情况表

（单位）生产计划进度及质量总结情况表

单位：　　　　年　月　　　　第　页共　页

生产计划号	合同定单编号	设计图纸号	产品名称	规格型号	计量单位	数量	开工时间	报验完工时间	质量评价	报验合格否	上月完成生产形象进度	本月生产形象进度	本月累计完成生产形象进度	生产车间	项目工程师

表达形象进度是产品生产专业的用语。【045. 产品完工通知书】下达以后，财务人员按着要求做好成本的归集工作，尽量做到不遗留成本，不重复发生成本现象。

045. 产品完工通知书

（单位）产品完工通知书			
下通知书时间		开工时间	
产品名称		完工时间	
规格型号		合同定单编号	
计量单位		产品代码	
数量或重量		生产单位	
工作量		项目管理工程师	
备注	完工时间已订于　年　月　日，在　年　月　日之内抓紧各项费用的清理，在　年　月　日内报告产品进度所需要的产品预提费用之后，不再发生任何费用。		

大型产品和批量产品需要预测和分阶段结算成本和利润的情况，生产进度按约当产量的计算各行各业有不同的标准和方法，按周期和进度方法是基本相同的。

046. 约当产量计算表

（单位）约当产量计算表

单位：　　　　　　　　　　　　年　月　　　　　　　　　　　　第　页共　页

流水号		合同定单编号		产品名称		计量单位		理论重量单位	
合同号		设计图纸号		规格型号		数量		理论重量	
产品代码		计划生产周期		合同价格		开工时间		报验完工时间	

安排生产周期		第一周 ×～×月			第二周期 ×～×月				第三周期 ×～×月				第四周期 ×～×月			
项目		计划项目	实际已发生	测算分摊实际成本	计划项目	实际已发生	测算分摊实际成本	累计已结算成本	计划项目	实际已发生	测算分摊实际成本	累计已结算成本	计划项目	实际已发生	测算分摊实际成本	累计已结算成本
生产形象进度（%）				×			×	×			×	×			×	×
完成合同产值				×			×	×			×	×			×	×
约当数量				×			×	×			×	×			×	×
约当重量				×			×	×			×	×			×	×
成本合计																
直接成本	原材料															
	辅助材料															
	专用费用															
	小计															
间接费用	直接生产工人工资	×			×				×				×			
	其他工资	×			×				×				×			
	附加费	×			×				×				×			
	动力费	×			×				×				×			
	折旧大修	×			×				×				×			
	其他费用	×			×				×				×			
	小计															
	毛利															

主管：　　　　　　　　　　　　　　　　　　　　　　　　　　　制表：

〔安排生产周期〕按各行各业所需取向。

二、商品物资管理体系

所有生产企业会有物资采购和原材料转变为商品的销售行为，也有产品的直销行为。在此合为一个管理系统表述。

（一）物资材料购销管理系列

企业的生产物资采购是系统管理工程。一切管理行为需要围绕着采购合同的程序进行，不管是零星的采购，急件的采购，都应该按规范的合同管理作好台账记录，以备存查。

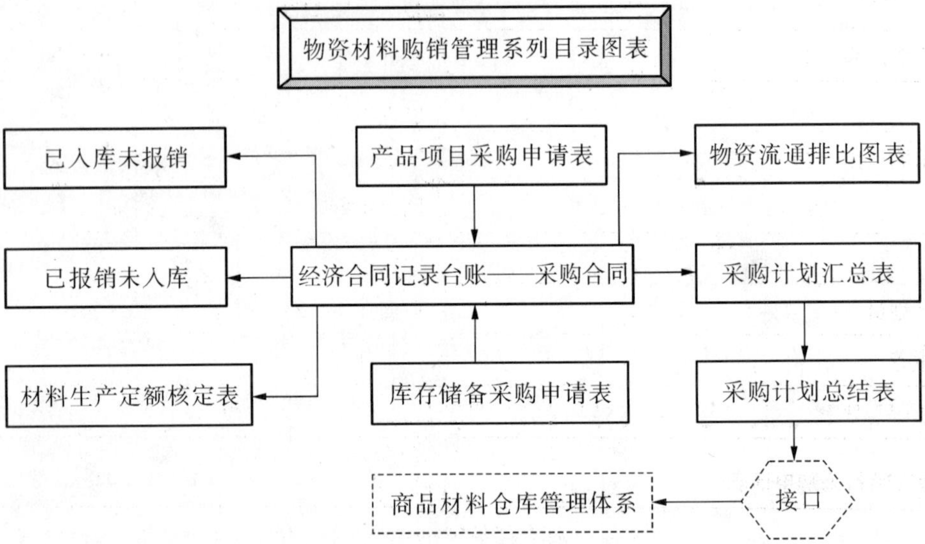

物资材料购销管理系列有9个表格。凡是虚线框，说明不是此章节的内容目录。

1. 采购程序管理：企业的经济合同中，物资采购合同是一个系列。做好各种性质的采购申请程序，主要是有产品对象的采购与无产品对象的采购，都需要在库存物资中周转，及时定期总结采购往来情况，是对采购成本控制的过程。

047. 经济合同记录台账——采购合同

（单位）经济合同记录台账——采购合同

单位：　　　　　　　　　　年度　　　　　　　　　　第　页共　页

采购合同编号	供货商	商品名称	规格型号	计量单位	数量	合同价格	合同签订时间	要求交货时间	入库交货时间	一次	二次	……	仓管员签字	交货数量	交货状态	发票号码	付款时间	付款金额	预付款	一次	二次	……	采购计划员	会计签字

048. 产品项目采购申请表

产品项目采购申请表			
材料采购单号		材料代码	
材料名称		采购合同编号	
规格型号		仓库库存	（有或无）
需求量		库存替代品	（有或无）
实际采购量		要求交货时间	
定向采购厂商（1）		地址	
电话		网上单价	
定向采购厂商（2）		地址	
电话		网上单价	
定向采购厂商（3）		地址	
电话		网上单价	
……		……	
采购计划员		调度员	
批准主管		工程师	
采购原因与评价			

049. 库存储备采购申请表

库存储备采购申请表			
材料采购单号		材料代码	
材料名称		仓库已有库存	
规格型号		要求增加库存量	
实际采购量		要求交货时间	
定向采购厂商		地址	
电话		网上单价	
定向采购厂商		地址	
电话		网上单价	
……		……	
采购计划员		调度员	
批准主管		工程师	
采购原因与评价			

050. 采购计划汇总表

采购计划汇总表									
单位：				年　月				制表：	
序号	仓库号	材料代码	材料名称	计量单位	数量	金额	采购厂商	联系电话	采购计划员

2. 材料定额的管理：材料定额是根据技术部的设计清单，按每个产品项目导入物资部门的管理程序表。

051. 材料生产定额核定表

材料生产定额核定表			
时间		定额单流水号	
IC 卡编号		产品代码	
领用单位名称		产品名称	
领用单位负责人		生产计划号	
材料名称		生产时间	
规格型号		计量单位	
材料代码		总定额数量	
领用记录			
时间		时间	
数量		数量	
时间		时间	
数量		数量	
工艺员：		录入：	

发生材料生产不够数量，或者生产废品等各种原因需要追加定额的，追加定额必须是技术部门下指令，建立完整的成本控制程序。

052. 追加材料生产定额核定表

追加材料生产定额核定表			
时间		定额单流水号	
IC 卡编号		产品代码	
领用单位名称		产品名称	

续上表

领用单位负责人		生产计划号	
材料名称		生产时间	
规格型号		计量单位	
材料代码		总定额数量	
追加原因		追加定额数量	
领用记录			
时间		时间	
数量		数量	
时间		时间	
数量		数量	
工艺员：		录入：	

3. 物资库存管理：月末，大量的总结工作需要进行。为了原材料成本核算的准确性，必然有一个时间差的问题，还有可能人员出差不在家的问题，使仓库与财务账上有一个差异。这个差异必须进行财务的报销单与仓库的入库单一笔一笔核对“对号入座”。

053. 已入库未报销

已入库未报销

部门： 年 月

序号	仓库编号	材料代码	物资名称	规格型号	数量	金额	入库时间	报销时间	经办人	验收人

054. 已报销未入库

已报销未入库

部门： 年 月

序号	仓库编号	材料代码	物资名称	规格型号	数量	金额	入库时间	报销时间	经办人	验收人

表格的内容是一样的，方法是财务会计记录的报销入库单与仓库入库单导盘并列，其中只有〔入库时间〕的是〔已入库未报销〕，只有〔报销时间〕的是〔已报销未入库〕。

采购业务员一旦发生业务，按仓库入库单管理系列中〔入库单〕对号入座，一式3份，一份通知财务附在发票处，一份存储，一份交仓库。

每月及时总结采购计划情况，保证生产的需要。

055. 采购计划总结表

采购计划总结表

单位：　　　　　　　　　　　年　月　　　　　　　　　　制表：

序号	仓库号	材料代码	材料名称	计量单位	数量	金额	采购厂商	到货时间	未到货留下月计划	取消及原因

同时总结物资的流通情况，总结储备资金的问题，加强企业资金流动的管理在仓库是重要的一环。

056. 物资流通排比图表

物资流通排比图表

单位：　　　　　　　　　　　年　月

代码	项目	五金库		机械库		食品库	
		数量	金额	数量	金额	数量	金额

将物资出库按类别自动排序分高低，然后做排比图。

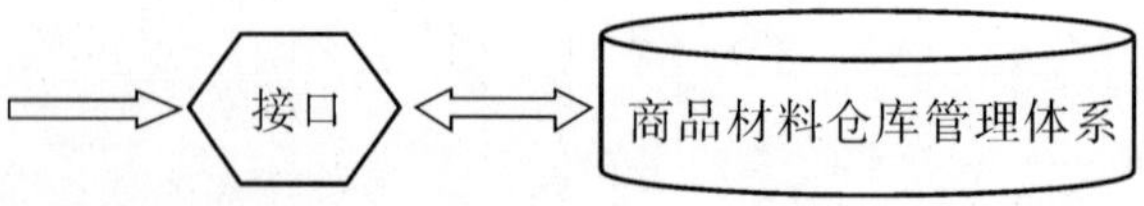

此系统与商品材料仓库管理体系连接。在企业内使用范围比较大。

（二）商品产品销售业务管理系列

企业商品产品的销售，多余原材料的推销积压，销售系统网络必须完整科学。

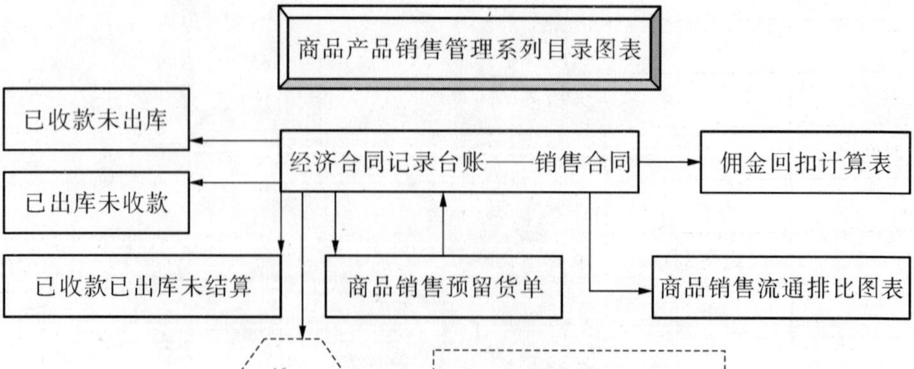

商品产品销售管理系列有 7 个表格。凡是虚线框，说明不是此章节的内容目录。

1. 销售程序管理：企业销售合同的管理是代表了企业销售管理程序的制度化，不管是大型的，批量式的，零星销售的，都应该纳入系统管理的要求。零星的销售形式通过电子收款机（POS）作为前台，后台集中导入【057. 经济合同记录台账——销售合同】台账统一记录，然后连接财务核算系统。

057. 经济合同记录台账——销售合同

经济合同记录台账——销售合同

单位：　　　　年度　　　　第　页共　　页

销售合同编号	销货商	商品名称	规格型号	计量单位	数量	合同价格	合同签订时间	对方要求交货时间	出库交货时间	仓管员签字	交货数量	一次	二次	⋮	交货状态	发票号码	收款时间	收款金额	预收款	一次	二次	⋮	业务员	会计签字

佣金回扣在财经制度上有规定，合理地使用，按规定交纳个人所得税。

058. 佣金回扣计算表

佣金回扣计算表

部门账号		部门名称		时间		流水号	
工程或商品名称	计量单位	数量	单价	金额	计算标准	金额	应计所得税
合计							

主管：　　　　经办人：　　　　证明人：　　　　制表：

【059. 商品销售预留货单】属于经济合同的管理程序。每月末的总结必不可少。

059. 商品销售预留货单

商品销售预留货单

时间		客户单位名称		发货方式	
定单流水号		客户单位地址		仓库号	
要求销货时间		客户单位代码		结算方式	
发票号		客户代表电话		存放地点	
材料名称	规格型号	单位	单价	数量	销售金额

负责人：　　　　经办人：　　　　录入：

060. 商品销售流通排比图表

商品销售流通排比图表 单位： 年 月							
代码	项目	五金库		机械库		食品库	
		数量	金额	数量	金额	数量	金额

将商品收入按类别和收入自动排序分高低。

2. 发出商品的管理：销售情况的准确性也有一个时间差的问题。方法同上述物资管理基本一样，发出商品出库单一式3份表对账，同样的表格与要求。

【061. 已收款已出库未结算】是收取产品进度款发生的情况，已经出库暂时记录在内。

061. 已收款已出库未结算

已收款已出库未结算 部门： 年 月													
序号	仓库编号	手工编号	客户名称	材料代码	材料名称	数量	金额	已收款	未收款	已出库	未出库	经办人	仓库验收人

【062. 已出库未收款】是在途发出商品。

062. 已出库未收款

已出库未收款 部门： 年 月													
序号	仓库编号	手工编号	客户名称	材料代码	材料名称	数量	金额	已收款	未收款	已出库	未出库	经办人	仓库验收人

【063. 已收款未出库】是仓库的暂时进出情况等原因，是发出商品核算的负数。

063. 已收款未出库

已收款未出库

部门：　　　　　　　　　　年　月

序号	仓库编号	手工编号	客户名称	材料代码	材料名称	数量	金额	已收款	未收款	已出库	未出库	经办人	仓库验收人

企业的销售情况总结在商品材料仓库管理体系里表述，需要在此有一个接口。

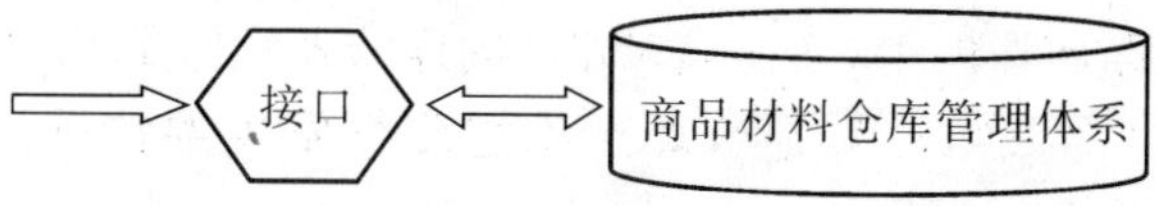

此系统在企业使用范围较广，关系到业务员、仓管员、售货员等。

三、物业管理体系

国有大企业、老企业、有条件的企业，会自建宿舍、寓所，周边会建商铺出租，为了留住人才，有单身员工的宿舍，也有为外来工建设住宿地方，或者租赁地方供住宿统一管理。所以，这个物业项目也是普遍运用的。

物业系统在市面也有供应，只是不太适合企业的使用，在此补充完善。

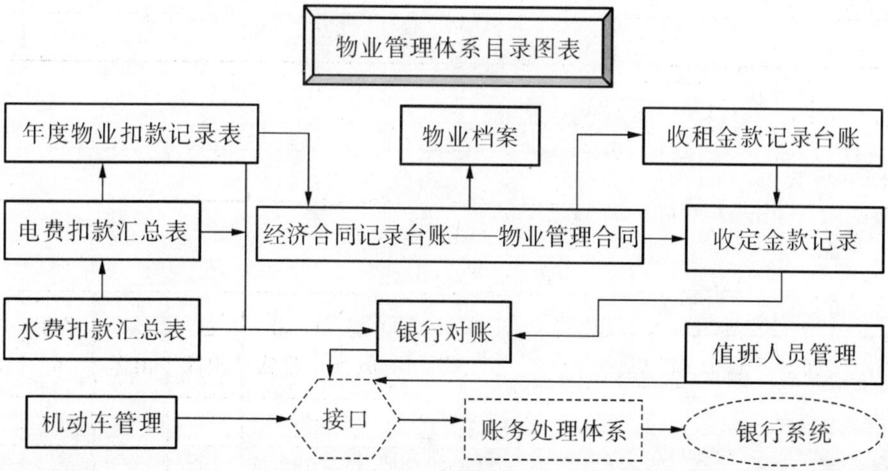

物业管理体系有 10 个表格。凡是虚线框，说明不是此章节的内容目录。

物业管理从合同台账开始建立程序管理。统一管理，集中租赁资料和扣款资料，就是机动车，值班情况记录在物业管理中都是管理手段和一种必须的法律保障资料。

064. 经济合同记录台账——物业管理合同

经济合同记录台账——物业管理合同																	
单位：					年度									第 页共 页			
流水号	租赁单位名称	承租地点	门牌号码	实用面积	建筑面积	单位价格	价格合计	计划使用项目	合同签订时间	租赁起始时间	租赁到期时间	要求交租时间	收定金/元	定金发票号码	弃租时间	退定金时间	住区管理员

065. 收定金款记录

收定金款记录									
合同流水号	租赁单位名称	承租地点	门牌号码	收款时间	金额	退款时间	扣除项目	扣款金额	实退金额

066. 收租金款记录台账

收租金款记录台账					
合同流水号	租赁单位名称	承租地点	门牌号码	收款时间	金额

按不同的物业性质进行档案的记录，最好能与居委会、房地产的资料一致，有多少套间就应该有多少张档案记录卡。

067. 物业档案

物业档案			
物业编号		档案流水号	
物业名称		所在地点	
总建筑面积		共有套间	
建筑时间	年 月	始用时间	年 月
住户或租户情况			
户主名称		门牌号码	

续上表

套间面积		分摊面积	
用途		常住人口	
购买或租用时间	年 月	户籍登记号码	
变动时间	年 月	变动原因	
其他记录			
住户或租户情况			
户主名称		门牌号码	
套间面积		分摊面积	
用途		常住人口	
购买或租用时间	年 月	户籍登记号码	
变动时间	年 月	变动原因	
其他记录			

068. 年度物业扣款记录表

年度物业扣款记录表					
户主名称		门牌号码		用途	
电费	读数	用量	单价	附加值	合计金额
1 月					
2 月					
……					
12 月					
合计					
水费	读数	用量	单价	附加值	合计金额
1 月					
2 月					
……					
12 月					
合计					

续上表

管理费	面积	单价	合计金额		
1月					
2月					
……					
12月					
合计					

069.（　月）水费扣款汇总表

（　月）水费扣款汇总表					
序号	住户名称	门牌号码	度数	单价	金额

070.（　月）电费扣款汇总表

（　月）电费扣款汇总表					
序号	住户名称	门牌号码	度数	单价	金额

071.（　月）银行对账

（　　年　月）银行对账						
流水号	门牌号码	扣款额	银行有	未成功	收现金	留下月

银行对账与银行系统联网一致。

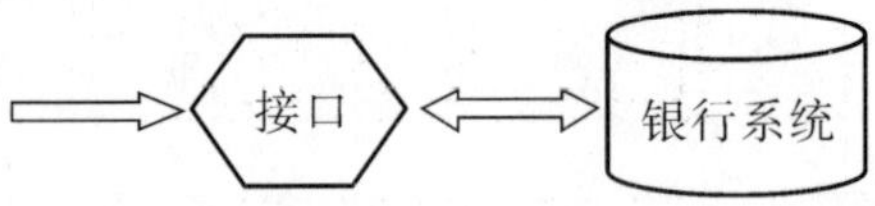

072. 值班人员管理

值班人员管理					
姓名	编号	项目	时间	补贴	安全负责人
		办公室			
		东区			
		西区			
		大门			

073. 机动车管理

机动车管理							
序号	车牌号	车主	联系电话	位置	收费时间	收费额	收费员

业务的后续处理与会计账务处理体系连接。

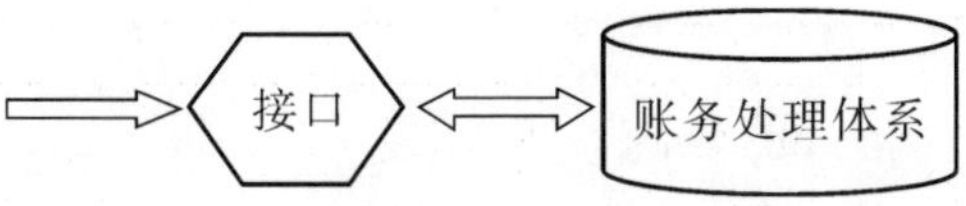

目前市场上也有物业管理软件，与会计系统没有连接，或者是简单的财务处理。管理的规范需要与财务核算系统连接。

四、饮食管理体系

凡是上百人的规模企业，都应该自己开办饭堂，很重要的原因是服从企业的经营需要。按内部模拟法人的管理方式，要求内部承包，独立核算。

市场上的餐饮系统对企业办的餐厅有用，但是对企业饭堂的管理需要在后台进一步补充完善。许多企业实行午餐福利人性化，通过打卡机统计人员上班情况，实行定制午饭的行为，也有的企业实行灵活制，将补贴款打入员工售饭卡里，然后通过各种渠道签订午餐的数量，还有的企业包办高温餐、加班餐、清凉饮料，送水上工地，专业的还有船舶试航餐，各种仪式的酒会等。

一个企业就是一个经济社会，每一层都必须讲究经济效益，设置科学的考核管理方法，使各个岗位都必须体现应有的价值。

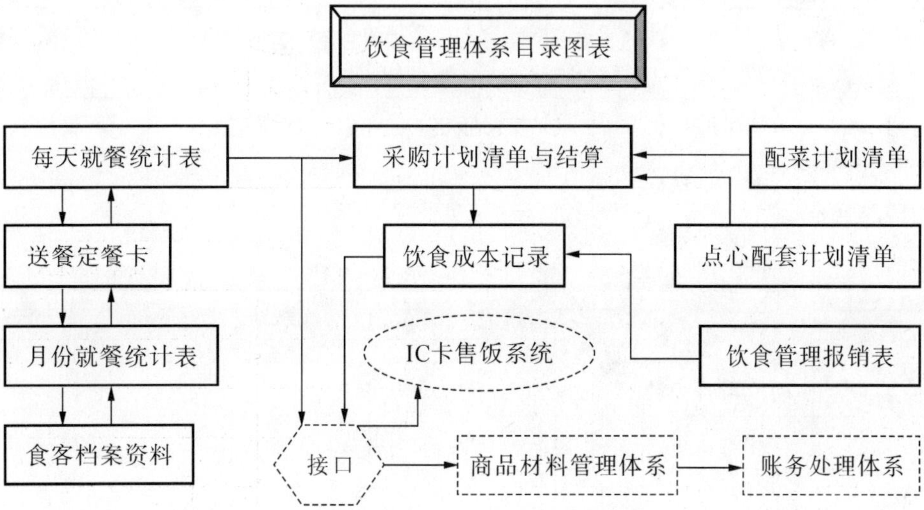

饮食管理体系有9个表格。凡是虚线框，说明不是此章节的内容目录。

074. 每天就餐统计表

每天就餐统计表			
时间		流水号	
打卡人数		另增人数	
计划外准备人数		合计人数	
定餐标准	元	元	元
人数	人	人	人

目前，市场上有对饭堂形式的IC感应系统之一的售饭系统，对于实时收款比较成熟，但是对成本管理不合适，还有与企业其他管理系统连接的问题。

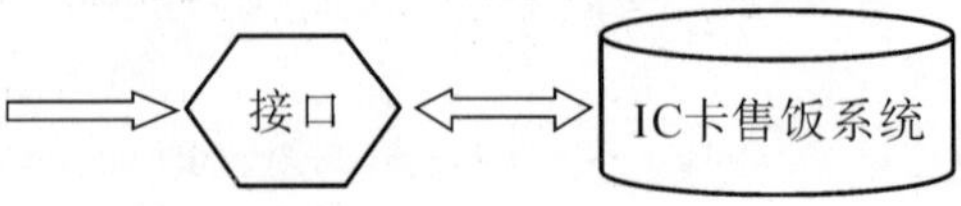

075. 月份就餐统计表

月份就餐统计表

部门： 年 月

序号	就餐人员姓名	1	2	3	4	5	6	……	31	合计

企业对饭堂的补贴有很多形式，如正常餐、高温餐、清凉饮料餐、加班夜宵等。有按人头固定补贴，有按每天的登记核实后补贴。饭堂按协商好的办法，向总厂（总公司）要费用为餐饮收入。

076. 饮食管理报销表

（单位）饮食管理报销表

部门： 时间： 年 月 日

序号	项目	报销标准	就餐人数	就餐补贴合计
	高温工种餐			
	船舶试航餐			
	加班夜餐			
	专项酒会			
	检验报验餐			
	清凉饮料餐			

部门主管： 经办人：

肉菜市场目前对商品价格管理是不规范的，企业饭堂采购形式很多，控制方法多种多样，不在此表述。但是结算的方法需要规范。

077. 采购计划清单与结算

采购计划清单与结算					
时间		流水号		采购方式	（送货或零采）
采购市场名称		采购员		付款方式	（赊账或现金）
货物名称	计量单位	数量	单价	金额	付款时间
合计					

【077. 采购计划清单与结算】在有的单位加上计划采购价比对。采购清单应该按【078. 配菜计划清单】与【079. 点心配套计划清单】采购。

078. 配菜计划清单

配菜计划清单					
时间		流水号		售饭班组	
菜肴名称		准备售价		计划毛利	
物资名称	数量	单价	金额	计划份量	合计金额
……					
菜肴名称		计划份量		计划毛利	
物资名称	数量	单价	金额	计划份量	合计金额
……					
菜肴名称		计划份量		计划毛利	
物资名称	数量	单价	金额	计划份量	合计金额
……					
菜肴名称		计划份量		计划毛利	
物资名称	数量	单价	金额	计划份量	合计金额
……					

079. 点心配套计划清单

点心配套计划清单					
时间		流水号		售饭班组	
点心名称		准备售价		计划毛利	
物资名称	数量	单价	金额	计划份量	合计金额
……					
点心名称		准备售价		计划毛利	
物资名称	数量	单价	金额	计划份量	合计金额
……					
点心名称		准备售价		计划毛利	
物资名称	数量	单价	金额	计划份量	合计金额
……					

080. 送餐定餐卡

送餐定餐卡			
时间		名称或地址	
就餐人数		标准价格	
联系人		联系电话	
主粮	计量单位	食品数量	收款
饭			
面			
粥			
菜肴			
……			
合计			
主办		经办	

当计划实施以后，每天的总结需要及时，计划与实际对比，收入与成本对比，要求每天能有基本情况总结查阅，及时调整经营手段。

饮食讲道德信誉非常重要。〔自然损耗项目〕指品种过期等原因的损耗，〔人为损耗项目〕指在运输途中的损耗等，〔自行处理项目〕是多出来没有卖出去时，降价给内部人员或其他的处理办法，以收回成本或部分成本的处理办法。

这3种现象的发生，是管理控制成本源头的重要原因，尤其是〔自行处理项目〕太多的话，找出管理的原因就有不少的讲究，在此不再多表述。

081. 饮食成本记录

饮食成本记录			
时间		流水号	
售饭班组		工作人数	
部门负责人		当期就餐人数	
就餐收入		平均每份价格	
毛利额		毛利率（%）	
菜肴成本合计		配料合计	
菜名	单价	数量	金额
菜心			
白菜			
……			
配料	单价	数量	金额
米			
面			
酱油			
……			
自然损耗项目		约当价值	
人为损耗项目		约当价值	
自行处理项目		收回款项	
说明			

082. 食客档案资料

食客档案资料									
序号	食客名称	所在地方	代表人	喜欢项目	喜欢项目	喜欢项目	喜欢项目	喜欢项目	……

业务的后续处理与会计账务处理体系、商品材料仓库管理体系连接。

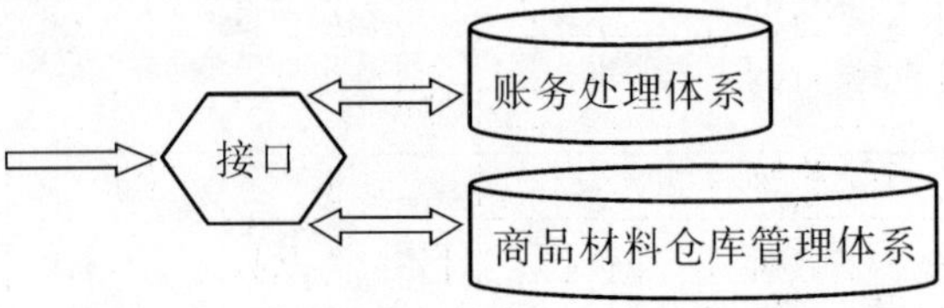

饮食的会计核算也属于比较复杂的成本方法。如果一个餐饮企业可以计算出每天大概的成本结果情况，是最佳的管理模式。因为饮食的利润空间很少，成本控制才非常重要，节约每一分物耗成本，才可能提高人工成本，才可能实行最佳的服务质量。

五、人事管理体系

人事管理在许多有一定规模的企业都有自己的特点设计，但是纯人事情况的设计比较多，基本没有与财务系统连接，而财务系统目前的薪酬程序也不完善。

在此设计是管理功能的补充。

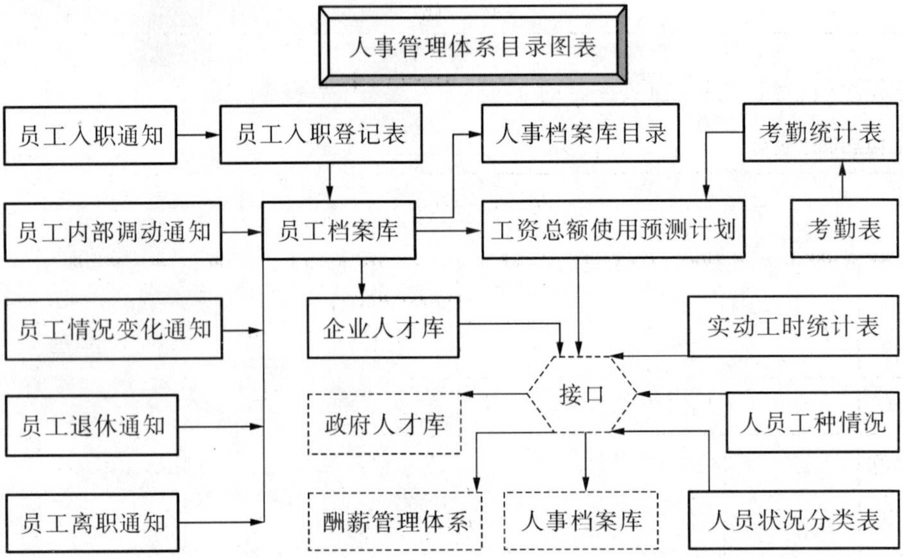

人事管理体系有15个表格。凡是虚线框，说明不是此章节的内容目录。

（一）人员管理

人员从进入企业开始，必须设置固定工种代号、姓名代号、人员分类代码，不能重复。

083. 员工入职通知

员工入职通知　　流水号：

单位：　　登记时间：　年　月　日

工号		姓名		曾用名		个人档案号	
部门名称		性别		工种名称		报到时间	

续上表

部门代码		出生日期		工种代号		参加工作时间	
最高学历		毕业学校		住址		联系方式	
基本工资		工资性质	计时	计算社保基数		人工费用总额	
附加工资	住房补贴	养老保险	失业保险	医疗保险	工伤保险	生育保险	重病基金
企业负担							
金额							
个人负担							
金额							
补贴	电话费	交通费	教师津贴	护士津贴	高温清饮	书本费	取暖费
金额							
主管：			复核：			制表：	

〔工资性质〕指计件工资还是计时工资。

084. 员工内部调动通知

单位：			员工内部调动通知			流水号： 登记时间：　年　月　日	
工号		姓名		曾用名		个人档案号	
部门名称		性别		工种名称		参加工作时间	
部门代码		出生日期		工种代号		学历	
新部门名称		部门代码		新工种名称		工种代号	
基本工资		工资性质		计算社保基数		人工费用总额	
附加工资	住房补贴	养老保险	失业保险	医疗保险	工伤保险	生育保险	重病基金
企业负担							
金额							
个人负担							
金额							
补贴	电话费	交通费	教师津贴	护士津贴	高温清饮	书本费	取暖费
金额							
主管：			复核：			制表：	

085. 员工情况变化通知

员工情况变化通知　　流水号：

单位：　　登记时间：　年　月　日

工号		姓名		曾用名		个人档案号	
部门名称		性别		工种名称		参加工作时间	
部门代码		出生日期		工种代号		学历	
原任岗位		新任岗位		原技术职称		新技术职称	
原基本工资		工资性质		原计算社保基数		个人档案流水号	
基本工资		工资性质		计算社保基数		人工费用总额	
附加工资	住房补贴	养老保险	失业保险	医疗保险	工伤保险	生育保险	重病基金
企业负担金额							
个人负担金额							
补贴金额	电话费	交通费	教师津贴	护士津贴	高温清饮	书本费	取暖费

主管：　　复核：　　制表：

086. 员工离职通知

员工离职通知　　流水号：

单位：　　登记时间：　年　月　日

工号		姓名		曾用名		个人档案号	
部门名称		性别		工种名称		参加工作时间	
部门代码		出生日期		工种代号		学历	
基本工资		停止社保时间		应付离职费		连续工龄	
离职原因		企业应收赔偿金		企业应补赔偿金			

主管：　　复核：　　制表：

〔离职原因〕是自动离职或企业辞退等。

087. 员工退休通知

员工退休通知　流水号： 单位：　登记时间：　年　月　日							
工号		姓名		曾用名		个人档案号	
部门名称		性别		工种名称		参加工作时间	
部门代码		出生日期		工种代号		学历	
退休时间		连续工龄		本企业工龄		最后一个月工资	
计生奖金		少数民族补贴		住房补贴		劳模补贴	
主管：				复核：		制表：	

088. 员工入职登记表

员工入职登记表　登记时间：　年　月　日							
工号		姓名		曾用名		个人档案号	
部门名称		性别		工种名称		报到时间	
部门代码		出生日期		工种代号		参加工作时间	
最高学历		毕业学校		住址		联系方式	
个人简历							
家庭成员情况							
个人家庭成员情况							

由员工本人入职时填写。

089. 员工档案库

（单位）员工档案库							
工号		姓名		曾用名		个人档案号	
部门名称		性别		技术职称		企业报到时间	
工种名称		出生日期		获取时间		参加工作时间	
最高学历		毕业学校		住址		联系方式	
劳动合同号		社保号		档案库房号		位置编号	

续上表

纸质资料登记目录				
时间	排列号	题目与主要内容		页数
纳入人才记录				
时间	排列号	创新获奖课题内容	奖品编号	存放地点

090. 人事档案库目录

（单位）人事档案库目录						页码：	
序号	姓氏排列	类别排列	人员工号	总库编号	位置编号	存入时间	销毁时间

企业应设立纸质档案与计算机档案并存的人事档案，便于企业领导层查阅。

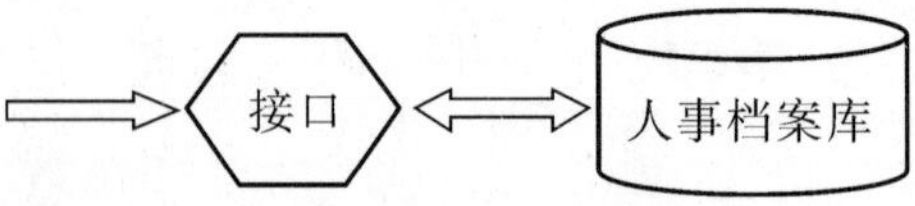

人事管理体系的内容应与酬薪管理体系中人员个人的工资与福利保险的资料统一纳入管理，财务档案应该只有企业工资发放情况的保存。

（二）人事管理

企业人事管理包括各个方面。按管理性质，工资总额的政策性管理归属劳动人事部门。

091. 人员工种情况

<u>人员工种情况</u>

单位： 年度 计量单位：人

项目	人数	复合工种人数	占专业（%）	部门	需求量	差额人数	可转换人数	年内减少人数	计划招收人数
车工									
其中：一车间									
二车间									

续上表

……									
钳工									
……									
起运工									
……									
工程设计人员									
……									
经营人员									
……									
管理人员									
……									
辅助生产人员									
……									
其他人员									
合计									
主管：				复核：				制表：	

092. 人员状况分类表

人员状况分类表

单位：　　　　　　　　　　统计时间：　　年　月

项目	人数	项目	人数	项目	人数
1. 性别		4. 学历		6. 技术职称类别	
男		小学以下		（1）工程类	
女		初中		技术员	
2. 年龄（岁）		高中		助理工程师	
18 ～ 30		中专		工程师	
31 ～ 40		大专		高级工程师	
41 ～ 50		本科		高高级工程师	
51 ～ 55		研究生		（2）财务类	
56 ～ 60		博士		会计员	
61 以上		博士后		助理会计师	
3. 就业情况		5. 技术职称		会计师	
在岗		高高级		高级会计师	

续上表

病休人员		高级		(3) 经济类	
停薪留职人员		中级			
待岗人员		初级		(4) 统计类	
其他人员					
				(5) 政工类	

【092. 人员状况分类表】应有附属的几种明细汇总表，不在此表述。明细表内容应通过【089. 员工档案库】自动生成。

093. 考勤表

考勤表

单位： 年 月 计量单位：小时/日

序号	员工工号	姓名	出勤	病假	事假	产假	合计	
合计								
累计								

主管： 复核： 制表：

094. 考勤统计表

考勤统计表

单位： 年 月 计量单位：小时/日

序号	部门	全部人数	月制度工作日	制度工作工时	职工人员分类						其他从业人员	出勤					全勤率	加班率
					管理人员	技术人员	直接生产工人	辅助生产工人	其他人员	小计		工作日	事假	病假	产假	合计		

095. 实动工时统计表

实动工时统计表

部门： 年 月 计量单位：小时/个

序号	产品流水号	产品项目	定额工时	实动工时				
				合计	车工	装配工	电焊工	……
合计								

主管： 复核： 制表：

096. 企业人才库

（单位）企业人才库							页码：	
号	姓氏排列	类别排列	人员工号	人才分类	总库编号	位置编号	存入时间	销毁时间

企业建立储备人才库，上级集团有人才库，地方也应有人才库与企业联网。

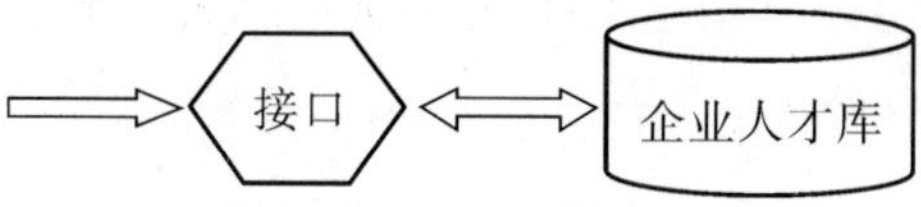

097. 工资总额使用预测计划

工资总额使用预测计划								
单位：				年度			计量单位：千元	
项目	计时	计件	固定补贴	计划升幅	项目奖金	年终奖金	合计	平均月工资额
一车间								
机关								
…								
主管：				复核：			制表：	

098. 新增工资总额预测计划

新增工资总额预测计划							
单位：			年度			计量单位：千元	
项目	基本工资	固定补贴	项目奖金	年终奖金	……	合计	平均月工资额
技术工人							
应届毕业生							
…							
主管：			复核：			制表：	

099. 附加工资使用预测计划

附加工资使用预测计划										
单位：					年度				计量单位：元	
部门名称	人数	计算基数	住房补贴	养老保险	失业保险	医疗保险	工伤保险	生育保险	重病基金	小计
主管：					复核：				制表：	

工资项目是人事部门的管理职能，每月的工资发放前的审核应为人事部门的职责。

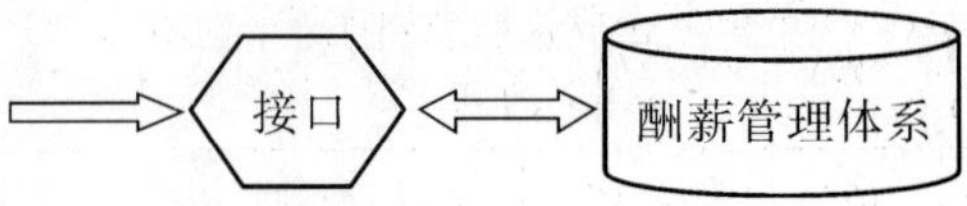

【097. 工资总额使用预测计划】等系列表格是预算工作的重要一环。预算分析应由劳动人事部门为主。

六、投资管理体系

企业投资管理项目是全方位的，包括固定资产、无形资产、股权等。规范投资行为、规范投资管理、规范投资决策者的权力，需要有一套规范的管理手段。

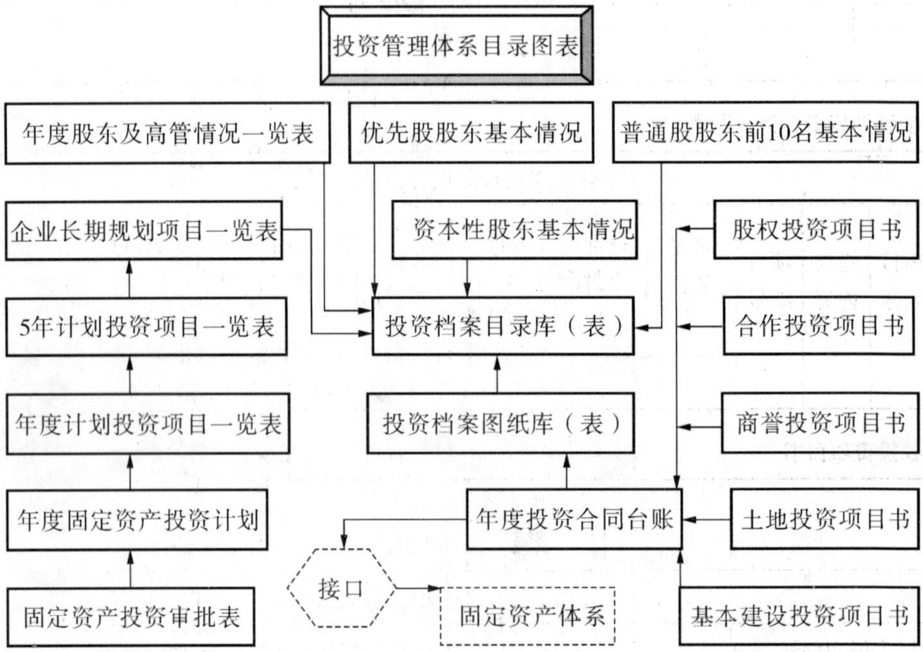

投资管理体系有 17 个表格。凡是虚线框，说明不是此章节的内容目录。

（一）决策管理

企业能够持续发展，与企业有长期合理的规划分不开，行动有目标，投资有方向，计划有指南，发展起来才会按合理的轨道前进。

投资决策需要科学的依据，每个项目需要有正确的研究方法。投资前的管理需要研究分析，确定管理责任定位。投资决定以后的管理责任必须明确，所有的行为应该是有理有据的。

100. 企业长期规划项目一览表

（单位）企业长期规划项目一览表 年度							
序号	项目名称	主要内容	项目编号	投资总额	计划最佳回收期	计划最长回收期	估计可能失败的原因

101. 5 年计划投资项目一览表

（单位）5 年计划投资项目一览表 年度									
序号	项目名称	主要内容	项目编号	企业文件号	可行性报告编号	投资总额	计划最佳回收期	计划最长回收期	估计可能失败的原因

102. 年度计划投资项目一览表

（单位）年度计划投资项目一览表												
序号	项目名称	主要内容	项目编号	企业文件号	投资决定批准文件号	可行性报告编号	投资总额	计划最佳回收期	计划最长回收期	估计可能失败的原因	项目受益部门	项目指定负责人

103. 股权投资项目书

股权投资项目书 单位：　　　　时间　　年　月			
项目名称		项目书流水号	
企业投资决议文件号		投资决定批准文件号	
被投资主体名称		被投资主体所在地区	
被投资主体性质	（民营或）	被投资主体所在地址	
被投资主体全部资产		投资时间	
被投资主体全部股份情况		我方所占比例	
我方投资金额		合计股份	
原始股值		每股市值	
股权证号码		指定项目管理人	

续上表

投资收益情况			
年度		金额	
年度		金额	
年度		金额	
		合计	
股份变化情况			
年度		增加或减少股份	
每股市值		合计金额	
年度		增加或减少股份	
每股市值		合计金额	

104. 合作投资项目书

合作投资项目书			
项目名称		项目书流水号	
企业投资决议文件号		投资决定批准文件号	
合作方名称		可行性报告编号	
合作方性质		合作方所在地区	
合作方全部资产		合作方所在地址	
合作企业法人名字		合作时间	
合作企业主要产品名称		企业所占比例	
合同签订合作期限		企业投资金额	
计划可能延长期限		指定项目管理人	
计划每年收益占投资额百分比			
派驻主要管理人员名单			
姓名	性别	职务	年龄

105. 商誉投资项目书

商誉投资项目书			
商誉名称		项目书流水号	
企业投资决议文件号		投资决定批准文件号	
商誉内容		可行性报告编号	

续上表

商誉发明主要人或事项		企业计划分摊期	___年___年
商誉有效期	___年___年	企业受益项目	
商誉价格		投资时间	
		指定项目管理人	
商誉发展情况预测说明			

106. 土地投资项目书

土地投资项目书			
项目名称		项目书流水号	
企业投资决议文件号		投资决定批准文件号	
土地名称		可行性报告编号	
土地所在地区		企业受益项目	
土地所在地址		企业计划分摊期	___年___年
土地价格		投资时间	
企业编号		指定项目管理人	

107. 基本建设投资项目书

基本建设投资项目书			
项目名称		项目书流水号	
企业投资决议文件号		投资决定批准文件号	
项目名称		企业编号	
建筑面积		项目投标书编号	
占地面积		可行性报告编号	
计划总投资额		设计单位	
投资时间		建设单位	
开工时间		监理单位	
完工时间		计划最佳回收期	
项目使用用途		计划最长回收期	
指定项目管理人		估计可能失败的原因	

（二）固定资产管理

固定资产是企业的有形资本，必须实行专业化管理。

108. 固定资产投资审批表

固定资产投资审批表			
项目名称		申请表流水号	
规格名称		企业编号	
计量单位		申请使用部门	
数量		制造厂家	
计划采购价		厂家评价	
主要受益产品		厂家地址	
计划回收期		计划折旧方法	
计划效益率		计划折旧率	
主管固定资产部门意见：			
财务部门意见：			
审计部门意见：			
主管领导批示：			

109. 年度固定资产投资计划

（单位）年度固定资产投资计划									
序号	项目名称	规格名称	企业编号	计量单位	数量	计划采购价	申请表流水号	申请使用部门	安排采购时间

110. 年度投资合同台账

（单位）年度投资合同台账												
序号	项目名称	规格名称	企业编号	计量单位	数量	采购价格	合同编号	厂商名称	联系电话	到货时间	证书资料是否齐全	付款时间

（三）投资职能管理

不管是大企业抑或小企业，投资档案需要建立起来，实行统一的、长期的、慎重的科学管理。

111. 投资档案目录库

投资档案目录库（表）							
序号	项目名称	性质	项目书流水号	投资时间	档案编号	存放地点	库房编号
		无形资产					
		基本建设					
		股权					
		合资合作					

112. 投资档案图纸库

投资档案图纸库（表）							
序号	项目名称	性质	项目书流水号	投资时间	档案编号	存放地点	库房编号
		气体网线图					
		管道网线图					

企业的投资项目设计图纸、材料使用合格证明书等，包括企业管道的水、电、气、风等设施的设计图纸，需要认真地保管起来。

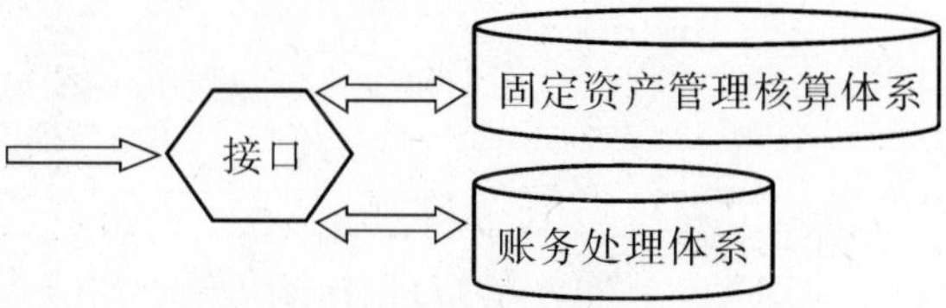

投资管理模块需与固定资产管理核算体系，账务处理体系连接起来。其中，企业应作出相应的规定，所有的原始凭证都应该归属投资资料统一存放，包括发票，主要的付款证据等，以扫描件作为会计原始凭证，但需注明原件已存的档案号。

（四）上市公司及股份制公司管理

上市公司与股份公司的管理规定非常详细，在此不赘述。

113. 年度股东及高管情况一览表

（单位）年度股东及高管情况一览表								
序号	姓名	性别	年龄	董事或监事	企业担任职务	社会担任职务	报酬	备注

114. 资本性股东基本情况

资本性股东基本情况 登记日：							
序号	股东名称	登记地址	隶属行业	所持股份	原始股值	股权百分比	登记日市值

115. 优先股股东基本情况

优先股股东基本情况 登记日：					
序号	股东名称	证件号码	所持股份	原始股值	登记日市值

116. 普通股股东前10名基本情况

普通股股东前10名基本情况 登记日：				
序号	股东名称	市场账号	所持股份	登记日市值

企业对上市公司的股本与股票应专人专业化管理。

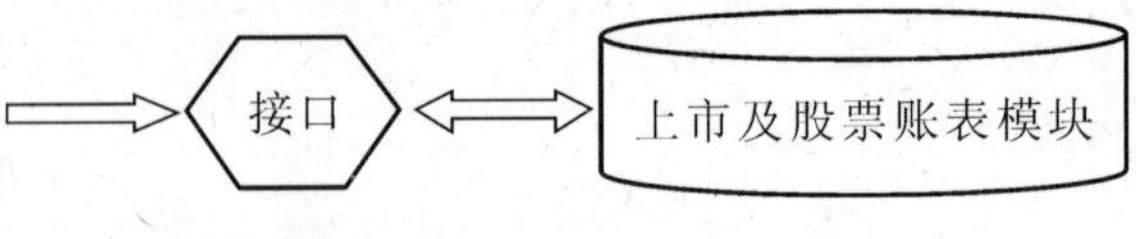

〔上市及股份账表模块〕会在企业的办公自动化系统操作，应设计与会计工作底稿体系的上市及股票账表系列连接。

七、其他管理软件的提示

目前，许多国有大中型企业继续存在其他事业性质转换形式的经营单位，如医院、技工学校、幼儿园、敬老院等。企业需要在市场上已经成型的软件更完整、更科学、更合理一些，适合各种企业形式的需要。学校基本归属地方教育系统，在此不表。

（一）医院软件

目前在市场上的软件产品已经比较成熟，不足的地方是：

1. 永远清点不清的药品、器械的成本问题：医院的重要成本还是药品与医疗器械，占全部收入的50%以上。核算医药成本是一个复杂的过程，主要是药品不停地流动，大仓库转入小仓库，小仓库分解到各专业科室，中药、西药、专用药的分门别类，清点工作难度颇大，而且急速需要等原因，经常在没有通过任何程序的情况下出库，不仅是时间差的不准确，人为的漏洞在此不多言。

所以，医院系统应该与专有的库存管理系统连接，必须配套PDA（掌上电脑）操作系统，在中午的1小时，或者晚上深夜的1小时，快速地清点药品情况，保证药品的成本安全，保证财务核算的准确性。

因此，市场上尽快设计出所有企业单位共用的仓库管理系统，价值不可估量。

2. 医院收费与银行及时对账的速度问题：目前的医院收费有医保系统、现金、银联系统并举，一般的社区医院每天也有几十笔收费。目前的医院对收费核对的办法不尽相同，有的干脆不对账，以收到多少银行通知出多少账。有时候稍微核对一下，漏洞不少。因此需要设计及时对账的办法。

117. 处方对账表

处方对账表						流水号：	
日期	处方号码	金额	医保系统	银联系统	现金核收	医保系统未收	银联系统未收
主管：				对账：		财务：	

在医院系统上，目前是根据医药处方数据收款，可以在处方与收款程序之间设置一个连通代码，再与银联协商接口设置每天或者定期导盘的需求，让银行的数据与医院的处方及时对账，对没有收款的处方做个记号，可以再研究设计怎样补收款的问题。

确定了银行的收款以后，再核对现金的收款。银行收款是比较乱的问题，而现金收款则会产生许多严重问题。

3. 是否可以增加设计医疗病理规范处方用语便于汇总问题：处方的管理是医院管理的根本。分类汇总处方，可以对比参考查找医院许多的管理问题，比如检查乱开药的问题、限制开药数额等。

是否可以在处方的一个地方，设计所有病理的规范开头，以一句标准病理语言作为汇总的标志。

4. 医院软件与会计核算软件的接口问题：现在市场上的会计核算软件，对于医院基本适用，也是需要通过接口将有关的数据转换问题。

医院管理软件附带会计核算系统不可能完整规范，简单核算达不到现代管理的要求，因此还是应该使用专业化比较强的会计软件系统更符合社会进步的需求。

医院内部的专业细分比较明确，采取医院内的经济承包管理是一个方向，细化核算考核更需要用规范的会计核算软件提升医院的经营管理。

（二）收计费软件

企业存在的中学、小学、技工学校、幼儿园、敬老院，基本可以使用规范的会计核算软件，只是在管理上最大的问题是需要每月收费与个人计费软件，在此称为“收费软件”，并带个人档案的管理软件。

118. 收费计费表

收费计费表										
单位：								时间：		
序号	姓名	个人代码	计费项目			银行账号	银行已收	现金收款	未收款	备注
					合计					

个人档案的管理软件在此可冠名为“托付教育管理软件”。在教育部门可以通用，个别修改问题不大。每次收款需要自动导入留有记录，其他的记录也需要设计流水表后自动导入。

119. 托付教育档案

托付教育档案			
档案号		出生年月	
姓名		性别	
个人代码		家庭地址	
监护人		联系电话	
在户记录			
时间起	时间止	时间名称	在户名称
		第一学期	
		……	……
收费记录			
时间	项目	项目	合计
成绩记录			
其他记录			

敬老院的档案与教育档案有一定的区别。

120. 托付休养档案

托付休养档案			
档案号		出生年月	
姓名		性别	
个人代码		家庭地址	
监护人		联系电话	
在户记录			
时间起	时间止	休养区	床位号码
收费记录			
时间	项目	项目	合计
医疗记录			
其他记录			

这类的软件难度不大，通用量大，市场前景广阔。不仅简化工作量与差错，更重要的是帮助留取一定的历史资料，提高管理水平。

第二节 财产物流管理系统

企业的财产物流管理系统主要是固定资产与仓库原材料的管理。财产物资的管理在企业占有极重要的位置，管理人员不少，收益范围遍布整个企业。

财产物流管理系统内容包括 6 大体系分类。

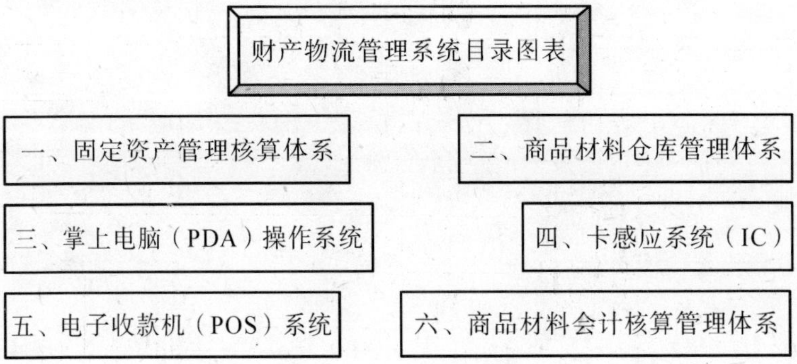

固定资产是企业的主要资本，利用的合理是企业的生命源泉，利用的不恰当是企业的贵重垃圾。

财产管理包括生产流通的原材料，占商品产品成本的主要成本。一旦购置不合理，造成积压是企业成本的极大浪费。

财产管理还包括已经出账所谓一次性消耗的物资，主要指办公桌椅、电话、其他办公用品和设施。按规范企业的管理制度，年度计算企业价值的时候不能忽略这部分财产的管理，企业应该自行设计通用的财产备案表格，实行备案记录管理制度，一年清理核对一次。

财产管理系统设置的全面、合理、科学，直接起到监督、管理、分析、检查的作用。

一、固定资产管理核算体系

企业的固定资产管理体系，目前是用会计核算的固定资产软件替代，达不到专业管理

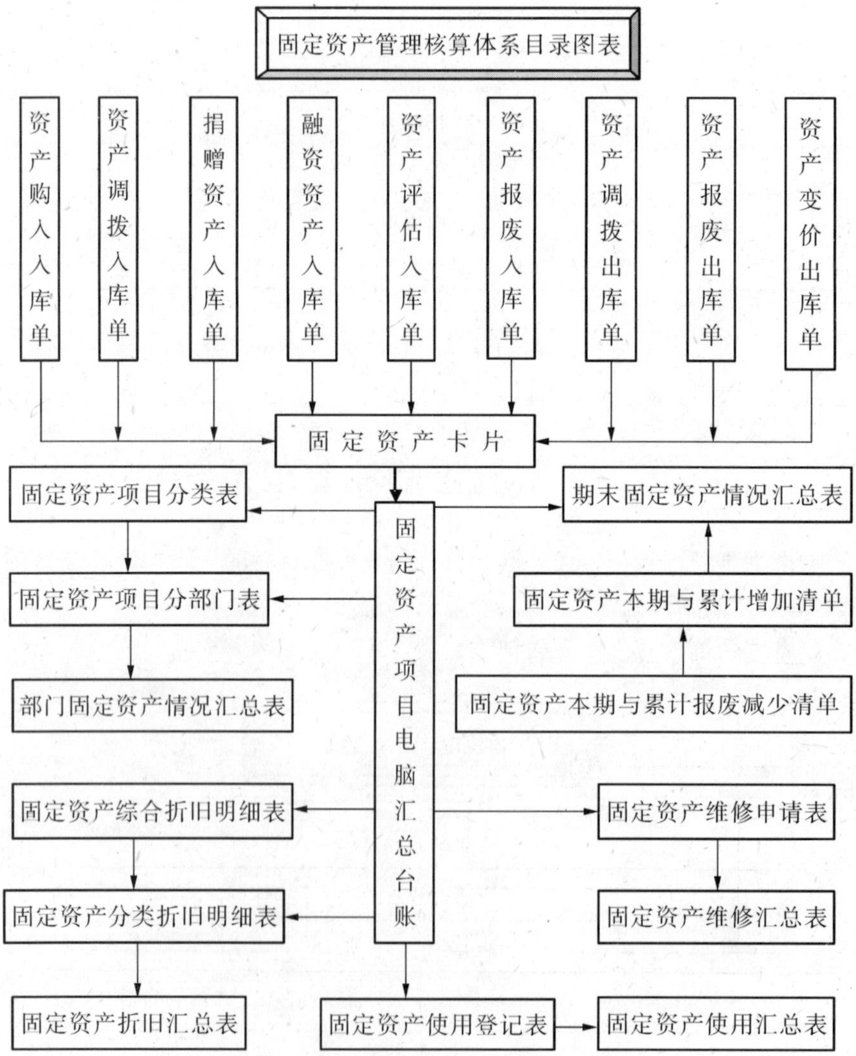

人员的需求。在一些企业，管理固定资产的规划部门往往自行设计一个管理软件，与财务系统的管理软件分道而驰、双轨管理、数据不一。重新设计固定资产管理软件希望能解决上述的问题。

分直接使用部门的固定资产记账管理是集团式核算的需要，汇总方式比较多，按类别记录固定资产的使用效率，测算固定资产的使用效益也是企业管理的需要。

固定资产核算管理体系有 24 个表格。

（一）资产的增加与减少单据系列

企业将所有可能发生增加与减少的情况，通过记录单据的性质自然反映出来，对资产的管理与情况汇总分析有极大的帮助。

121. 资产购入入库单

（单位）资产购入入库单 流水号：			
类级		国标目录号	
隶属		企业编号	
登记时间	年　月　日	开始使用时间	年　月　日
资产名称		规格型号	
制造厂名称		制造时间	年　月　日
制造厂编号		安装地点	
原值		安装费	
其他费		合计价值	
估计残值		净值	
使用年限		年折旧率	
折旧方法		月折旧额	
发票号码		附件张数	
生产面积		非生产面积	
占地面积		建筑面积	
复杂系数		资产附件	
机		电动机数量及功率：kW/台	
电		柴油机数量及功率：kW/台	
层数		汽油机数量及功率：kW/台	
净重：　吨		证书：　张	
备注			
使用部门：		机械员：	使用班组负责人：

122. 资产调拨入库单

(单位)资产调拨入库单			
流水号:			
类级		国标目录号	
隶属		企业编号	
登记时间	年 月 日	开始使用时间	年 月 日
资产名称		规格型号	
资产来源		调拨时间	年 月 日
安装地点		继续使用年限	
调拨价值		已折旧金额	
估计残值		合计价值	
安装费		折旧方法	
原值		年折旧率	
净值		月折旧额	
生产面积		非生产面积	
占地面积		建筑面积	
复杂系数		资产附件	
机		电动机数量及功率:kW/台	
电		柴油机数量及功率:kW/台	
层数		汽油机数量及功率:kW/台	
净重: 吨		证书: 张	
备注			
使用部门:		机械员:	使用班组负责人:

123. 资产评估入库单

(单位)资产评估入库单			
流水号:			
类级		国标目录号	
隶属		企业编号	
登记时间	年 月 日	开始使用时间	年 月 日
资产名称		规格型号	
制造厂名称		制造时间	年 月 日

续上表

制造厂编号		安装地点	
原值		估计残值	
已折旧金额		安装费	
净值		合计价值	
评估时净值		评估时间	年　月　日
评估价值		评估差额	
继续使用年限		年折旧率	
折旧方法		月折旧额	
评估单位		评估单位等级	
生产面积		非生产面积	
占地面积		建筑面积	
复杂系数		资产附件	
机		电动机数量及功率：kW/台	
电		柴油机数量及功率：kW/台	
层数		汽油机数量及功率：kW/台	
净重：　吨		证书：　张	
备注			
使用部门：		机械员：	使用班组负责人：

124. 捐赠资产入库单

(单位) 捐赠资产入库单 流水号：			
类级		国标目录号	
隶属		企业编号	
登记时间	年　月　日	开始使用时间	年　月　日
资产名称		规格型号	
制造厂名称		制造时间	年　月　日
制造厂编号		安装地点	
捐赠价值		捐赠时间	年　月　日
安装费		合计价值	
捐赠单位		继续使用年限	

续上表

评估单位		重估时间	年 月 日
重估时净值		重估差额	
重估价值		年折旧率	
折旧方法		月折旧额	
生产面积		非生产面积	
占地面积		建筑面积	
复杂系数		资产附件	
机		电动机数量及功率：kW/台	
电		柴油机数量及功率：kW/台	
层数		汽油机数量及功率：kW/台	
净重： 吨		证书： 张	
备注			
使用部门：		机械员：	使用班组负责人：

125. 融资资产入库单

（单位）融资资产入库单 流水号：			
类级		国标目录号	
隶属		企业编号	
登记时间	年 月 日	开始使用时间	年 月 日
资产名称		规格型号	
制造厂名称		制造时间	年 月 日
制造厂编号		安装地点	
融资价值		融资时间	年 月 日
安装费		合计价值	
融资单位		折旧方法	
融资原因		年折旧率	
融资使用年限		月折旧额	
发票号码		附件张数	
生产面积		非生产面积	
占地面积		建筑面积	

续上表

复杂系数		资产附件	
机		电动机数量及功率：kW/台	
电		柴油机数量及功率：kW/台	
层数		汽油机数量及功率：kW/台	
净重： 吨		证书： 张	
备注			
使用部门：		机械员：	使用班组负责人：

126. 资产报废入库单

资产报废入库单 流水号：			
类级		国标目录号	
隶属		企业编号	
登记时间	年 月 日	开始使用时间	年 月 日
资产名称		规格型号	
原值		安装地点	
已折旧金额		估计残值	
净值		安装费	
报废时间	年 月 日	报废时价值	
留用编号		留用开始时间	年 月 日
留用估价		留用部门	
生产面积		非生产面积	
占地面积		建筑面积	
复杂系数		资产附件	
机		电动机数量及功率：kW/台	
电		柴油机数量及功率：kW/台	
层数		汽油机数量及功率：kW/台	
净重： 吨		证书： 张	
使用部门：		机械员：	使用班组负责人：

会计账务处理报废的固定资产有 3 种情况：①财产不适用到期准备变卖废品的报废情况；②加速折旧期满以后不再计提折旧继续使用，形成在账面上没有价值的固定资产作报废性处理的情况；③正常折旧期满以后不再计提折旧，在账面上没有价值还可以继续使用的固定资产，也按报废性质处理的情况。

第一种不存在问题，第二、第三种情况是在企业建立了几十年以后出现的新问题，出现财务制度处理的不严谨，形成了企业的账外物资。账外物资顾名思义是不纳入企业财产管理范围的物资，在管理上造成了不少漏洞。

对于账外物资的管理方法有两种，一种是按正常评估计价以后的处理：

借：固定资产。

　　贷：企业资本。

这种方法需要一定的程序，而且入账以后重新计提固定资产折旧。如果中途报废，冲减企业资本也需要一定的程序，比较麻烦。

第二种方法是企业可以按原价重新进账，纳入正常的固定资产管理范围，处理方法：

借：固定资产——留用资产。

　　贷：其他应付款——留用资产资本。

留用资产不再计提折旧，纳入不提折旧类别管理，同样记录维修与使用效益管理情况。不再继续使用了，按专业管理部门的报废程序，会计账上借贷方对冲处理。

由此可加强企业所有财产的管理。

127. 资产调拨出库单

资产调拨出库单			
流水号：			
类级		国标目录号	
隶属		企业编号	
登记时间	年　月　日	开始使用时间	年　月　日
资产名称		规格型号	
资产去向		安装地点	
调拨价值		调拨时间	年　月　日
原值		估计残值	
已折旧金额		安装费	
净值		合计价值	
生产面积		非生产面积	
占地面积		建筑面积	
复杂系数		资产附件	
机		电动机数量及功率：kW/台	
电		柴油机数量及功率：kW/台	
层数		汽油机数量及功率：kW/台	
净重：　吨		证书：　　张	
备注			
使用部门：		机械员：	使用班组负责人：

128. 资产报废出库单

资产报废出库单 流水号：			
类级		国标目录号	
隶属		企业编号	
登记时间	年　月　日	开始使用时间	年　月　日
资产名称		规格型号	
原值		估计残值	
已折旧金额		安装费	
净值		报废原因	
生产面积		非生产面积	
占地面积		建筑面积	
复杂系数		资产附件	
机		电动机数量及功率：kW/台	
电		柴油机数量及功率：kW/台	
层数		汽油机数量及功率：kW/台	
净重：　吨		证书：　张	
备注			
使用部门：		机械员：	使用班组负责人：

129. 资产变价出库单

资产变价出库单 流水号：			
类级		国标目录号	
隶属		企业编号	
登记时间	年　月　日	开始使用时间	年　月　日
资产名称		规格型号	
变卖价值		安装地点	
变卖单位		变卖时间	年　月　日
原值		估计残值	
已折旧金额		安装费	
净值		合计价值	
生产面积		非生产面积	

续上表

占地面积		建筑面积	
复杂系数		资产附件	
机		电动机数量及功率：kW/台	
电		柴油机数量及功率：kW/台	
层数		汽油机数量及功率：kW/台	
净重：　吨		证书：　　张	
备注			
使用部门：		机械员：	使用班组负责人：

上述进出凭证是专业管理部门人员填写。

（二）资产管理台账系列

固定资产所有进出程序必须进入【130. 固定资产卡片】以后产生一系列的管理职能。

130. 固定资产卡片

固定资产卡片			
卡片流水号：			
类级		国标目录号	
隶属		企业编号	
登记时间	年　月　日	开始使用时间	年　月　日
资产名称		规格型号	
制造厂名称		制造时间	年　月　日
制造厂编号		安装地点	
规格型号		安装费	
原值		合计价值	
其他费		净值	
估计残值		年折旧率	
使用年限		月折旧额	
折旧方法			
使用部门：		机械员：	使用班组负责人：
生产面积		非生产面积	
占地面积		建筑面积	
复杂系数		资产附件	

续上表

机		电动机数量及功率：kW/台	
电		柴油机数量及功率：kW/台	
层数		汽油机数量及功率：kW/台	
净重：　吨		证书：　　张	
资产来源或去向			
调拨时已折旧金额		调拨时净值	
调拨价值		调拨时间	年　月　日
评估时净值		评估时间	年　月　日
评估价值		评估差额	
捐赠价值		捐赠时间	年　月　日
捐赠重估净值		捐赠单位	
融资价值		融资时间	年　月　日
融资年限		融资单位	
减值准备额		减值时间	年　月　日
减值后净额		减值准备批准文号	
报废时净值		报废时间	年　月　日
报废已折旧金额		变卖变价收入	
报废留用编号		报废留用开始时间	年　月　日
报废留用估价		报废留用部门	
维修记录			
维修时间	年　月　日	价值	元
维修时间	年　月　日	价值	元
维修时间	年　月　日	价值	元
维修时间	年　月　日	价值	元
维修时间	年　月　日	价值	元
维修时间	年　月　日	价值	元
维修时间	年　月　日	价值	元
使用工作量记录			
年	年	年	年
年	年	年	年
年	年	年	年
年	年	年	年

在〔使用部门〕处为上一段要打印给使用管理部门，需要使用部门的管理责任记录。

所有的【130. 固定资产卡片】在职能管理部门进入台账统一管理。台账的资料越详细越便于管理，因此设置的位置较长较宽，打印纸资台账的时候可选择项目列表。

131. 固定资产项目电脑汇总台账

固定资产项目电脑汇总台账										
编号					基本情况					
序号	类级	隶属	国标目录号	企业编号	资产名称	规格型号	制造厂名称	制造厂编号	制造时间	安装地点

↓ ↓ ↓

财务数据									
原值	安装费	其他费	合计价值	估计残值	净值	使用年限	折旧方法	年折旧率	月折旧额

↓ ↓ ↓

部门				面积			
开始使用时间	使用部门	机械员	使用班组负责人	生产面积	非生产面积	占地面积	建筑面积

↓ ↓ ↓

复杂系数				资产附件		
机	电	层数	净重：吨	电动机数量及功率：kW/台	柴油机数量及功率：kW/台	汽油机数量及功率：kW/台

↓ ↓ ↓

调拨			评估			捐赠		
调拨价值	资产来源或去向	调拨时间	评估价值	评估时间	评估差额	捐赠价值	捐赠时间	捐赠单位

↓ ↓ ↓

融资				减值准备		报废		
融资价值	融资时间	融资年限	融资单位	减值额	减值后净额	报废时净值	报废时间	已折旧金额

↓ ↓ ↓

报废留用				变卖		维修记录			
留用编号	留用开始时间	留用估价	留用部门	变卖变价收入	变卖时间	价值	维修时间	价值	维修时间

↓ ↓ ↓

使用工作量记录								
年	年	年	年	年	年	年	年	年

在电脑台账上按管理部门分类，按设备性质分类，记录财务部门管理和专业部门管理需要的资料。

132. 固定资产项目分类表

固定资产项目分类表

单位：　　　　年　月　日　　　　计量单位：元

企业编号	项目分类	资产名称	规格型号	原值	累计折旧	净值	减值准备
	机械设备						
	电子设备						
	运输设备						
	化工设备						
	仪器仪表						
	运输设备						
	工业用房						
	商业用房						
	住宅用房						
	建筑物						
	道路						
	工业用地						
	商业用地						
	住宅用地						

主管：　　　　复核：　　　　制表：

133. 固定资产项目分部门表

固定资产项目分部门表

单位：　　　　年　月　日　　　　计量单位：元

序号	企业编号	部门	性质	资产名称	规格型号	原值	累计折旧	净值	减值准备
		分厂	生产部门	房屋					
				构筑物					
				机械设备					
				运输工具					
				工业用地					
		机关	非生产部门	房屋					
				构筑物					
				机械设备					
				运输工具					
				其他					
				商业用地					
				住宅用地					

134. 固定资产综合折旧明细表

固定资产综合折旧明细表													
单位：						年 月 日					计量单位：元		
序号	企业编号	部门	性质	资产名称	规格型号	上月资产原值	减：本月增加	加：本月减少	本月折旧原值	综合标准率	本月折旧额	上月累计折旧	本期累计折旧	净值
主管：						复核：						制表：		

135. 固定资产分类折旧明细表

固定资产分类折旧明细表															
单位：						年 月 日						计量单位：元			
序号	企业编号	资产名称	规格型号	原值							计提标准	折旧			净值
				购入	评估增值	融资	捐赠	报废	减值	合计		本月折旧额	上月累计折旧	本期累计折旧	
主管：						复核：						制表：			

136. 固定资产折旧汇总表

固定资产折旧汇总表									
单位：				年 月 日				计量单位：元	
序号	企业编号	部门	性质	资产名称	规格型号	原值	本月折旧额	累计折旧	净值
主管：				复核：				制表：	

137. 部门固定资产情况汇总表

部门固定资产情况汇总表

单位：　　　　年　月　日　　　　计量单位：元

项目	部门	部门	合计
年初余额			
期初余额			
本期增加			
累计增加			
其中：购置			
工程转入			
评估增值			
内部调拨			
报废重置			
本期减少			
累计减少			
其中：报废			
内部调拨			
其他			
期末余额			
其中：房屋			
构筑物			
机械设备			
运输工具			
其他			
工业用地			
住宅用地			
本月应计固定资产折旧原值			
本年累计固定资产折旧原值			
本期折旧额			
本年累计折旧额			
本年转入折旧额			
本年减少折旧额			
年初累计折旧			
累计折旧			
提取本期修理费、修购基金			

续上表

累计提取修理费、修购基金			
期末固定资产净值			
其中：房屋			
构筑物			
机械设备			
运输工具			
其他			
工业用地			
住宅用地			

因为有当月购入固定资产入账不计提折旧和当月报废继续折旧的规定制度，使固定资产、累计折旧、固定资产净值三账不符的现象，需要在期末有所说明。

138. 期末固定资产情况汇总表

期末固定资产情况汇总表

单位： 年 月 计量单位：元

项目	原值	净值	本期折旧	累计折旧
上期余额				
本期增加				
本期报废清理				
不提折旧资产				
本期余额				

139. 固定资产本期与累计减少清单

固定资产本期与累计减少清单

单位： 年 月 计量单位：元

序号	月份	项目	规格型号	减少原因	原值	净值	本期折旧	累计折旧
合计								
累计								

140. 固定资产本期与累计报废增加清单

固定资产本期与累计增加清单

单位： 年 月 计量单位：元

序号	月份	项目	规格型号	增加原因	原值	净值	本期折旧	累计折旧
合计								
累计								

（三）资产效益管理系列

固定资产的维护使用是企业各个部门必须的管理职能，记录固定资产效益的使用情况，是现代企业管理的科学行为。

检验固定资产的效益在各行各业有自己的办法，在此需要增加设计空间，给企业加强资本的管理提供条件。

141. 固定资产维修申请表

固定资产维修申请表

单位：　　年　月　日　　流水号：

类级		国标目录号	
隶属		企业编号	
资产名称		规格型号	
安装地点		维修项目清单	
维修原因		计划开支	
复杂系数		资产附件	
机		电动机数量及功率：kW/台	
电		柴油机数量及功率：kW/台	
层数		汽油机数量及功率：kW/台	
净重：			
备注			
使用部门：		机械员：	使用班组负责人：

142. 固定资产维修汇总表

固定资产维修汇总表

单位：　　年　月　　计量单位：元

序号	企业编号	资产名称	维修项目	计划开支	大修	中修	小修	合计
合计								
主管：			复核：			制表：		

143. 固定资产使用登记表

固定资产使用登记表　　流水号：

单位：　　年　月　　计量单位：小时

企业编号		资产名称		计划使用额	
时间	主要产品	加工方法	工时记录	操作人	备注
1					
2					
3……31					
合计					

144. 固定资产使用情况汇总表

固定资产使用情况汇总表					
单位：			年　月		计量单位：小时
序号	企业编号	资产名称	计划使用额	实际使用额	计划与实际比

固定资产使用的效益分析情况归类表述集中在企业经济状况分析体系章节。

二、商品材料仓库管理体系

仓库软件是企业广泛使用的核算管理系统。

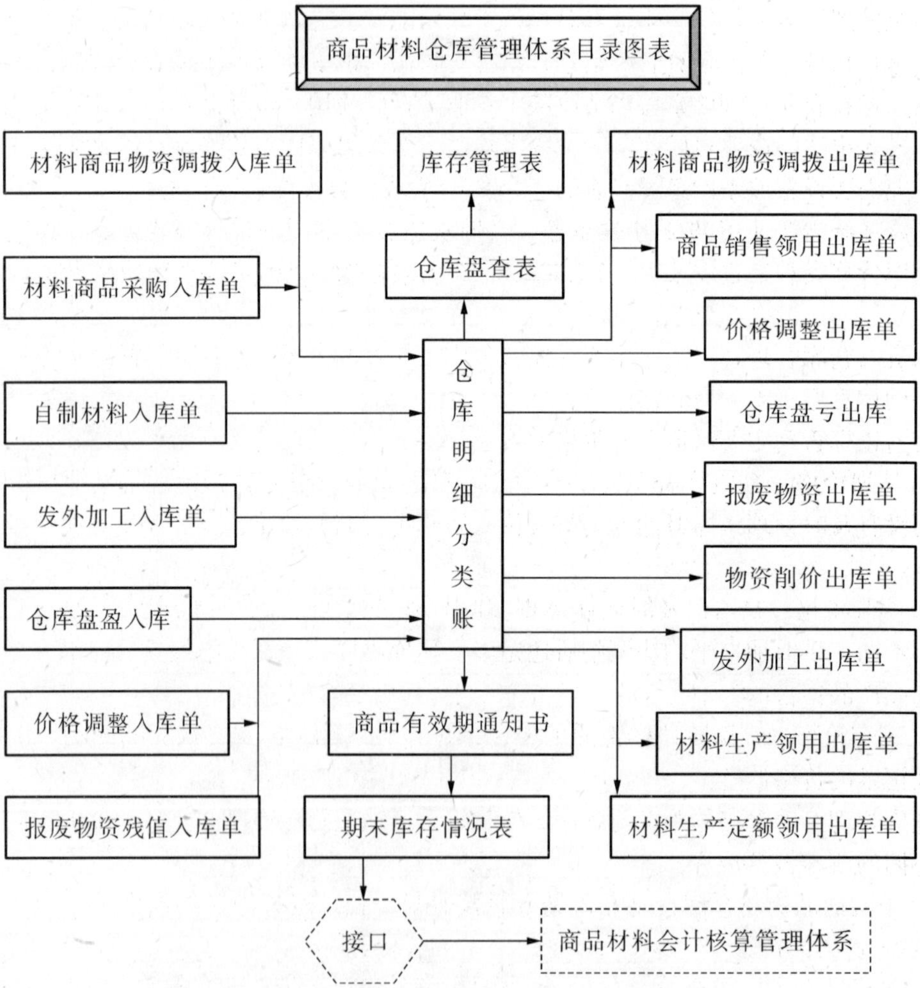

商品材料仓库管理体系有21个表格。凡是虚线框，说明不是此章节的内容目录。

现有的材料会计核算系统在市面上有成熟的软件产品。但是，企业的仓库不是会计直接管理，有的企业自行设计一套仓库系统，由于不够专业化，因此产生不少问题。有的企业以材料会计系统放在仓库，只准使用数量功能，不执行价格及其他功能。月末再导盘到会计的执行系统，不仅繁琐，会计信息的滞后，至少 40 天以后才能掌握仓库的库存信息。所以，不能及时进行生产技术的指导设计。

企业需要专业的仓库管理系统，重新设计描述增加企业需要的功能设计。

仓库系统适合所有企业及不同性质单位的共同使用的系统软件，市场的商品化性质比较强，软件设计是可以一次到位的系统设计，现在需要设计考虑全面的需求功能。

将仓库管理系统功能与会计核算系统功能分割成两个系统，即商品材料仓库管理体系和商品材料会计核算管理体系。

商品材料仓库管理体系按企业发生的业务状况，基本完整地设置了仓库需要的各种使用程序与功能。

仓库管理是整个企业范围使用的系统，包括设计人员进行成本控制的查询。企业需要仓库系统做到每天能模拟记账，及时提供查询功能。会计核算系统则利用仓库系统大量的汇总表进行财务需要的核算管理信息，结算材料商品的成本（在下一章介绍）。

商品材料仓库管理体系可以适应各个专业库存的使用，包括工业可以计划价先进先出以及后进先出法，商业可以实际价加权平均法，医院可以固定价格流水作业法等。

企业需要设置原来的系统没有的【167. 仓库明细分类账】。

仓库系统需要使用 PDA 快捷迅速，及时提供技术部门的设计需要，及时提供库存信息和仓库价格资料，也需要 IC 卡感应系统实行定额管理，还需要 POS 机辅助的收款业务操作。

物资的仓库管理应当适应生产、经营、成本核算的需要，设计不同的业务凭证，是因为价格的计算意义不同所必需的设置。

目前核算管理主要采取 3 种价格方式：

1. 计划价格：是核算需要，加上估计厂家之间的价格差异，还有是经常在材料已经领用而没有及时办理入库时的计划参考价，届时按〔材料价格差异〕调整为实际价进入产品成本。

2. 实际价格：是可以及时入库体现实际采购价按实际价出库的办法。如果上期采购价有所不同，采取加权平均法调整后还是以实际价出库，没有成本差异的计价方法。一般用在商品产品销售的环节上。

3. 固定价格：在医院这样性质的经营单位比较适用，固定一次长期不动。出成本时按账面记录的价格调整。

仓库管理有着严格的制度与程序，软件设计需适应管理程序的要求，分别不同的业务说明不同的成本核算流程：

1. 采购商品材料仓库：是在市场上直接进货，按市场价标明的仓库入库价，核算时才决定是按哪种方式。

2. 半成品仓库：是企业自行生产的产品，可以直接参与商品销售，也是企业内合作需要的周转产品，计算价值的过程需要按库存管理程序处理。价格方式在成本核算与销售管理体系中说明。

3. 产成品仓库：是企业自行生产的产品，直接参与商品销售，价格方式在成本核算与销售管理体系中说明。

4. 加工产品仓库：是企业需要特定规格的产品配套项目。核算方式是：领料→按实际价出库→加工→入库→原出库价加加工费→生产领用→按计划价或实际价→产品成本。

5. 内部调拨：是企业内的仓库库存物资调整调拨。核算方式是：物资所有者出库→按仓库价也可加管理费→出库单计算价格差异→转移到所需仓库→按进价入库。

6. 生产领用：是产品生产领用原材料物资。核算方式是：①生产车间领用→按实际价等月末计算后出库。②生产车间领用→按计划价出库→月末会计计算实际成本→进入产品成本→材料价格差异进入有关科目。

7. 商品产品销售：是企业商品产品物资进入最终的环节。核算方式是：按销售价出库→再按项目计算仓库价出单→财务计算销售毛利差额→进入企业销售收入总额。

8. 价格调整：是物资到一定时候产生的某种原因，需要企业作出价格调整的策略。核算方式是：按仓库价→计算升价或者计算降价→计算差额→差额进入企业管理费用负担。

9. 盘盈盘亏：是物资需要经常盘点核实，防止各种错误的出现。核算方式是：盘点→出现盘盈或盘亏→财务调整账面物资价格→差额进入管理费用。

10. 报废物资：是物资到一定的时候，过期或者已经失去应该具有的价值，需要在仓库做相应的处理，销毁或者留用。核算方式是：办理仓库正常出库→按仓库价→①销毁原有价值全部进入管理费用→②变价卖出的收入冲减管理费用→③企业留用计算残值冲减管理费用→留用的销售按正常的处理渠道。

企业的物资管理必须有一定的制度，严格按规程管理。

（一）仓库入库单管理系列

按材料商品发生的各种情况，分门别类地进入仓库，数量是共同性质，只是价格的区别不同而已。唯有【151. 价格调整入库单】不发生数量的变动。

145. 材料商品采购入库单

材料商品采购入库单									
入库流水号				采购时间					
手工编号				发票号码					
采购单位名称				存放地点					
采购单位地址				仓库号					
物资代码	物资名称	规格型号	计量单位	单价	有效期至	数量	实际金额	运杂费	入库价格
负责人：				经办人：		仓管员：		录入：	

146. 半成品入库单

<table>
<tr><td colspan="7">半成品入库单</td></tr>
<tr><td colspan="2">入库流水号</td><td colspan="2"></td><td colspan="2">生产车间单位</td><td></td></tr>
<tr><td colspan="2">手工编号</td><td colspan="2"></td><td colspan="2">入库时间</td><td></td></tr>
<tr><td colspan="2">生产计划号</td><td colspan="2"></td><td colspan="2">产品代码</td><td></td></tr>
<tr><td colspan="2">仓库号</td><td colspan="2"></td><td colspan="2">存放地点</td><td></td></tr>
<tr><td>物资代码</td><td>产品名称</td><td>规格型号</td><td>计量单位</td><td>单价</td><td>数量</td><td>入库金额</td></tr>
<tr><td></td><td></td><td></td><td></td><td></td><td></td><td></td></tr>
<tr><td></td><td></td><td></td><td></td><td></td><td></td><td></td></tr>
<tr><td colspan="7">负责人：　经办人：　仓管员：　录入：</td></tr>
</table>

147. 产成品入库单

<table>
<tr><td colspan="7">产成品入库单</td></tr>
<tr><td colspan="2">入库流水号</td><td colspan="2"></td><td colspan="2">生产车间单位</td><td></td></tr>
<tr><td colspan="2">手工编号</td><td colspan="2"></td><td colspan="2">入库时间</td><td></td></tr>
<tr><td colspan="2">生产计划号</td><td colspan="2"></td><td colspan="2">产品代码</td><td></td></tr>
<tr><td colspan="2">仓库号</td><td colspan="2"></td><td colspan="2">存放地点</td><td></td></tr>
<tr><td>物资代码</td><td>产品名称</td><td>规格型号</td><td>计量单位</td><td>单价</td><td>数量</td><td>入库金额</td></tr>
<tr><td></td><td></td><td></td><td></td><td></td><td></td><td></td></tr>
<tr><td></td><td></td><td></td><td></td><td></td><td></td><td></td></tr>
<tr><td colspan="7">负责人：　经办人：　仓管员：　录入：</td></tr>
</table>

148. 代销商品入库单

<table>
<tr><td colspan="9">代销商品入库单</td></tr>
<tr><td colspan="2">入库流水号</td><td colspan="2"></td><td colspan="2">手工编号</td><td colspan="3"></td></tr>
<tr><td colspan="2">供货单位名称</td><td colspan="2"></td><td colspan="2">代销合同号</td><td colspan="3"></td></tr>
<tr><td colspan="2">供货单位地址</td><td colspan="2"></td><td colspan="2">联系方式</td><td colspan="3"></td></tr>
<tr><td colspan="2">供货单位税号</td><td colspan="2"></td><td colspan="2">进货时间</td><td colspan="3"></td></tr>
<tr><td colspan="2">仓库号</td><td colspan="2"></td><td colspan="2">存放地点</td><td colspan="3"></td></tr>
<tr><td>物资代码</td><td>物资名称</td><td>规格型号</td><td>计量单位</td><td>单价</td><td>数量</td><td>供货价格</td><td>计划售价</td><td>差额</td></tr>
<tr><td></td><td></td><td></td><td></td><td></td><td></td><td></td><td></td><td></td></tr>
<tr><td></td><td></td><td></td><td></td><td></td><td></td><td></td><td></td><td></td></tr>
<tr><td colspan="9">负责人：　经办人：　仓管员：　录入：</td></tr>
</table>

149. 材料商品调拨入库单

材料商品调拨入库单										
入库流水号			调入仓库号							
手工编号			调出仓库号							
差异率			调仓时间							
物资代码	仓库号	存放地点	物资名称	规格型号	计量单位	单价	数量	出库金额	差额	入库金额
负责人：			经办人：		仓管员：			录入：		

150. 发外加工入库单

发外加工入库单							
出库流水号				合同定单编号			
手工编号				合同号			
加工单位名称				设计图纸号			
加工时间				发票号码			
仓库号				存放地点			
物资代码	物资名称	规格型号	计量单位	出库金额	分摊加工费	数量	入库金额
负责人：			经办人：		仓管员：		录入：

151. 价格调整入库单

价格调整入库单										
入库流水号			调价时间							
手工编号			调整原因							
物资代码	仓库号	存放地点	物资名称	规格型号	计量单位	原单价	调整单价	差额	数量	调整总额
负责人：			经办人：		仓管员：			录入：		

152. 仓库盘盈入库

仓库盘盈入库									
入库流水号				盘点时间					
手工编号				入库时间					
物资代码	仓库号	存放地点	物资名称	规格型号	计量单位	单价	原数量	盘盈数	盘盈金额
负责人：			经办人：		仓管员：			录入：	

153. 报废物资残值入库单

报废物资残值入库单								
入库流水号				报废入库时间				
手工编号				报废入库原因				
物资代码	仓库号	存放地点	物资名称	规格型号	计量单位	单价	数量	残值总额
负责人：				经办人：			仓管员：	

（二）仓库出库单管理系列

按材料商品出库的各种情况，分门别类地领出仓库，数量是共同性质，只是价格的区别不同而已。唯有【163. 价格调整出库单】不发生数量的变动。

154. 材料生产定额核定表

材料生产定额核定表						
定额流水号			合同定单编号			
手工编号			合同号			
领用单位名称			产品代码			
领用单位负责人			产品名称			
生产时间			设计图纸号			
IC 卡编号			总定额数量			
仓库号			存放地点			
物资代码	物资名称	规格型号	计量单位	单价	数量	金额
负责人：		经办人：	工艺员：		录入：	

155. 材料生产定额领用出库单

材料生产定额领用出库单								
IC 卡号码				合同定单编号				
定额流水号				合同号				
手工编号				产品代码				
领用单位名称				产品名称				
领用单位负责人				设计图纸号				
领用时间				总定额数量				
仓库号				存放地点				
物资代码	物资名称	规格型号	计量单位	单价	实际领用	出库金额	领料人签字	发料人
负责人：			经办人：		仓管员：		录入：	

156. 材料生产领用出库单

材料生产领用出库单								
出库流水号				合同定单编号				
手工编号				合同号				
领用单位名称				产品代码				
领用时间				产品名称				
物资代码	仓库号	存放地点	物资名称	规格型号	计量单位	单价	数量	金额
负责人：			经办人：	仓管员：		录入：		

157. 发外加工出库单

发外加工出库单						
出库流水号			合同定单编号			
手工编号			合同号			
加工单位名称			加工时间			
仓库号			存放地点			
物资代码	物资名称	规格型号	计量单位	单价	数量	出库金额
负责人：		经办人：	仓管员：		录入：	

【157. 发外加工出库单】给多少出去，加工回来需要一致重量。与【150. 发外加工入库单】对应一致。

158. 商品销售预留货单

<table>
<tr><td colspan="9"><u>商品销售预留货单</u></td></tr>
<tr><td colspan="2">定单流水号</td><td colspan="2"></td><td colspan="2">客户单位名称</td><td colspan="2"></td><td rowspan="5">备注</td></tr>
<tr><td colspan="2">手工编号</td><td colspan="2"></td><td colspan="2">客户单位地址</td><td colspan="2"></td></tr>
<tr><td colspan="2">要求销货时间</td><td colspan="2"></td><td colspan="2">客户单位代码</td><td colspan="2"></td></tr>
<tr><td colspan="2">发票号</td><td colspan="2"></td><td colspan="2">客户代表电话</td><td colspan="2"></td></tr>
<tr><td colspan="2">发货方式</td><td colspan="2"></td><td colspan="2">结算方式</td><td colspan="2"></td></tr>
<tr><td>物资代码</td><td>仓库号</td><td>存放地点</td><td>物资名称</td><td>规格型号</td><td>计量单位</td><td>单价</td><td>数量</td><td>销售金额</td></tr>
<tr><td></td><td></td><td></td><td></td><td></td><td></td><td></td><td></td><td></td></tr>
<tr><td colspan="9">负责人：　　　　　　　　经办人：　　　　　仓管员：　　　　　　录入：</td></tr>
</table>

159. 商品销售出库单

<table>
<tr><td colspan="9"><u>商品销售出库单</u></td></tr>
<tr><td colspan="2">出库流水号</td><td colspan="2"></td><td colspan="2">客户单位名称</td><td colspan="3"></td></tr>
<tr><td colspan="2">手工编号</td><td colspan="2"></td><td colspan="2">客户单位地址</td><td colspan="3"></td></tr>
<tr><td colspan="2">销货时间</td><td colspan="2"></td><td colspan="2">客户单位代码</td><td colspan="3"></td></tr>
<tr><td colspan="2">发票号</td><td colspan="2"></td><td colspan="2">客户代表签字</td><td colspan="3"></td></tr>
<tr><td colspan="2">发货方式</td><td colspan="2"></td><td colspan="2">结算方式</td><td colspan="3"></td></tr>
<tr><td>物资代码</td><td>仓库号</td><td>存放地点</td><td>物资名称</td><td>规格型号</td><td>计量单位</td><td>单价</td><td>数量</td><td>销售金额</td></tr>
<tr><td></td><td></td><td></td><td></td><td></td><td></td><td></td><td></td><td></td></tr>
<tr><td></td><td></td><td></td><td></td><td></td><td></td><td></td><td></td><td></td></tr>
<tr><td colspan="9">负责人：　　　　　　　　经办人：　　　　　仓管员：　　　　　　录入：</td></tr>
</table>

160. 商品销售成本出库单

<table>
<tr><td colspan="12"><u>商品销售成本出库单</u></td></tr>
<tr><td colspan="2">出库流水号</td><td colspan="3"></td><td colspan="3">客户单位名称</td><td colspan="4"></td></tr>
<tr><td colspan="2">手工编号</td><td colspan="3"></td><td colspan="3">客户单位地址</td><td colspan="4"></td></tr>
<tr><td colspan="2">销货时间</td><td colspan="3"></td><td colspan="3">客户单位代码</td><td colspan="4"></td></tr>
<tr><td colspan="2">发票号</td><td colspan="3"></td><td colspan="3">客户代表签字</td><td colspan="4"></td></tr>
<tr><td colspan="2">发货方式</td><td colspan="3"></td><td colspan="3">结算方式</td><td colspan="4"></td></tr>
<tr><td>物资代码</td><td>仓库号</td><td>存放地点</td><td>物资名称</td><td>规格型号</td><td>计量单位</td><td>单价</td><td>数量</td><td>销售金额</td><td>出库金额</td><td>差额</td><td></td></tr>
<tr><td></td><td></td><td></td><td></td><td></td><td></td><td></td><td></td><td></td><td></td><td></td><td></td></tr>
<tr><td colspan="12">负责人：　　　　　　　　经办人：　　　　　仓管员：　　　　　　录入：</td></tr>
</table>

在【167. 仓库明细分类账】上按功能键计算出来后再汇总。

161. 代销商品退库单

代销商品退库单								
入库流水号				手工编号				
供货单位名称				代销合同号				
供货单位地址				退货方式				
供货单位税号				退货时间				
仓库号				存放地点				
物资代码	物资名称	规格型号	计量单位	单价	数量	供货价格	计划售价	差额
负责人：			经办人：		仓管员：		录入：	

162. 材料商品调拨出库单

材料商品调拨出库单										
出库流水号				调出仓库号						
手工编号				调入仓库号						
差异率				调仓时间						
物资代码	仓库号	存放地点	物资名称	规格型号	计量单位	单价	数量	出库金额	差额	入库金额
负责人：				经办人：		仓管员：			录入：	

163. 价格调整出库单

价格调整出库单										
出库流水号				调价时间						
手工编号				调整原因						
物资代码	仓库号	存放地点	物资名称	规格型号	计量单位	原单价	调整单价	差额	数量	调整总额
负责人：				经办人：		仓管员：			录入：	

164. 仓库盘亏出库

仓库盘亏出库									
出库流水号				盘点时间					
手工编号				出库时间					
物资代码	仓库号	存放地点	物资名称	规格型号	计量单位	单价	原数量	盘亏数	盘亏金额
负责人：				经办人：		仓管员：		录入：	

165. 物资削价出库单

物资削价出库单										
出库流水号				削价时间						
手工编号				削价原因						
物资代码	仓库号	存放地点	物资名称	规格型号	计量单位	原单价	削低单价	数量	差额	削价总额
负责人：				经办人：		仓管员：		录入：		

166. 报废物资出库单

报废物资出库单								
出库流水号				报废出库时间				
手工编号				报废原因				
物资代码	仓库号	存放地点	物资名称	规格型号	计量单位	单价	数量	报废总额
负责人：				经办人：			仓管员：	

（三）仓库账目管理系列

仓库发生进出情况以后，需要及时盘查清点、整理、总结、保证物资的安全完整。

以【167. 仓库明细分类账】的功能，调整价格计算体系。按企业的专业不同，归纳起来3种价格计算功能，即计划价、实际价、固定价，让客户在使用时按键挑选价格计算功能，按一个仓库汇总账套来挑选一种价格功能比较好。

企业的发展已经进入了多元化的生存与发展的时代，各种专业的企业发展方向已经混为一体。库存的管理也需要多种形式的计价功能所代表的管理方式。

【167. 仓库明细分类账】包括材料类、商品类、产品类，医药类等。

167. 仓库明细分类账——计划价

仓库明细账——计划价　　流水号：

总库单位：　　年度：　　计量单位：

物资代码		计划单价		储存管理	
物资名称		查阅摘要		定额管理	
规格型号		存放地点		留存管理	

时间		摘要	入库		出库		结存	
月	日		数量	金额	数量	金额	数量	金额

168. 仓库明细分类账——实际价

仓库明细账——实际价　　流水号：

总库单位：　　年度：　　计量单位：

物资代码		实际单价		储存管理	
物资名称		查阅摘要		定额管理	
规格型号		存放地点		留存管理	

时间		摘要	入库				出库		结存	
月	日		进货单价	合计金额	数量	金额	数量	金额	数量	金额

169. 仓库明细分类账——固定价

仓库明细账——固定价　　流水号：

总库单位：　　年度：　　计量单位：

物资代码		固定单价		储存管理	
物资名称		查阅摘要		定额管理	
规格型号		存放地点		留存管理	

时间		摘要	入库						出库		结存		
月	日		进货单价	合计金额	差异额	差异额单价	数量	固定价金额	数量	固定价金额	差异额	数量	固定价金额

170. 仓库盘查表

仓库盘查表

总库单位；　　　　X 库单位：　　　　盘查时间：

物资代码	物资名称	规格型号	计量单位	单价	账面数量	账面金额	盘查数量	盘查金额	金额差异

负责人：　　　　仓管员：　　　　录入：　　　　制表时间：

171. 期末库存情况表

期末库存情况表

总库单位：　　　　X 库单位：　　　　截止时间：年　月　日～月 日

物资代码	物资名称	规格型号	计量单位	单价	上期期末数量	本期购入数量	本期支出数量	期末数量	期末库存金额

负责人：　　　　仓管员：　　　　录入：

172. 商品有效期通知书

商品有效期通知书

单位：　　　　年　月　　　　检验时间：

商品名称	物资代码	规格型号	计量单位	金额	购入时间	仓库号	存放地点	有效期至	处理意见

173. 库存管理表

库存管理表

总库单位：　　　　X 库单位：　　　　截止时间：　年　月　日～　月　日

物资代码	物资名称	规格型号	计量单位	单价	上期期末数量	本期流入数量	本期期末数量	仓库金额	储存上限	储存下限	平均储存	流动量%	备注

负责人：　　　　业务员：　　　　录入：　　　　制表时间：

此系统与商品材料会计核算管理体系连接。

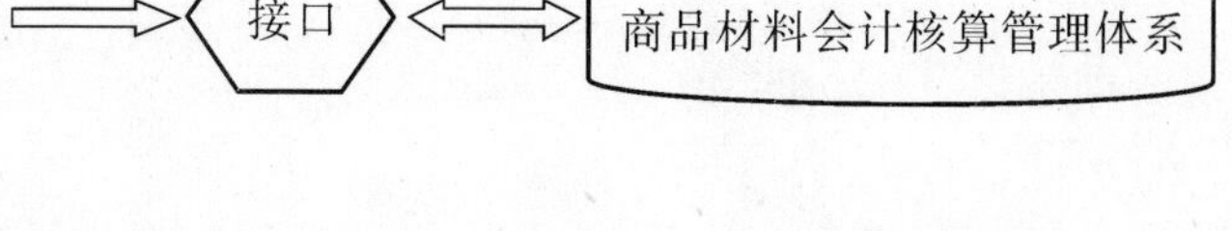

三、掌上电脑（PDA）操作系统

企业仓库管理已经进入了现代管理的时代，需求快捷、保密、及时的系统操作管理是所有企业的共同愿望。科技的发展出现了 PDA（Personal Digital Assistant，个人数字助理）系统，如何尽快合理地使用，IT 企业是急需研究发展的社会课题。目前国外开发的软件产品，对我国的国情同样需要重新设计的问题。

在理论上讲，国外先进的管理手段是“托盘管理”原材料物资，它是集社会的信誉功能为一身，保证企业的物资生产及时快捷到位，效果是“零库存”操作。我国需要实现目前的“托盘管理”方法，只能是先借助 PDA 系统，及时掌握各种信息，做到库存物资充分利用，接近“零库存”管理。

为了实现这个理想，必须使用 PDA 系统使管理得以实施。

关于德骏软件科技有限公司对 PDA 的设计理念的说明是：“本系统由网页和 RF 两大部分组成。两者实时响应，网页上的操作可直接在 RF 上反映，而操作 RF 所引起的数据变化，也实时反映在网页上……系统结构层次：公司—区域—仓库—仓库区—仓位，一个公司可拥有多个区域，每一个区域下可能有多个仓库。”

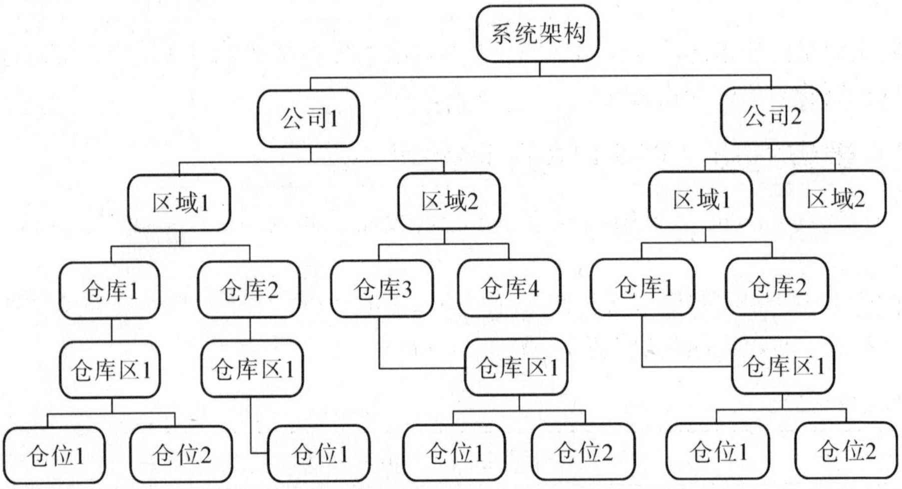

网页部分电脑只需接入互联网即可多用户使用，帮助客户方便实现下达指令。

自动发送电子邮件，突出智能化和可视化及操作的简单化。

RF 条码技术，通过对货物进行条码标识，增强了货物识别的直观性、准确性。

然而，现在市面上的 PDA 系统开发个性化产品软件多，需要能提供开发各种专业企业适用的，具有全面功能锁定共性的软件产品尽快面试。

上面也表述了医院系统促使药品真实成本的急需要求。特别是工艺复杂，材料品种多样化的生产企业也同样急需要求。PDA 系统可以起到及时清理自然消耗和人为损耗的错误成本，使会计监督运用在工作流程上，实现每天的模拟记账，各种单据的输入输出借助条码技术的管理做到及时准确，保障企业财产的安全运行。

四、集成电路（IC）卡感应系统

在现代仓库管理的理想设计上，同样需要集成电路（interrehang，IC）即指令计数器卡感应系统的配置。

IC 卡运用在生产领域的管理主要是材料定额管理。人工时代的定额管理手续复杂，管理时间滞后，随着时代的变迁，以市场经济讲究效率，很多企业不得已废除了这个规定。但是市场规律的不断进化，现代管理的企业又希望重操定额管理，因此寄希望于 IC 卡的现代管理技术。

174. 材料定额发料表

材料定额发料表			
IC 卡编号		生产时间	
产品名称		产品代码	
材料名称		规格型号	
计量单位		定额量	
领用时间	数量	领料人代码	发料人代码

材料定额是由技术部门设计出来的，有时候会产生不够准确的现象是正常的，至少是有目标的控制管理中的变化情况。

五、销售终端（POS）电子收款机系统

电子收款机（Point Of Sells）在市场上已经使用，如电子售饭系统、商场收款系统、公共汽车售票等。

目前许多企业也引进了电子售饭系统、商场收款系统，都可以归为企业的一项销售收入的经济行为，可以在收款机上索取销售收入清单。

175. 商品销售收入清单

商品销售收入清单							
序号	市场代码	企业编号	商品名称	数量	单价	金额	存放位置编号

可是，收款机的后台不能与企业的其他系统连接，导致使用者迁就设计功能的不完善，重复将数据在后台再次输入，反复运算。如果把收款机的后续业务流程设计的完整齐全，会计的核算也在收款机上直接核算操作是不能完成的许多管理需要的功能的。

因此，希望对收款机的设计是实时收款以后，有收款清单，有银行刷卡和现金清单核对功能以后，留有接口与后台的程序连接，完成收款核算工作整个过程。

企业每天的产品与商品的收款业务大量存在，实现系列操作的需求迫不及待。

关于对仓库管理体系的设计，符合现代企业提出及时掌握现代工具，使用 PDA、IC、POS 机系统，说明今后的仓管人员必须是有一定的素质才能基本胜任，高水平的仓库管理是提高企业科学管理的必须之路。

六、商品材料会计核算管理体系

将仓库管理系统分割出去以后，会计核算根据【167. 仓库明细分类账】计算各种情况的进出汇总表，导盘在会计核算系统上进行一系列的操作。

在财务岗位的分工上，负责商品材料核算的一般叫“材料会计”。材料会计需要计算材料成本差异，需要计算材料商品的实际成本，还需要分配生产领用的产品材料成本。同时，做好材料供应商与销货商的情况记录，做好价格的储备工作。

全部材料采购的价格储存，是企业成本设计的需要，是以后采购参考的需要，是成本分析的需要，是检验采购行为、防止腐败的需要。

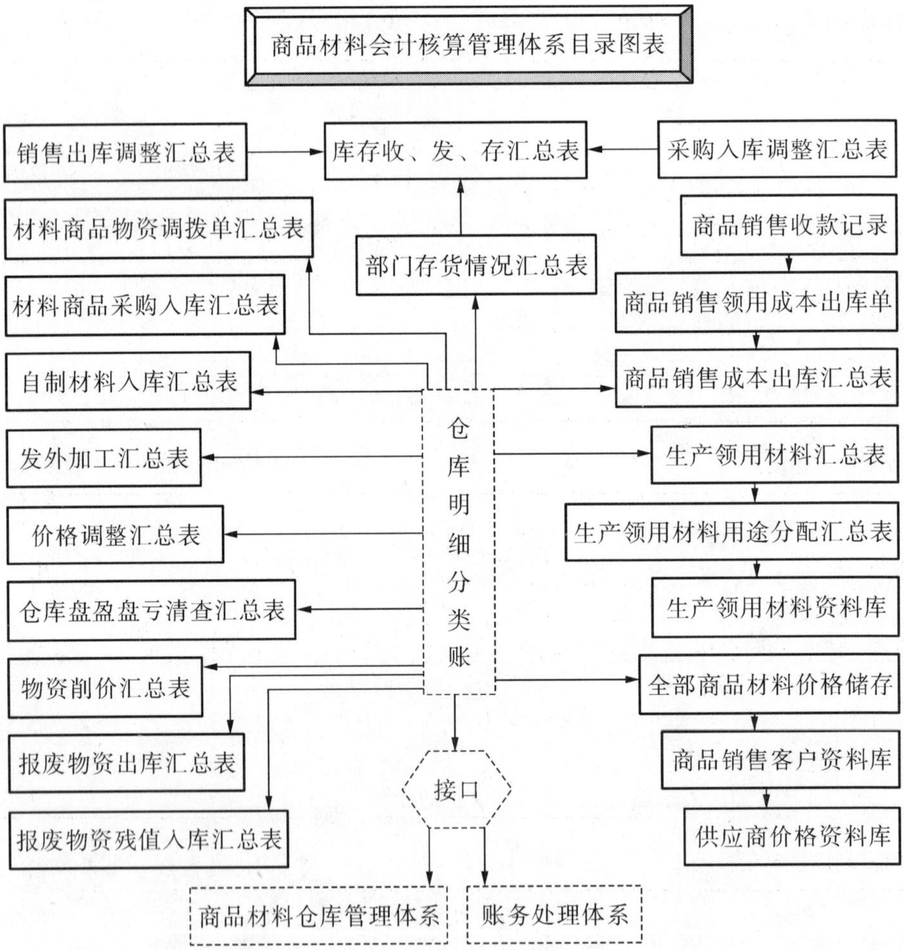

商品材料会计核算管理体系有22个表格。凡是虚线框，说明不是此章节的内容目录。

（一）材料会计核算汇总表系列

根据仓库系统整理一系列的进出库情况汇总表为会计核算做准备的资料。半成品与产成品的入库核算资料在成本核算与销售管理体系里表述。

176. 材料商品采购入库汇总表

材料商品采购入库汇总表

总库单位：　　　　X 库单位：　　　　截止时间：　年　月　日～　年　月　日

流水号	采购名称	物资代码	物资名称	规格型号	计量单位	单价	数量	实际金额	差额	入库金额

负责人：　　　　经办人：　　　　仓管员：　　　　录入：

材料商品采购入库汇总表按计划价格式。

177. 生产领用材料汇总表

生产领用材料汇总表

总库单位：　　　　X 库单位：　　　　截止时间：　年　月　日～　年　月　日

序号	合同定单编号	合同号	产品代码	产品名称	物资代码	物资名称	规格型号	计量单位	数量	仓库金额	材料价格差异率	实际价格
	合计											

负责人：　　　　会计：　　　　录入：　　　　制表时间：

178. 发外加工汇总表

发外加工汇总表

总库单位：　　　　X 库单位：　　　　截止时间：　年　月　日～　年　月　日

出库流水号	产品名称	加工单位名称	物资代码	物资名称	规格型号	计量单位	出库单价	数量	分摊加工费	入库金额

负责人：　　　　经办人：　　　　仓管员：　　　　录入：

179. 材料商品调拨单汇总表

材料商品调拨单汇总表

总库单位：　　　　X 库单位：　　　　截止时间：　年　月　日～　年　月　日

物资代码	物资名称	规格型号	计量单位	单价	数量	调入仓库号	入库金额	调出仓库号	出库金额	差异额	调仓时间

负责人：　　　　会计：　　　　制表时间：　　　　录入：

180. 价格调整汇总表

价格调整汇总表 总库单位：　　　　X库单位：　　　　截止时间：　年　月　日～　年　月　日									
调价流水号	物资代码	物资名称	规格型号	计量单位	原单价	调整单价	差额	数量	调整总额
负责人：　　　　业务员：　　　　录入：　　　　制表时间：									

181. 仓库盘盈盘亏清查汇总表

仓库盘盈盘亏清查汇总表 总库单位：　　　　X库单位：　　　　盘点时间：										
物资代码	物资名称	规格型号	计量单位	单价	账面数量	盘亏		盘盈		合计金额
						数量	金额	数量	金额	
负责人：　　　　仓管员：　　　　录入：　　　　制表时间：										

182. 报废残值入库汇总表

报废残值入库汇总表 总库单位：　　　　X库单位：　　　　截止时间：　年　月　日～　年　月　日							
入库流水号	物资代码	物资名称	规格型号	计量单位	原单价	数量	残值总额
负责人：　　　　业务员：　　　　录入：　　　　制表时间：							

183. 报废物资出库汇总表

报废物资出库汇总表 总库单位：　　　　X库单位：　　　　截止时间：　年　月　日～　年　月　日							
出库流水号	物资代码	物资名称	规格型号	计量单位	单价	数量	报废总额
负责人：　　　　业务员：　　　　录入：　　　　制表时间：							

184. 物资削价汇总表

物资削价汇总表									
总库单位：				X库单位：			截止时间：　年　月　日～　年　月　日		
出库流水号	物资代码	物资名称	规格型号	计量单位	单价	削低单价	差额	数量	削价总额
负责人：		业务员：			录入：		制表时间：		

185. 库存收、发、存汇总表

库存收、发、存汇总表												
总库单位：					X库单位：			截止时间：　年　月　日～　年　月　日				
*级库代码	仓库名称	上期库存	本期入库		本期出库							期末库存
			采购入库	调拨入库	盘盈入库	……	小计	销售出库	生产出库	盘亏出库	……	小计	
负责人：			会计：			制表时间：			录入：			

186. 采购入库调整汇总表

采购入库调整汇总表	
单位：	时间：
本月采购入库	
暂估入库　　其中：	
冲：上月已报销未入库	
冲：上月已入库未报销	
加：本月已报销未入库	
加：本月已入库未报销	
调整后本月采购入库	

187. 销售出库调整汇总表

销售出库调整汇总表	
单位：	时间：
本月销售出库	
发出商品其中：	
冲：上月已收款未出库	

续上表

冲：上月已出库未收款	
冲：上月已收款已出库未结算	
加：本月已收款未出库	
加：本月已出库未收款	
加：本月已收款已出库未结算	
调整后本月销售出库	

188. 部门存货情况汇总表

部门存货情况汇总表

单位：　　　　　　　　　　年　月

会计科目	一分厂	部门	部门	部门	部门	合计	存货跌价准备
原材料							
上期库存							
本期入库							
本期出库							
期末库存							
库存商品							
上期库存							
本期入库							
本期出库							
期末库存							
包装物及低值易耗品							
上期库存							
本期入库							
本期出库							
期末库存							
生产成本							
上期库存							
本期入库							
本期出库							
期末库存							
工程施工（劳务成本）							
上期库存							
本期入库							
本期出库							
期末库存							

（二）材料商品成本分配系列

根据【177. 生产领用材料汇总表】整理【189. 生产领用材料用途分配汇总表】。

189. 生产领用材料用途分配汇总表

生产领用材料用途分配汇总表

总库单位：　　　　X库单位：

序号	合同定单编号	产品代码	产品名称	出库金额	差异额	成本金额	备注
	合计						

负责人：　　　　制表时间：

190. 生产领用材料资料库

生产领用材料资料库

总库单位：　　　　资料库流水号：

合同号		合同定单编号	
产品代码		设计图纸号	
产品名称		客户单位名称	

出库流水号	领用时间	物资代码	物资名称	规格型号	计量单位	单价	数量	仓库金额	差额	出库金额

负责人：　　　　会计：　　　　录入：

【190. 生产领用材料资料库】一个产品项目一个记录库，为生产产品作价格分析使用。

191. 商品销售成本出库汇总表

商品销售成本出库汇总表

总库单位：　　　　X库单位：　　截止时间：　年　月　日～　年　月　日

出库流水号	销货时间	物资代码	物资名称	规格型号	客户单位名称	计量单位	销售单价	数量	销售金额	库存单价	库存总价	差额
合计												

负责人：　　　　会计：　　　　录入：　　　　制表时间：

192. 代销商品汇总表

代销商品汇总表 总库单位：X库单位：截止时间：年 月 日～ 年 月 日												
入(出)库流水号	供货单位名称	代销合同号	进(退)货时间	物资代码	物资名称	规格型号	计量单位	单价	数量	供货价格	计划售价	差额

代销商品需要按正常的渠道出账，列入财务制度管理控制，避免账外运行的现象，会计以〔供货价格〕出账。

借：库存商品。

贷：应付账款。

发生不再执行销售行为退货的以红字冲销。

发生销售业务的，按正常出账汇总在【191. 商品销售成本出库汇总表】，核对后再冲减〔应付账款〕。

193. 商品销售收款记录

商品销售收款记录 总库单位：X库单位：时间：年 月 日～ 年 月 日											
出库流水号	物资代码	物资名称	规格型号	客户单位名称	计量单位	单价	数量	销售金额	现金	银行	挂账
负责人：		经办人：			仓管员：			录入：			

企业只要有仓库的存在，都会有材料成为商品的流通过程。原材料使用的效益情况归类表述集中在企业经济状况分析体系章节。

（三）客户资料储备系列

【194. 商品销售客户资料库】一般为常用客户储备销售资料，需要在供货时的价格对比。如果客户是长年合作伙伴，需要掌握库存情况，及时联系供货合作。

194. 商品销售客户资料库

商品销售客户资料库 总库名称：资料库流水号：									
客户单位名称			客户单位地址			电话		税号	
出库流水号	销售时间	出库流水号	物资代码	物资名称	规格型号	数量	计量单位	单价	销售金额
负责人：				会计：				录入：	

【195. 供应商价格资料库】是企业的重要资料不可忽视，需要长期储存，提供各方面的管理需要。一个供应商一个记录库。

195. 供应商价格资料库

供应商价格资料库										
总库单位：						X库单位：			资料库流水号：	
采购单位名称			采购单位地址				电话		税务号	
物资代码	物资名称	规格型号	计量单位	数量	采购时间	单价	采购实际价格	税金	运杂费	采购价格合计
负责人：						采购员：			录入：	

196. 全部商品材料价格储存

全部商品材料价格储存									
总库单位：								资料库流水号：	
物资代码			物资名称			规格型号			
序号	进货单位	计量单位	数量	采购时间	单价	采购实际价格	税金	运杂费	采购价格合计

【196. 全部商品材料价格储存】是记录所有供应商同样材料名称规格的资料库，可以提供价格的对比，寻找高低原因。

第三节　资本核算管理系统

资本核算管理系统是财务会计为主的使用系统，属于企业的特级秘密范围。

表中的基本原理一般可以在《会计原理》中找到的不再解释，只有需要个别重点强调的再做表述。

资本核算管理系统目录图表

1.酬薪管理体系
2.原始凭证体系
3.关于厂内银行程序修改的提示
4.资金及外汇管理体系
5.账务处理体系
6.现金流量体系
7.会计工作底稿体系
8.成本核算与销售管理体系
9.预算管理体系
10.外部报表体系
11.历史台账及汇总报表体系
12.企业经济状况分析体系

资本核算管理系统有12大体系分类。

目前市场上的会计核算软件远远不够企业管理信息化的需要，必须增加许多表格化模式的表达方式。同时需要增加设计新的软件模块，比如原始凭证体系、预算管理体系、成本核算与销售管理体系，还需要对一些软件进行重新修整，比如厂内银行系列。

一、薪酬管理体系

薪酬管理体系注重人工成本的归集，注重工作量管理系统的使用和发挥，为成本核算归集资料。

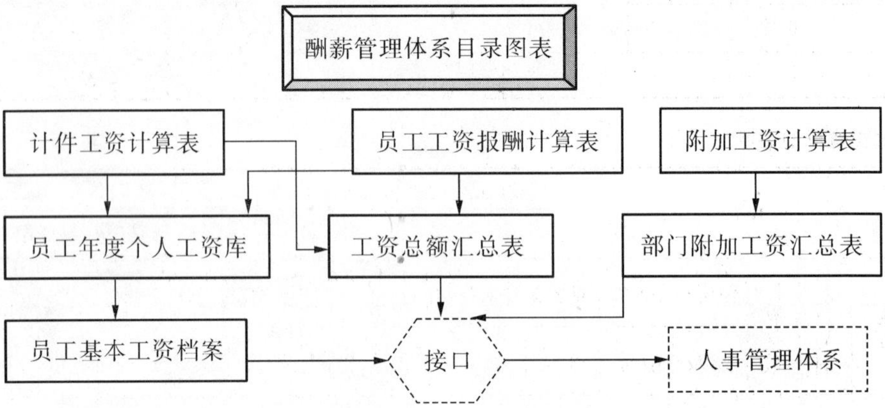

酬薪管理体系有7个表格。凡是虚线框，说明不是此章节的内容目录。

（一）人员报酬系列

197. 计件工资计算表

计件工资计算表

单位　　　　月份　　　　计量单位：元

工号	姓名	项目/单价		项目/单价		项目/单价		合计	签认	转存工资账户
		应计基数	实得合计	应计基数	实得合计	应计基数	实得合计			

198. 员工工资报酬计算表

（单位）员工工资报酬计算表

工号	姓名	基本工资	奖金或计件	交通费	取暖费	住房补贴	失业保险	工伤保险	重病基金	病假	扣款	实际支付	转存工资账户
部门代码	工种代号	加班工资	电话费	高温清饮	工资小计	养老保险	医疗保险	生育保险	保险小计	事假	所得税	月份	

【198. 员工工资报酬计算表】是发到个人的工资通知单。

199. 工资总额汇总表

工资总额汇总表

单位：　　　　年　月　　　　计量单位：元

序号	部门名称	人数	基本工资	奖金	加班工资	电话费	交通费	高温清饮	取暖费	小计	扣款	所得税	实际支付	部门签认人
合计														

主管：　　　　复核：　　　　制表：

200. 附加工资计算表

附加工资计算表

单位部门：　　　　计量单位：元

序号	姓名	人员类别	计算基数	住房补贴×%		养老保险×%		生育保险×%		项目×%		个人小计	企业小计	合计	转存社保账户
				个人	企业	个人	企业	个人	企业	个人	企业				
合计															

主管：　　　　复核：　　　　制表：

①〔人员类别〕需专有符号，按管理人员，辅助生产工人，直接生产工人等分类汇总。②本表可以无限延长项目个数。③在项目处有计算公式 = 基数 × % = 金额，是按规定的收费率。

201. 部门附加工资汇总表

部门附加工资汇总表

单位：　　　　计量单位：元

部门名称	人数	计算基数	住房补贴	养老保险	失业保险	医疗保险	工伤保险	生育保险	重病基金	小计

主管：　　　　复核：　　　　制表：

（二）人员工资档案管理系列

202. 员工个人年度工资库

员工个人年度工资库　　流水号：

单位：　　年度　　计量单位：元　　个人档案号

工号		姓名		部门名称		部门代码		工种代号	

月份	1月	2月	3月	4月	5月	6月	7月	8月	9月	10月	11月	12月	合计	平均收入
基本工资														
奖金														
加班工资														
电话费														
交通费														
高温清饮														
取暖费														
住房补贴														
工资小计														
病假														
事假														
养老保险														
失业保险														
医疗保险														
工伤保险														
生育保险														
重病基金														
其他扣款														
所得税														
实际支付														

主管：　　复核：　　制表：

203. 员工基本工资档案

				员工基本工资档案			流水号：	
单位：							个人档案号：	
工号			姓名		性别		出生日期	
部门名称			岗位工种		参加工作时间		学历	
基本工资			附加工资		固定补贴		社会保险	
变动	工资变动原因		变动时间		工资总数		计算社保基数	
	基本工资		附加工资		固定补贴		社会保险	
变动	工资变动原因		变动时间		工资总数		计算社保基数	
	基本工资		附加工资		固定补贴		社会保险	
变动	工资变动原因		变动时间		工资总数		计算社保基数	
	基本工资		附加工资		固定补贴		社会保险	
变动	工资变动原因		变动时间		工资总数		计算社保基数	
	基本工资		附加工资		固定补贴		社会保险	
变动	工资变动原因		变动时间		工资总数		计算社保基数	
	基本工资		附加工资		固定补贴		社会保险	

酬薪管理使用的效益情况归类集中表述在企业经济状况分析体系章节。

二、原始凭证体系

〔原始凭证〕目前在市面上没有专项产品软件。

〔会计记账凭证〕的出账要有根据。出账的依据无非是两种，即外来凭证和自制凭证。企业出账基本在系统外做许多的附件极不合理。随着企业管理的深入要求，细致化的分析越来越高，翻找原始记录非常麻烦。为了成本控制，需要从每一个细节的费用开支情况反映及时，做到随时可以调阅、汇总和分析。

原始凭证体系设计了共用的和按不同的业务形式出账的〔原始凭证〕样式，分〔自制原始凭证〕和〔外来原始凭证〕，按需要项目还可以继续增加设置，形成规范化出账依据。

〔自制原始凭证〕是可以作为直接出账的依据，包括收、付款的业务。

〔外来原始凭证〕是后面附着各种发票与收据票据的业务凭证。

现代化的发展与运用，利用扫描〔外来原始凭证〕保存是管理的需要。将〔原始凭证〕记录在案，加强规范化管理有着重要的引导方式。

设置〔原始凭证库〕是为了更好地掌握所有费用和收入的发生情况，为了记账的汇总便利，在〔记账项目〕点击后，可以按合计数出账，也可以点击全部明细项目选择出账。

〔记账项目〕是否记入会计〔记账凭证〕时点击。

〔表号〕一年一个排列号，号码有年度标码在前，不可在一个部门重复。

〔出账截止时间〕可能会有许多相同的原始件，应注明时间。

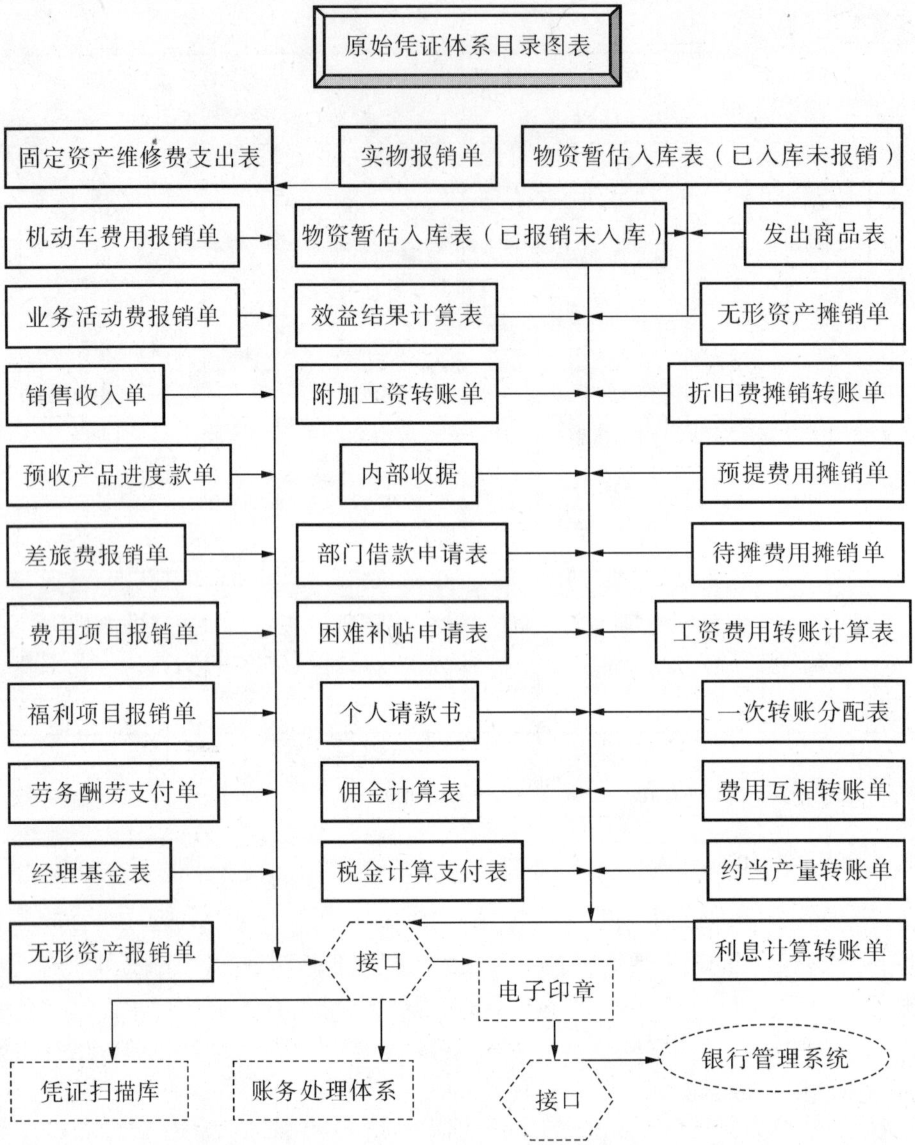

《原始凭证体系》有31个表格。凡是虚线框，说明不是此章节的内容目录。

左线为〔外来原始凭证〕，右线为〔自制原始凭证〕。

所有单位的监管制度在表格的最后一行应该有〔主管〕、〔复核〕、〔制表〕。

〔原始凭证〕应按不同内容的需要，记录到〔会计记账凭证〕，也可以直接记录到〔明细账〕，部分需要直接记录到〔财务报表〕。

〔原始凭证〕存入硬盘，形成〔原始凭证库〕，可以简便今后的会计档案。

小型业务形式的单位可以有选择使用的灵活性。

（一）自制原始凭证系列

〔自制原始凭证〕是除了外来凭证，在会计原理和会计制度规定的情况下自己制定的出账依据。

204. 物资暂估入库表（已入库未报销）

（单位）物资暂估入库表（已入库未报销）

凭证种类：自制原始凭证　　　　表号：　年　号

部门账号				部门名称			
凭证字号：现 银 转		凭证号码			出账截止时间　年　月　日		
记账项目	仓库编号	物资代码	物资名称	数量	金额	经办人	验收人
合计							
主管：			复核：			制表：	

205. 物资暂估入库表（已报销未入库）

（单位）物资暂估入库表（已报销未入库）

凭证种类：自制原始凭证　　　　表号：　年　号

部门账号				部门名称			
凭证字号：现 银 转		凭证号码			出账截止时间　年　月　日		
记账项目	仓库编号	物资代码	物资名称	数量	金额	经办人	验收人
合计							
主管：			复核：			制表：	

206. 发出商品表

（单位）发出商品表

凭证种类：自制原始凭证　　　　表号：　年　号

部门账号						部门名称					
凭证字号：现　银　转			凭证号码				出账截止时间　年　月　日				
记账项目	仓库编号	客户名称	物资代码	物质名称	数量	金额	出库金额	实际成本	差额	经办人	验收人
	合计										
主管：				复核：				制表：			

207. 一次转账分配表

（单位）一次转账分配表

凭证种类：自制原始凭证　　　　表号：　年　号

收款部门					付款部门				
凭证字号：现 银 转		凭证号码			出账截止时间　年　月　日				
借方部门账号					贷方部门账号				
记账项目	项目	数量	单价	金额	记账项目	项目	数量	单价	金额
	水费								
	合计			合计					

付款部门主管：　　付款部门会计：　　收款部门会计：

208. 税金计算表

（单位）税金计算支付表

凭证种类：自制原始凭证　　　　表号：　年　号

部门账号			部门名称		
凭证字号：现 银 转		凭证号码		出账截止时间　年　月　日	
记账项目	摘要内容	税金项目	计算基数	公式	金额
	合计				

主管：　　复核：　　制表：

209. 效益结果计算表

（单位）效益结果计算表

凭证种类：自制原始凭证　　　　表号：　年　号

部门账号			部门名称		
凭证字号：现　银　转		凭证号码		出账截止时间　年　月　日	
记账项目	摘要内容	借方项目	贷方项目	金额	
				借方	贷方
	合计				

主管：　　复核：　　制表：

210. 费用互相转账单

（单位）费用互相转账单

凭证种类：自制原始凭证　　　　表号：　年　号

收款部门			付款部门		
凭证字号：现　银　转		凭证号码			出账截止时间　年　月　日
借方部门账号			贷方部门账号		
记账项目	摘要内容	报销项目	数量	单价	金额
	合计				

付款部门主管：　　付款部门会计：　　收款部门会计：

211. 无形资产摊销单

（单位）无形资产摊销单

凭证种类：自制原始凭证　　　　表号：　　年　　号

部门账号			部门名称				
凭证字号：现　银　转			凭证号码		出账截止时间　年　月　日		
记账项目	摘要内容	项目	价格	上期已实际摊销	本期发生	本期累计	备注
	合计						

主管：　　　　复核：　　　　制表：

212. 预提费用摊销单

（单位）预提费用摊销单

凭证种类：自制原始凭证　　　　表号：　　年　　号

部门账号				部门名称			
凭证字号：现　银　转		凭证号码		出账截止时间　年　月　日			
记账项目	产品名称	生产工号	预提项目	单位	数量	单价	金额
	合计						

主管：　　　　复核：　　　　制表：

213. 利息计算转账单

（单位）利息计算转账单

凭证种类：自制原始凭证　　　　表号：　　年　　号

部门账号			部门名称		
凭证字号：现　银　转		凭证号码		出账截止时间　年　月　日	
记账项目	摘要内容	名称	计量基数	公式	金额
	合计				

主管：　　　　复核：　　　　制表：

214. 部门借款申请表

（单位）部门借款申请表

凭证种类：自制原始凭证　　　　表号：　　年　　号

部门账号				部门名称		
凭证字号：现　银　转		凭证号码		出账截止时间　年　月　日		
借款部门		部门代码		借款时间		借款利率
借款金额	万　千　百　拾　元					
借款原因				批准主管		

215. 工资费用转账计算表

（单位）工资费用转账计算表						
凭证种类：自制原始凭证				表号：	年	号
部门账号			部门名称			
凭证字号：现　银　转		凭证号码		出账截止时间　年　月　日		
记账项目	人员类别	合计	基本工资	奖金	交通费	取暖费
	合计					
主管：			复核：		制表：	

216. 附加工资转账单

（单位）附加工资转账单									
凭证种类：自制原始凭证						表号：		年	号
部门账号				部门名称					
凭证字号：现　银　转			凭证号码		出账截止时间　年　月　日				
记账项目	人员类别	住房补贴	养老保险	失业保险	医疗保险	工伤保险	生育保险	重病基金	小计
	合计								
主管：				复核：				制表：	

217. 折旧费摊销转账单

（单位）折旧费摊销转账单								
凭证种类：自制原始凭证						表号：	年	号
部门账号				部门名称				
凭证字号：现　银　转			凭证号码		出账截止时间　年　月　日			
记账项目	企业编号	部门	性质	资产名称	原值	本月折旧额	累计折旧	净值
付款部门主管：				付款部门会计：		收款部门会计：		

218. 约当产量转账单

（单位）约当产量转账单									
凭证种类：自制原始凭证						表号：		年	号
部门账号			部门名称						
凭证字号：现　银　转		凭证号码			出账截止时间　年　月　日				
约当数量		约当重量			成本合计				
记账项目	原材料	辅助材料	专用费用	直接生产工人工资	其他人员工资	附加费	动力费	折旧大修	其他费用
主管：				复核：				制表：	

219. 个人请款书

（单位）个人请款书

凭证种类：自制原始凭证　　　　表号：　年　　号

部门账号		部门名称		出账截止时间　年　月　日		
凭证字号：现　银　转		凭证号码		扫描库 N		
记账项目	请款内容	付款单位	金额	请款人	经办人	批准人

主管：　　　　复核：　　　　制表：

220. 佣金计算表

（单位）佣金计算表

凭证种类：自制原始凭证　　　　表号：　年　　号

部门账号		部门名称		出账截止时间　年　月　日
凭证字号：现　银　转	凭证号码		扫描库 N	

记账项目	摘要内容	工程或销售商品					计算标准	金额	应计所得税	经办人	证明人	批准人
		名称	计量单位	数量	单价	金额						
	合计											

主管：　　　　复核：　　　　制表：

221. 内部收据

（单位）内部收据

凭证种类：自制原始凭证　　　　表号：　年　　号

部门账号		部门名称		出账截止时间　年　月　日
凭证字号：现　银　转		凭证号码		扫描库 N
记账项目	摘要内容	金额	大写	交款人
			万　千　百　拾　元　角　分	
	合计		万　千　百　拾　元　角　分	

主管：　　　　复核：　　　　制表：

222. 困难补贴申请表

（单位）困难补贴申请表

凭证种类：自制原始凭证　　　　表号：　年　　号

部门账号		部门名称			出账截止时间　年　月　日
凭证字号：现　银　转		凭证号码			扫描库 N
记账项目	摘要内容	金额	申请人	批准人	附件张数
	合计				

主管：　　　　复核：　　　　制表：

223. 待摊费用摊销单

(单位)待摊费用摊销单									
凭证种类：自制原始凭证							表号： 年 号		
部门账号		部门名称		出账截止时间 年 月 日					
凭证字号：现 银 转		凭证号码		扫描库 N					
原待摊项目名称：									
记账项目	产品名称	工号	待摊项目	单位	数量	单价	金额	发票号码	附件张数
	合计								
主管：				复核：				制表：	

（二）外来原始凭证系列

〔外来原始凭证〕是社会上产生的经济凭证，实行记录汇总后出账。

为了查阅方便和资料的储存，可以将必要的〔原始凭证〕扫描保存，建立〔扫描库〕模块。

224. 差旅费报销单

(单位)差旅费报销单									
凭证种类：外来原始凭证							表号： 年 号		
部门账号		部门名称				出账截止时间 年 月 日			
凭证字号：现 银 转		凭证号码				扫描库 N			
记账项目	摘要内容	出差时间	日程	工具	金额	途中补贴		发票号码	附件张数
						标准	金额		
		月 日～ 月 日							
	合计								
主管：			复核：				制表：		

225. 费用项目报销单

(单位)费用项目报销单							
凭证种类：外来原始凭证						表号： 年 号	
部门账号		部门名称		出账截止时间 年 月 日			
凭证字号：现 银 转		凭证号码		扫描库 N			
记账项目	摘要内容	报销金额	经办人	证明人	批准人	发票号码	附件张数
	合计						
主管：			复核：			制表：	

226. 实物报销单

（单位）实物报销单

凭证种类：外来原始凭证　　表号：　年　号

部门账号			部门名称				出账截止时间　年　月　日				
凭证字号：现　银　转			凭证号码				扫描库 N				
记账项目	摘要内容	名称	计量单位	数量	单价	金额	经办人	证明人	批准人	发票号码	附件张数
	合计										
主管：				复核：					制表：		

227. 业务活动费报销单

（单位）业务活动费报销单

凭证种类：外来原始凭证　　表号：　年　号

部门账号		部门名称			出账截止时间　年　月　日			
凭证字号：现　银　转		凭证号码			扫描库 N			
记账项目	摘要内容	核定指标	已用指标	本次使用	经办人	验收人	批准人	发票号码
	合计							
主管：			复核：				制表：	

228. 机动车费用报销单

（单位）机动车费用报销单

凭证种类：外来原始凭证　　表号：　年　号

部门账号			部门名称				出账截止时间　年　月　日			
凭证字号：现　银　转			凭证号码				扫描库 N			
记账项目	摘要内容	机动车牌号	报销项目	数量	单价	金额	经办人	验收人	发票号码	附件张数
	合计									
主管：				复核：				制表：		

229. 福利项目报销单

（单位）福利项目报销单

凭证种类：外来原始凭证　　表号：　年　号

部门账号		部门名称				出账截止时间　年　月　日			
凭证字号：现　银　转		凭证号码				扫描库 N			
记账项目	摘要内容	报销项目	数量	单价	金额	经办人	验收人	发票号码	附件张数
	合计								
主管：				复核：				制表：	

福利费指医药费，学费，托费等。

230. 经理基金表

（单位）经理基金表										
凭证种类：外来原始凭证								表号： 年 号		
部门账号		部门名称					出账截止时间 年 月 日			
凭证字号：现 银 转		凭证号码					扫描库 N			
记账项目	摘要内容	计提基数	应有指标	已用指标	本次使用	经办人	验收人	批准人	发票号码	附件张数
	合计									
主管：				复核：				制表：		

231. 无形资产报销单

（单位）无形资产报销单											
凭证种类：外来原始凭证									表号： 年 号		
部门账号				部门名称			出账截止时间 年 月 日				
凭证字号：现 银 转			凭证号码				扫描库 N				
记账项目	摘要内容	项目	发生时间	取得方法	价格	批准部门	文号	经办人	验收人	发票号码	附件张数
	合计										
主管：					复核：				制表：		

232. 劳务酬劳支付单

（单位）劳务酬劳支付单							
凭证种类：外来原始凭证						表号： 年 号	
部门账号		部门名称		出账截止时间 年 月 日			
凭证字号：现 银 转		凭证号码		扫描库 N			
记账项目	姓名	项目					签名
		试航费	加班费			合计	
	合计						
主管：			复核：			制表：	

233. 固定资产维修费支出表

（单位）固定资产维修费支出表								
凭证种类：外来原始凭证							表号： 年 号	
部门账号			部门名称		出账截止时间 年 月 日			
凭证字号：现 银 转			凭证号码		扫描库 N			
记账项目	企业编号	申请表号	维修项目	资产名称	计划开支	实际支出	发票号码	附件张数
主管：				复核：			制表：	

234. 销售收入单

(单位)销售收入单										
凭证种类:外来原始凭证								表号: 年 号		
部门账号			部门名称			出账截止时间 年 月 日				
凭证字号:现 银 转			凭证号码			扫描库 N				
记账项目	收款内容	付款单位	产品项目	产品编号	计量单位	数量	单价	合计金额	发票号码	附件张数
主管:				复核:					制表:	

235. 预收产品进度款单

(单位)预收产品进度款单											
凭证种类:外来原始凭证									表号: 年 号		
部门账号				部门名称				出账截止时间 年 月 日			
凭证字号:现 银 转			凭证号码					扫描库 N			
记账项目	合同号	产品代码	产品名称	规格型号	计量单位	数量	金额	收款进度	累计已收款	发票号码	附件张数
主管:				复核:						制表:	

(三)电子印章的作用

企业的内部控制制度,首先需要在资金的支付手段上。

目前〔电子印章〕的作用还没有普及。〔电子印章〕的功能可以起到控制和保密的作用,可以完善企业与银行之间的往来业务功能。

到目前为止企业对银行支付手段持怀疑的态度。比如说,出纳员的支付额控制在2000元以下,财务经理在50000元以下,总经理50000元以上。财务经理与总经理成了大出纳不符合管理要求,出纳员一个人持有密码并一天可以支付若干次2000元的程序值得商榷。

设计需要考虑如同纸质年代的公章和私章,与支票分开管理的方法原始且安全,是企业管理程序的需要。

考查利用〔电子印章〕来取代纸质信任方法是可取的。设计者需要按照企业的管理设想去设计,使〔电子印章〕充分发挥其应有的现代科技的作用。

在前一节〔原始凭证〕的设计基础加上〔电子印章〕的使用,与银行系统的连接,应该是可以达到资金安全的保证效应。

〔电子印章〕的使用设计分几个环节:①是原始凭证在企业内部运行审核使用电子印章;②在财务支付与审查操作上利用电子印章的功能;③企业与银行系统对接凭电子印章支票收付款,完善企业的管理控制作用。

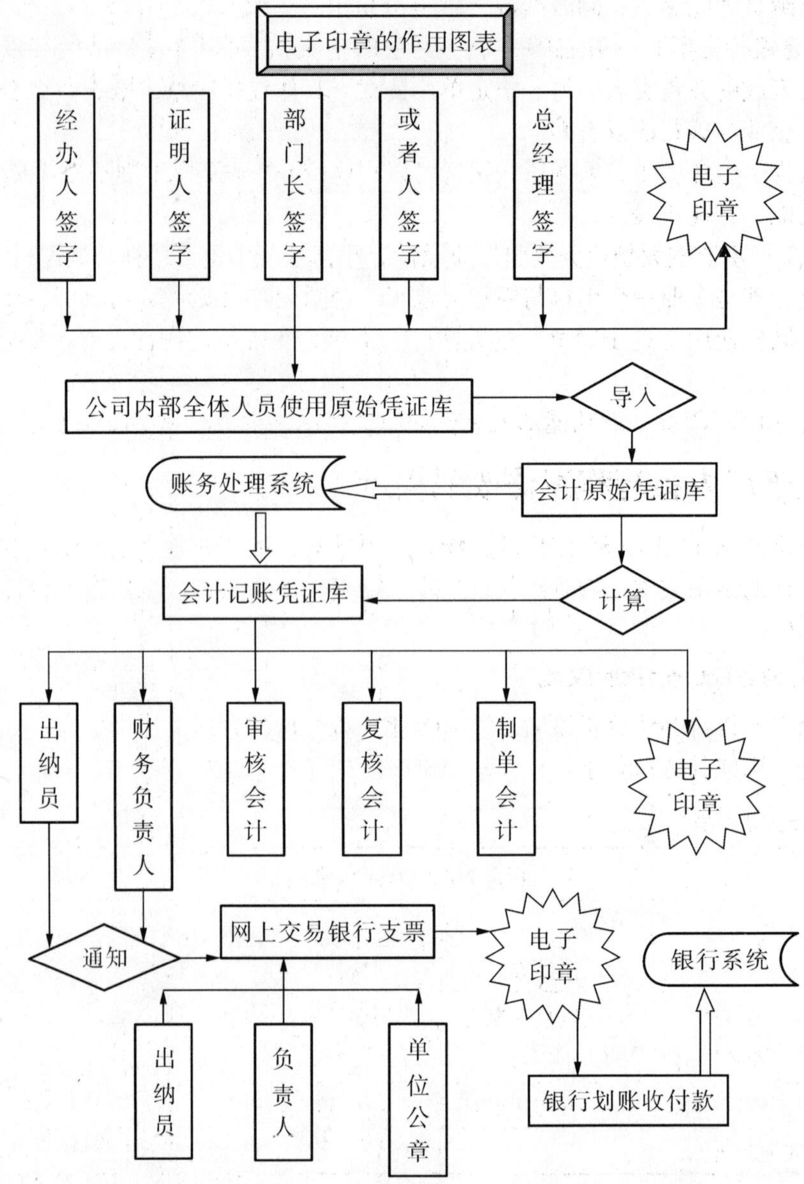

目前银行的网上交易系统在企业暂时推不开，是环节控制欠考虑，保险系数不够。企业需要〔电子印章〕系统在企业内的使用与管理，完善整个管理体系。

〔公司内部全体人员使用原始凭证库〕是在整个公司内的一个运行模块，每个人都可以打开按自己发生的业务需要截取下来使用。首先是经办人填单后开始发生〔电子印章〕功能，然后按公司的规定运作，到最后规定有权签字人同意，按一个功能键到〔会计原始凭证库〕。

形成〔会计原始凭证库〕后是不能再回头修改的，是保密程序控制的。只能是财务人员有密码权限才能打开使用并且结账。

开发需要账务处理体系接口，形成〔会计记账凭证〕。〔会计记账凭证〕在财务部门按制度规定运作，也需要〔电子印章〕控制，等一系列有关人操作确认后，主要是财务负责人签字，出纳员才能签字，同时准备〔网上交易银行支票〕。

〔网上交易银行支票〕一般需要3个〔电子印章〕，也可以2个。一般可以是出纳印章，或者是法人或财务负责人，另一个是单位公章。具体使用印章个数，一个企业一个决定权利，然后企业与银行协议备案。

当企业认为手续齐备了，系统通知银行可以划账交易。银行怎样通知交易成功，则是银行的系统功能，在此不表。

〔电子印章〕系统按大型业务单位性质设计，小型业务单位可选择功能键码。

集中资金管理是企业一个出口与银行的往来，企业内部有比较远的单位，在当地开个异地结算户，同样使用〔电子印章〕的办法，只准进，不准出。银行自动划账结转企业主要开户账号。

企业需要〔电子印章〕的功能加入企业的内部控制制度的管理。

三、关于厂内银行程序修改的提示

厂内银行是我国20世纪80年代的产物，主要针对大型企业，多层次的企业，为了划小核算单位设计的出账方法。随着年代的进步，需要百废待兴，废黜出新，设计更适合企业管理需要的软件。

（一）以前的设计方法原理

需要将原来的设计办法分析说明。当时企业一直管理的方式是一个资金口，一笔业务出具发生以后，出账的方法如下：

236. 以前的设计方法原理

以前的设计方法原理				
摘要内容	总厂		一分厂	
	借方	贷方	借方	贷方
企业收到一笔款项	银行存款	内部往来		
查出是一分厂业务转出			厂内存款	内部往来
总厂消账	内部往来	厂内存款		
一分厂结转业务进账			内部往来	产品销售

厂内银行开始是以这种原理设计的，它所带出的设计问题是：

1. 查账难是显而易见的，不能直接体现现金流的去向，一笔业务出具八笔账。

2. 实行【272. 现金流量表】程序的时候，问题是银行票据凭证放在哪一张附件后面，现金流量反映在总厂出账还是分厂难以设定。如果作为业务主体，自然是应该放在分厂，对经营单位的成本效益分析，现金流是一个分析的课题。然而，在〔厂内存款〕科目的后面附加银行票据是不符合规定的。

3. 有的企业为了规避以上现象，引进社会银行进企业，完全按商业银行的操作方法，企业为各分厂全部开设银行账户，无形虚增企业现金流量额。并且在权力分配上形成了管理的“独立王国”，资金内部的调动繁琐，财务人员找那一位领导负责资金调动的签字，又打破了责任的权力。况且账户太多，往来频繁，洗钱的嫌疑、私设小金库的问题不能不考虑设计的不合理性。

（二）修正设计方法原理

改变厂内银行的核算设计方法，不仅是企业管理的需要，也是纪律检查组织的要求。企业需要适合的厂内银行系统。

革新设计的厂内银行系统，不需通过内部往来科目，直接反映现金流的去向。内部转账才通过〔厂内存款〕科目。

设置的方法是〔总编号〕通知形式。〔总编号〕是企业资金集中必须要执行的方法。

重新设计厂内银行的方法，首先了解〔总编号〕的原理使用。

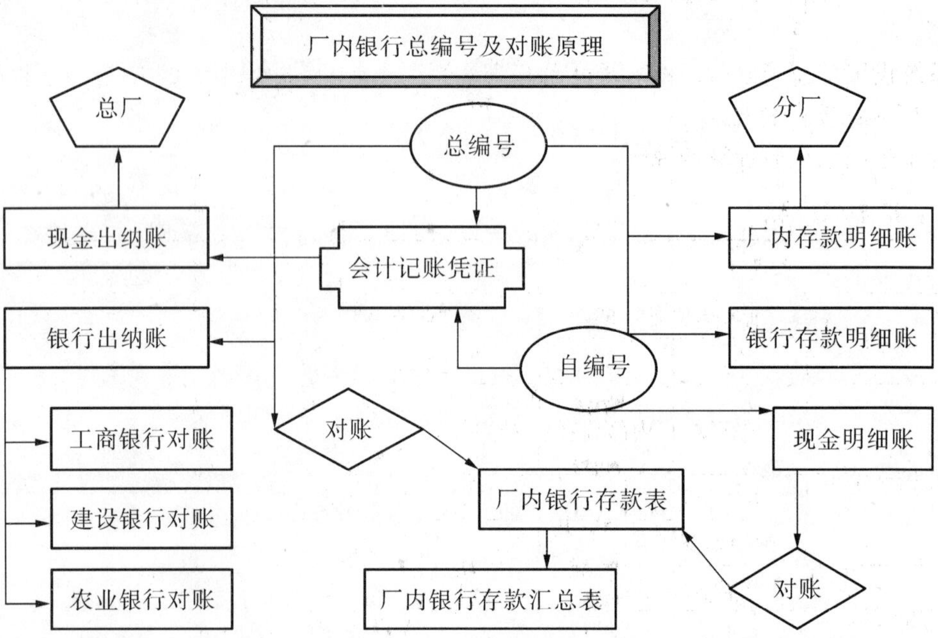

在厂内银行，货币资金的概念包括〔银行〕、〔现金〕、〔厂内存款〕。〔厂内存款〕科目到总厂大汇总时才做抵消分录没有余额，也就是抵消了不应设定的货币资金概念。

在设计原理上，以【240. 资金出纳账】代表总厂出纳使用的账页，【241. 出纳明细账】代表分公司、分厂、事业部和部门各自账套的货币分类明细账。

记账的原理是产生一张【258. 会计记账凭证】时，点击【239. 厂内银行通知单】，同时记入【240. 资金出纳账】、【241. 出纳明细账】及【242. 厂内银行存款表】。

在会计凭证上，所有出账直接反映该部门的〔现金〕和〔银行存款〕科目，只有在内部转账时，才出现〔厂内存款〕科目。分厂部门的出纳账不管抬头是现金、银行存款的字样内容其性质都是厂内存款。

一个决算报表单位为一个汇总大账套。一个汇总账套只能有一个出纳账，划小核算单位的账套服从一个凭证资金往来的汇总大账套，采取〔总编号〕与〔自编号〕的办法核算管理。

〔总编号〕是指厂里只有一个出纳账统管全部的资金。按货币资金性质分开出账时，〔银行存款〕一个总流水号，〔现金〕存款一个总流水号，〔厂内存款〕一个总流水号。各部门会计需要发生业务时，在〔总编号〕库取号出账。

〔总编号〕一旦索取，自动生成总厂出纳账的〔总编号〕。

〔自编号〕是各部门明细分类账在计算机上自动生成的流水号。在部门的会计明细账上，同时有〔总编号〕和〔自编号〕记账，便于查账和管理。

【258. 会计记账凭证】档案以〔总编号〕顺序装订，查找各部门的经济业务，以〔自编号〕顺序〔总编号〕引出会计凭证档案内容。

【241. 出纳明细账】是厂内银行账，不反映到〔总账〕科目明细账。【241. 出纳明细账】记录了分厂借贷双方发生的业务，月末汇总时无余额。如果发现余额，必须查找平衡的结果才是正确的。

在【272. 现金流量表】的功能上，〔厂内存款〕科目在总厂汇总报表时自动抵消持平无余额。

系统设置革新了以后，不需通过内部往来科目，直接反映现金流的去向。内部转账才通过〔厂内存款〕科目。

为了表明系统原理举例说明。

237. 厂内银行核算办法

厂内银行核算办法						
内　容	所属单位部门 601		总厂业务室 103		资金出纳内部银行 101	
	借	贷	借	贷	借	贷
借款用转账凭证	厂内存款	内部借款	拨出借款	厂内存款	厂内存款－转账	厂内存款－转账
	601	601	103	103	103	601
	通知单			通知单		
用货币付款“现”字凭证	生产成本	现金				厂内存款－现金
	601	601				601
		通知单				
用货币付款“银”字凭证				应收账款	银行存款	厂内存款－银行
			103	103		103
				通知单		
用货币收款“银”字凭证	银行存款	销售收入			厂内存款－银行	
	601	601			601	
	通知单					
用货币收款“银”字凭证			银行存款	预收账款	厂内存款	
			103	103	103	
			通知单			

续上表

总厂转收水电费“转”字凭证	车间经费	厂内存款	厂内存款	内部往来	厂内存款－转账	厂内存款－转账
	601	601	103	103	601	103
		通知单	通知单			
总厂转拨收入“转”字凭证	厂内存款	销售收入	内部往来	厂内存款	厂内存款－转账	厂内存款－转账
	601	601	103	103	601	103
	通知单			通知单		
总厂通知清单转拨固定资产“转”字凭证不牵涉存款变化	企业固定资产	企业资本	拨出资本	拨出固定资产		
	601	601	103	103		
生产单位提取折旧费上交总厂“转”字凭证	生产成本	厂内存款	厂内存款	累计折旧	厂内存款－转账	厂内存款－转账
	601	601	103	103	103	601
		通知单	通知单			
总厂银行账号之资金内部调动“银”字凭证			银行存款	银行存款	厂内存款－银行	厂内存款－银行
			103	103	103	103
			通知单	通知单		
一个账套内部转账业务，以“转”字凭证不牵涉存款变化	生产成本	应收账款				
	601	601				
提取现金			现金	银行存款	厂内存款－现金	厂内存款－银行
			103	103	103	103
有的单位大工程项目在总厂统一收款，使分厂的银行存款科目余额产生负数，需要以红字内部调整不虚增流量额。	银行存款（－）			银行存款（－）	厂内存款－银行	厂内存款－银行
	601			103	601	103

这样的设计，在形式上不改变【258. 会计记账凭证】的直观性，清楚地体现现金流的去向。

四、资金及外汇管理体系

一个有法人责任的企业，不允许非法人以外不受控制的资金户口，这就是资金集中的实质意义所在。因此，给各部门经营的权力，在资金的管理上还是一个资金口，总厂需要设计资金多渠道发生过程中控制管理的责任程序。

企业资金管理是一个必须控制的工程项目，所有使用表格的设置都有它存在的意义和可行性的方法。

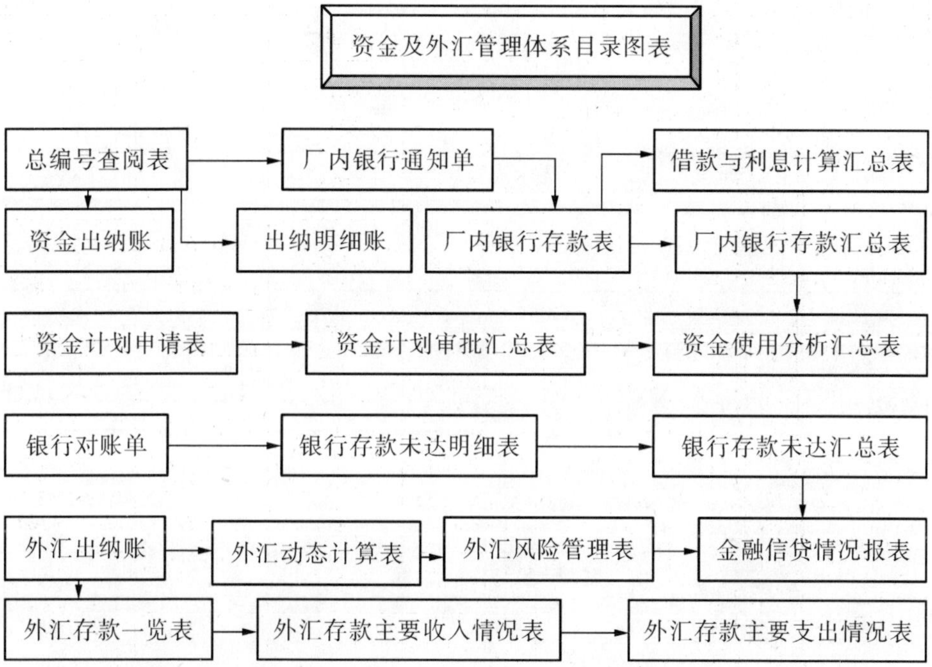

资金及外汇管理体系有 20 个表格。

（一）厂内银行系列

厂内银行是在一个企业内超过有两个以上核算单位必须有的核算设置，是分清经济责任的核算管理方法。

238. 总编号查阅表

总编号查阅表

单位：　　　　　　　　　　　　年度

时间		总编号	索取部门	部门代码	会计
月	日				

一旦有出账单位索要总编号，自动生成【240. 资金出纳账】的〔总编号〕。

239. 厂内银行通知单

厂内银行通知单						
时间	总编号	自编号	部门账号	凭证字	借方金额	贷方金额
				现、银、转		

在【258. 会计记账凭证】上，点击厂内银行功能跳出的框架编制发生业务内容。

240. 资金出纳账

资金出纳账

单位：　　单位代码：　　账页：现金

时间		总编号	摘要内容	借方	贷方	余额
月	日					

〔账页〕是货币内容性质：①现金；②银行存款；③厂内存款。

241. 出纳明细账

出纳明细账

部门：　　部门代码：　　账页：银行存款

时间		凭证号		摘要内容	借方	贷方	余额
月	日	自编号	总编号				

【241. 出纳明细账】是分厂部门完整核算账簿的一个明细账，每月与总厂【240. 资金出纳账】余额和发生数核对一致才能结账。

〔自编号〕在部门账里自动生成。

242. 厂内银行存款表（账）

厂内银行存款表（账）

部门：一分厂　　部门代码：　1203　　年度

时间		编号		摘要	现金		银行存款		厂内存款		余额	存款计息
月	日	总编号	自编号		借方	贷方	借方	贷方	借方	贷方		
		188	33	支付差旅费		30						
		123	34	销售收入			100					
		356	35	付电话费						25		
合计						30	100			25	45	

【242. 厂内银行存款表】是分解了总厂【240. 资金出纳账】得出各部门的【241. 出纳明细账】资金情况。

243. 厂内银行存款汇总表

厂内银行存款汇总表 单位：　　　　年　月												
部门	部门代码	现金			银行存款			厂内存款			总余额	存款计息
		借方	贷方	余额	借方	贷方	余额	借方	贷方	余额		
合计												

汇总各部门的【242. 厂内银行存款表】中的〔现金〕与〔银行存款〕科目合计发生数与总账发生数必须一致。

244. 借款与利息计算汇总表

借款与利息计算汇总表 单位：　　　　年　月								
部门	部门代码	借款时间	还款时间	计算时间	借款金额	合计金额	借款利息	备注
合计								

（二）资金管理系列

245. 资金计划申请表

资金计划申请表					
部门名称			申请时间	年　月	
部门代码			时间周期	月　日～月　日	
收款计划	项目	需要时间	金额	收款方式	
1					
2					
付款计划	项目	需要时间	金额	付款方式	
1					
2					
滚动计划	项目	需要时间	金额	收款方式	付款方式
1					
2					
部门主管			会计		

246. 资金计划审批汇总表

资金计划审批汇总表

单位：　　　　　　　　　　　　时间周期　月　日～月　日

项目	部门名称							合计
	部门代码							
收款计划								
付款计划								
滚动计划								
批准领导								

247. 资金使用分析汇总表

资金使用分析汇总表

单位：　　　　　　　　　　　　时间周期　月　日～月　日

项目	部门名称							合计	完成（%）
	部门代码								
收款计划									
付款计划									
计划外收款									
计划外付款									
分析原因									

248. 金融信贷情况报表

金融信贷情况报表

单位：　　　　　　　　年　月　　　　　　基础币种：人民币

代码	项目	币种	金额	存借单位	合同号	性质	时间	汇率	实际金额
	借款					抵押	年　月　日～　年　月　日		
		人民币		工商银行		担保	年　月　日～　年　月　日		
	保证金					出口	年　月　日～　年　月　日		
		美金		建设银行			年　月　日～　年　月　日		
	保函						年　月　日～　年　月　日		
		人民币		农业银行		产品	年　月　日～　年　月　日		
	存款								
		人民币							
		美金							
		港币							
	应收票据								
	应收利息								
	应付票据								
	应付利息								

249. 企业与银行对账单

企业与银行对账单

单位：　　　　　　　　年　月

日	摘要内容	银行单倒盘				企业凭证倒盘			
	摘要内容	支票凭证	借方	贷方	未达	支票凭证	借方	贷方	未达
合计									

250. 银行存款未达明细表

银行存款未达明细表　　　　银行名称：

单位：　　　　　　　　年　月　　　　　　账户号码：

序号	银行存款余额：				企业对账余额：			
	发生时间	银行凭证号	银行有企业无	银行无企业有	发生时间	银行凭证号	企业有银行无	企业无银行有
合计					合计			
调整后余额					调整后余额			

251. 银行存款未达汇总表

银行存款未达汇总表

单位：　　　　年　月

序号	银行名称	账户号码	银行存款				企业对账			
			银行余额	银行有企业无	银行无企业有	调整后余额	企业余额	企业有银行无	企业无银行有	调整后余额
合计										

企业会有许多个银行账户需要汇总对账。

（三）外汇管理系列

外汇在企业是重点管理的风险项目之一，资本营运、外汇借款、境外存款、汇率波动、汇兑损益，对企业的效益都会产生重要的影响。

252. 外汇出纳账

外汇出纳账

单位：　　　　币种：

时间	凭证号	摘要内容	存款	买入（收）	卖出（支）	汇率	折合本位币	汇兑损益

253. 外汇风险管理表

外汇风险管理表

单位：　　　　年　月　　　　计量单位：元

序号	项目内容	项目性质	合同编号	结算时间	合同金额			检测汇率				质押银行			实际结算			实际与计划（%）
					结算币	签订时汇率	折合本位币	时间	买入价	卖出价	折合本位币	时间	汇率	折合本位币	时间	汇率	折合本位币	
	一般贸易				美金													
	进料加工				日元													
	来料加工				港币													
	补偿贸易																	
	购销产品																	

254. 外汇动态计算表

外汇动态计算表

单位： 年 月 计量单位：元

外币名称			银行				账号		
时间	增减变化				存款			汇兑损益	汇兑损益合计
	金额	买入价	卖出价	折合本位币	金额	汇率	折合本位币		

255. 外汇存款一览表

外汇存款一览表

单位： 年 月 计量单位：元

序号	外币名称	上期存款	折合本位币	本期增加	本期减少	期末存款	截止日汇率		折合本位币	汇兑损益	存款地点	
							买入价	卖出价			境外	境内
	美元											
	港元											
	日元											

256. 外汇存款主要收入情况表

外汇存款主要收入情况表

单位： 年 月 计量单位：元

序号	外币名称	收入金额	收入内容摘要	截止日汇率	折合本位币

257. 外汇存款主要支出情况表

外汇存款主要支出情况表

单位： 年 月 计量单位：元

序号	外币名称	支出金额	支出内容摘要	截止日汇率	折合本位币

每月将主要大项的收支情况列表汇报总结。

资金使用的效益情况归类表述集中在企业经济状况分析体系章节。

五、账务处理体系

会计核算的账务处理软件系统在市面上已经成熟，在此增加说明企业需要完善的功能表格。

【258. 会计记账凭证】反映多功能，包括反映〔现金流量〕明细记录、〔厂内银行〕明细记录、〔原始凭证〕与〔扫描库〕明细记录。

【270. 账页封面】能自动生成。

在集团账套里，多少个核算部门就有多少个账套，有多少个账套就有多少个凭证库，总厂再集中一个凭证库，所以〔会计凭证〕的功能具备〔总编号〕和〔自编号〕库。

〔会计凭证〕增加设置〔现金流量〕的编号，可以查阅，调整流量情况，主要是债权债务的调整，准确地反映销售收入现金的情况与分析。

〔会计凭证〕增加设置〔厂内银行〕、〔原始凭证〕的情况，不使用可以隐去。

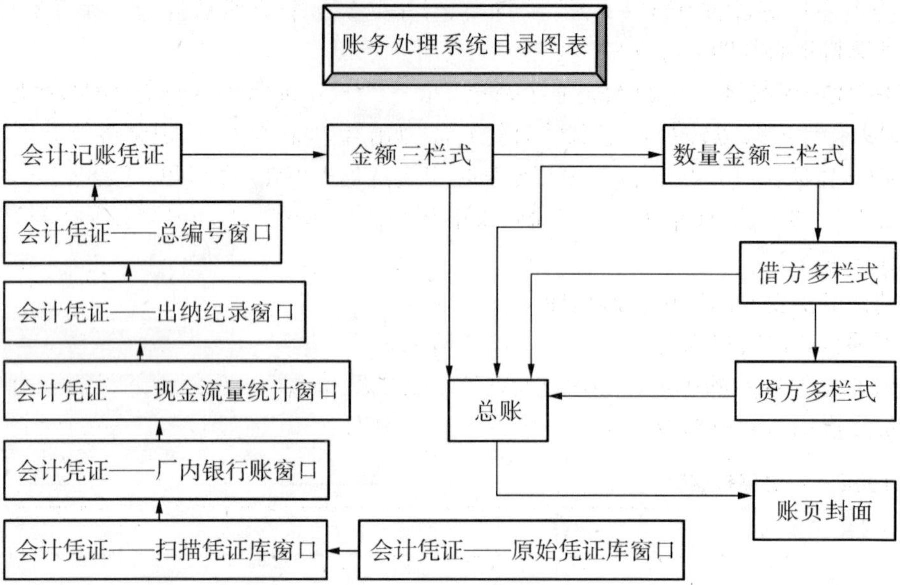

账务处理系统有13个表格。

（一）会计凭证系列

【258. 会计记账凭证】是所有企业经济活动需要记录的开始，随着管理的细化，需要产生多功能的效应，详细反映企业的各种情况。

258. 会计记账凭证

部门名称代码： 厂内银行账号代码：			会计记账凭证 年　月　日		凭证字：现 银 转 总编号： 自编号：	
摘要	借方科目		贷方科目		金额	
	代码	科目	代码	科目	借方	贷方
合计						
支票号码：	年　月　日				银行名称：	
主管：	制单：		复核：		出纳：	
现金流量统计编号： 厂内银行记账编号：是 否			原始凭证库编号： 扫描凭证库编号：			

增加〔支票号码〕由出纳员填写，改变以前由会计一起制单的现象，许多企业不是只有一个银行结算户。为了确定是否已经产生收款与付款的业务，需要出纳员最终确定。

企业能与银行的系统接轨，每天有资金业务已经发生的确定通知以后，出纳员才记账，记入内容后生成【240. 资金出纳账】，便于查阅准确，尽量在月末少一些未达账现象，及时掌握资金动态的准确性。

在〔主管〕签名的内容以下是【258. 会计记账凭证】在纸质凭证上可以不显示的项目，在计算机里必须明显存在的内容。

〔扫描凭证库编号〕、〔原始凭证库编号〕在一个核算部门实行一个总编号的原理。

【258. 会计记账凭证】在记账的时候自动弹出〔总编号〕、〔现金流量〕、〔原始凭证〕、〔扫描凭证〕、〔厂内银行〕窗口框架提出询问是否记账，没有的〔忽略〕。

〔总编号〕是大企业集中一个资金情况的凭证连续编号。〔自编号〕是各部门账套自动生成连续编号。

出纳记账需设专门按键，调出使用。

以下项目弹出窗口内容：

使用〔总编号〕的单位，必须自动在凭证功能上检索。〔总编号〕设有一个号码库，财务人员点击销号索取形成。

259. 会计凭证——总编号窗口

时间	年　月　日
总编号	
部门名称	
部门代码	
出账会计	

改变原来出账方法，不要再由会计出列银行账号，将责任交给出纳，由出纳决定收、付款出处不会乱。需要收、付款业务的，出纳在凭证上直接点击，出现窗口填列，不点击为没有发生货币资金业务。

260. 会计凭证——出纳记录窗口

时间	年　月　日
支票号码	
银行名称	
银行账号	
使用部门名称代码	
通知出账会计	已收款或已付款信号

跳出〔现金流量记账：是 否〕问询，按键〔否〕，跳过忽略。按键〔是〕以后，跳出以下窗口内容：

261. 会计凭证——现金流量统计窗口

现金流量统计业务	是 否
时间	年 月 日
总编号	
现金流量明细内容	

跳出框架〔厂内银行记账：是 否〕问询，内部转账凭证是不记入厂内银行账，按键〔否〕。按键〔是〕以后，跳出以下窗口内容：

262. 会计凭证——厂内银行记账窗口

厂内银行记账	是 否
时间	年 月 日
通知单编号	
厂内银行账号及代码	
对方厂内银行账号及代码	
凭证字	现 银 转
借方金额	
贷方金额	
出账会计	

跳出框架〔扫描凭证：是 否〕问询，按键〔否〕，跳过忽略。按键〔是〕以后，跳出以下窗口内容：

263. 会计凭证——扫描凭证库窗口

扫描凭证	是 否
时间	年 月 日
总编号	
部门名称	
扫描凭证抬头内容	
出账会计	

〔扫描凭证库〕编号可以按部门编号，也可以按〔总编号〕。

跳出框架〔原始凭证库：是 否〕问询，按键〔否〕，跳过忽略。按键〔是〕以后，跳出以下窗口内容：

264. 会计凭证——原始凭证库窗口

原始凭证库	是 否
时间	年 月 日
总编号	
表号	年 号

〔原始凭证库〕有详细的表述，不再重复。

（二）账页系列

会计业务的归集需要多种形式，记账的账页也需要多种格式，便于出账，便于汇总，便于分析，便于管理。

265. 总账

年　　科目总账

单位：　　　　　　　　　　　　　　　　　　　　打印页号：

月	内容摘要	借方	贷方	借或贷	余额
	本期合计				
	本年累计				

266. 明细账——三栏式

总账科目　　　　明细账

二级科目：　　　　　　　　三级科目：　　　　　　　　打印页号：

年 月　日	字	总编号	自编号	内容摘要	借方	贷方	借或贷	余额
				上期（年）转入				
				本期合计				
				本年累计				

267. 明细账——数量式

总账科目　　　　明细账

二级科目：　　　　　　　　三级科目：　　　　　　　　打印页号：

年	字	总编号	自编号	内容摘要	借方			贷方			借或贷	余额		
月　日					数量	单价	金额	数量	单价	金额		数量	单价	金额
				上期转入										
				本期合计										
				本年累计										

268. 明细账——多栏式－1

总账科目生产费用多栏式明细账

二级科目：　　　　　　　　三级科目：　　　　　　　　打印页号：

年 月　日	字	总编号	自编号	内容摘要	借方或贷方合计					
				上期（年）转入						
				本期合计						
				本年累计						

269. 明细账——多栏式 -2

总账科目销售收入多栏式明细账											
二级科目：					三级科目：				打印页号：		
年		字	总编号	自编号	内容摘要	借方合计	贷方合计	借方或贷方明细			余额
月	日							产品收入	商业	……	
					上期转入						
					本期合计						
					本年累计						

270. 账页封面

账页封面			
记账时间		打印页号：	
总账会计科目		科目代码	
账套单位		单位代码	

月份	借方	贷方	余额	记账会计	会计主管
1					
2					
3					
4					
5					
6					
7					
8					
9					
10					
11					
12					
合计					

六、现金流量体系

〔现金流量〕核算模块已经成熟实施了很多年，也有不完善的地方，主要是债权债务的走向以后的后期调整，还有厂内银行的业务反映。

企业管理的细致就会计算不同时期的工作效益，比如〔以前年度的销售收入〕与〔当年实际收入〕的现金流对比分析，需要对现金流的调整后得出正确的结论。

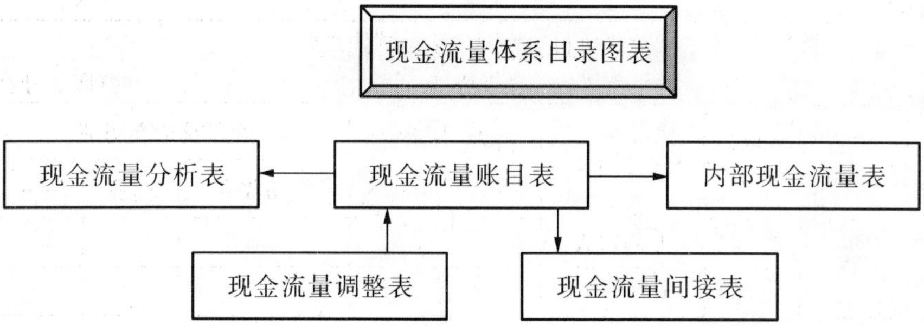

现金流量体系有 5 个表格。

271. 现金流量账目表

现金流量账目表

号	时间	总编号	会计科目	现金流量明细内容	金额

272. 现金流量表

现金流量表

单位：　　　　年　月　　　　计量单位：元

项目	本期金额	累计金额
经营活动产生的现金流量		
销售商品、提供劳务收到的现金		
收到的税费返还		
收到其他与经营活动有关的现金		
其中：债权活动情况		
经营活动现金流入小计		
购买商品、接受劳务支付的现金		
支付给职工以及为职工支付的现金		
支付各项税费		
支付其他与经营活动有关的现金		
其中：债务活动情况		
经营活动现金流出小计		
经营活动产生的现金流量净额		
投资活动产生的现金流量		
收回投资收到的现金		
取得投资收益收到的现金		
处置固定资产、无形资产和其他长期资产收回的现金净额		
处置子公司及其他营业单位收到的现金净额		
收到其他与投资活动有关的现金		
投资活动现金流入小计		

续上表

购建固定资产、无形资产和其他长期资产支付的现金		
投资支付的现金		
取得子公司及其他营业单位支付的现金净额		
支付其他与投资活动有关的现金		
投资活动现金流出小计		
投资活动产生的现金流量净额		
筹资活动产生的现金流量		
吸收投资收到的现金		
取得借款收到的现金		
收到其他与筹资活动有关的现金		
筹资活动现金流入小计		
偿还债务支付的现金		
分配股利、利润或偿还利息支付的现金		
支付其他与筹资活动有关的现金		
筹资活动现金流出小计		
筹资活动产生的现金流量净额		
全部现金总流入量		
汇率变动对现金及现金等价物的影响		
现金及现金等价物净增加额		
加：期初现金及现金等价物余额		
其中：(1) 现金		
库存现金		
可随时用于支付的银行存款		
可随时用于支付的其他货币资金		
(2) 现金等价物		
其中：3个月内到期的债券投资		
期末现金及现金等价物余额		
其中：母公司或集团内子公司使用受限制的现金和现金等价物		
债权债务调整		
厂内银行资金周转		
职工工资及相关费用		
原材料		
辅助材料		
商品成本		
劳务费		
电话费		
水电费		
利息		
内部销售		
产品销售收入		
主管：	制表：	

273. 现金流量间接表

现金流量间接表		
单位：　　　年　月		计量单位：元
项目	本期金额	累计金额
1. 将净利润调节为经营活动现金流量		
净利润		
减：未确认投资损失		
加：资产减值准备		
固定资产折旧，油气资产折耗，生产性生物资产折旧		
无形资产摊销		
长期待摊费用摊销		
待摊费用减少（增加以“－”号填列）		
预提费用增加（减少以“－”号填列）		
处置固定资产、无形资产和其他长期资产的损失（收益以“－”号填列）		
固定资产报废损失		
公允价值变动损失（收益以“－”号填列）		
财务费用（收益以“－”号填列）		
投资损失（收益以“－”号填列）		
递延所得税资产减少（增加以“－”号填列）		
递延所得税负债增加（减少以“－”号填列）		
存货的减少（增加以“－”号填列）		
经营性应收项目的减少（增加以“－”号填列）		
经营性应收项目的增加（减少以“－”号填列）		
其他		
2. 不涉及现金收支的重大投资和筹资活动		
债务转为资本		
一年内到期的可转换公司债务		
融资租入固定资产		
3. 现金与现金等价物净变动情况		
现金的期末余额		
减：现金的期初余额		
加：现金等价物的期末余额		
减：现金等价物的期初余额		
现金与现金等价物净增加额		

274. 现金流量调整表

现金流量账目调整表　　计量单位：元						
号	时间	总编号	会计科目	调整前	调整后	金额
				现金流量明细内容	现金流量明细内容	

【275. 现金流量分析表】为基层单位每月分析现金流量情况，及时掌握资金管理的漏洞。

275. 现金流量分析表

现金流量分析表		
理想现金净增值	影响因素与指数差异	实际现金净增值
利润 + 折旧费	销售收入	
	销售成本 = 收入 - 财务费用 - 折旧 - 利润	
	利润	
	折旧	
	财务费用	
	影响销售收入 = （年初 - 年末）销售 + 预收账款 + 应收账款	
	影响成本 = （年初 - 年末）成本 + 应收账款 + 应付账款 + 预付账款 + 待摊费用 + 预提	
	存货 = （年初 - 年末）	
	投资 = （年初 - 年末）固定资产 + 在建工程 + 长期投资 + 长期应收款	
	借款 = （年初 - 年末）	
	所有者权益 = （年初 - 年末）	
	债权 = （年初 - 年末）其他应收款 + 应收票据 + 待处理财产损失 + 无形资产	
	债务 = （年初 - 年末）应交税金 + 折旧累计 + 应付工资 + 应付福利费	
	其他 = （年初 - 年末）	
理想现金净增值 - 实际现金净增值 = 差异		

七、会计工作底稿体系

企业的经营成果全部反映在会计报表里。会计报表有月报、季报、年报。

各个时期的报表有分内部管理需要的业务报表，有对外业务报表。对外报表又需要会计工作底稿完整地做好基础后，自动导入，以免错误。

为了做好各种报表，会计工作底稿必须详尽、全面、系统，在需要采摘什么数据使用的时候，能做到快捷反映。

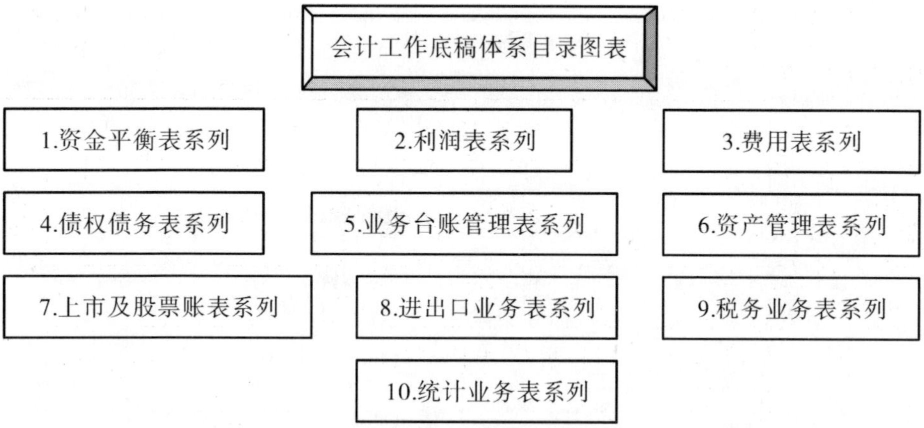

会计工作底稿体系有 10 大系列分类。

对于大型企业，设置各种多样的费用过渡科目，以及明细科目越细越好，便于成本的分解与考核。

会计工作底稿体系里的成本表不包含成本核算与销售管理体系的内容。小企业可以选择，一般不需用的报表可以隐藏。

会计工作底稿体系一般在各种明细账自动生成，也有许多报表互相索取数据生成，其中也有的报表资料通过原始凭证录入时转入数据生成，录入〔原始凭证〕则需要详细明确。

目前在市面上的电子报表系统远远不够企业财务管理需要的设置量，在此尽可能详尽地表述出来。

（一）资金平衡表系列

根据《企业会计准则》设置全部的会计科目，将会计科目固定下来，不需用的可以隐藏。为了核算的方便明朗化，企业可以继续沿用原来使用的会计科目，也作为必须的会计科目工作系列固定下来。

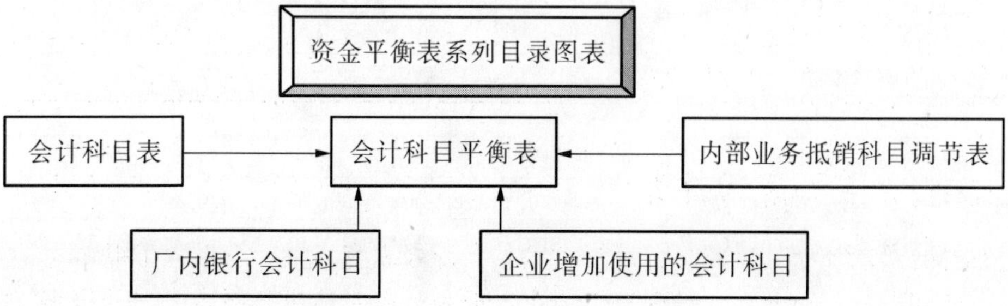

资金平衡表系列有 5 个表格。

〔会计科目〕的级别层次需要设置到第八级，方便企业多层次核算与汇总的需要。

276. 会计科目表

会计科目表					
财政代码	一级科目	二级科目	三级科目	四级科目	五至八级科目
一、资产类					
1001	现金	部门名称	账号		
1002	银行存款	银行账号	部门名称账号		
1015	其他货币资金	银行账号	部门名称账号		
1031	存出保证金	银行账号	部门名称账号		
1051	拆出资金	银行账号	部门名称账号		
	货币合计				
1101	交易性金融资产	部门账号	项目		
1111	买入返售金融资产	部门账号	项目		
1121	应收票据	票据代码	部门名称账号		
1122	应收账款	部门账号	客户名称账号	客户分类	
1123	预付账款	部门账号	客户名称账号	客户分类	
1131	应收股利	部门账号	客户名称账号	客户分类	
1132	应收利息	部门账号	客户名称账号	客户分类	
1231	其他应收款	部门账号	客户名称账号	客户分类	
1241	坏账准备	坏账代码	部门账号	客户名称账号	
1321	代理义务资产	部门账号	客户名称账号	客户分类	
	流动债权合计				
1401	材料采购	部门账号	客户名称账号	客户分类	物资名称分类
1402	在途物资	部门账号	客户名称账号	客户分类	物资名称分类
1403	原材料	部门账号	客户名称账号	客户分类	物资名称分类
1404	材料成本差异	部门账号	库存名称分类	物资名称分类	
1406	库存商品	部门账号	库存名称分类	物资名称分类	
1407	发出商品	部门账号	库存名称分类	物资名称分类	
1410	商品进销差价	部门账号	库存名称分类	物资名称分类	
1411	委托加工物资	部门账号	库存名称分类	物资名称分类	
1412	包装物及低值易耗品	部门账号	库存名称分类	物资名称分类	
1442	抵债资产	部门账号	物资名称分类		
1461	存货跌价准备	部门账号	物资名称分类		
	流动资产合计				
1501	待摊费用	项目分类	物资名称分类	部门名称账号	
1521	持有至到期投资	项目分类	物资名称分类	部门名称账号	
1522	持有至到期投资减值准备	项目分类	物资名称分类	部门名称账号	
1523	可供出售金融资产	项目分类	物资名称分类	部门名称账号	
1524	长期股权投资	项目分类	物资名称分类	部门名称账号	
1525	长期股权投资减值准备	项目分类	物资名称分类	部门名称账号	
1526	投资性房地产	项目分类	客户名称账号	部门名称账号	
1531	长期应收款	项目分类	客户名称账号	部门名称账号	
1541	未实现融资收益	项目分类	客户名称账号	部门名称账号	

续上表

1601	固定资产	项目分类	部门账号	物资名称分类	
1602	累计折旧	项目分类	部门账号	物资名称分类	
1603	固定资产减值准备	项目分类	部门账号	物资名称分类	
1604	在建工程	项目分类	部门名称账号		
1605	工程物资	项目分类	部门账号	物资名称分类	
1606	固定资产清理	项目分类	部门账号	物资名称分类	
1611	融资租赁资产	项目分类	部门账号	物资名称分类	
1612	未担保余值	项目分类	部门账号	物资名称分类	
1701	无形资产	项目分类	部门账号	物资名称分类	
1702	累计摊销	项目分类	部门名称账号		
1703	无形资产减值准备	项目分类	部门账号	物资名称分类	
1711	商誉	项目分类	部门账号	物资名称分类	
1801	长期待摊费用	项目分类	部门名称账号		
1811	递延所得税资产	项目分类	部门名称账号		
1901	待处理财产损益	项目分类	部门名称账号		
	非流动资产合计				
二、负债类					
2001	短期借款	项目分类			
2002	存入保证金	项目分类			
2003	拆入资金	项目分类			
2101	交易性金融负债	项目分类			
2111	卖出回购金融资产款	项目分类			
2201	应付票据	项目分类	部门名称账号		
2202	应付账款	部门账号	客户名称账号	客户分类	
2205	预收账款	部门账号	客户名称账号	客户分类	
2211	应付职工薪酬	部门账号	客户名称账号	客户分类	
2221	应交税费	项目分类	客户名称账号	客户分类	
2231	应付股利	项目分类	客户名称账号	客户分类	
2232	应付利息	项目分类	客户名称账号	客户分类	
2241	其他应付款	部门账号	客户名称账号	客户分类	
2314	代理业务负债	项目分类	客户名称账号	客户分类	
2401	预提费用	项目分类	部门名称账号		
	流动债务合计				
2411	预计负债	项目分类			
2501	递延收益	项目分类			
2601	长期借款	项目分类			
2602	长期债券	项目分类			
2801	长期应付款	部门账号	客户名称账号	客户分类	
2802	未确认融资费用	项目分类			
2811	专项应付款	部门账号	客户名称账号	客户分类	
2901	递延所得税负债	项目分类			
	非流动债务合计				

续上表

三、共同类					
3002	外汇买卖	项目分类			
3101	衍生工具	项目分类			
3201	套期工具	项目分类			
3202	套期项目	项目分类			
四、所有者权益类					
4001	实收资本	项目分类			
4002	资本公积	项目分类			
4101	盈余公积	项目分类			
4102	一般风险准备	项目分类			
4103	本年利润	项目分类	部门名称账号		
4104	利润分配	项目分类	部门名称账号		
4201	库存股	项目分类			
五、成本类					
5001	生产成本	项目分类	部门账号	明细费用项目	明细费用项目
5101	制造费用	项目分类	部门账号	明细费用项目	明细费用项目
5201	劳务成本	项目分类	部门账号	明细费用项目	明细费用项目
5301	研发成本	项目分类	部门账号	明细费用项目	明细费用项目
5401	工程施工	项目分类	部门账号	明细费用项目	明细费用项目
5402	工程结算	项目分类	部门账号	明细费用项目	明细费用项目
5403	机械作业	项目分类	部门账号	明细费用项目	明细费用项目
六、损益类					
6001	主营业务收入	产品项目分类	产品工号	部门账号	明细收入项目
6011	利息收入	项目分类	部门账号	明细收入项目	
6021	手续费收入	项目分类	部门账号	明细收入项目	
6041	租赁收入	项目分类	部门账号	明细收入项目	
6051	其他业务收入	产品项目分类	产品工号	部门账号	明细收入项目
6061	汇兑损益	项目分类	部门账号	明细收入项目	
6101	公允价值变动损益	项目分类	部门账号	明细收入项目	
6111	投资收益	项目分类	部门账号	明细收入项目	
6301	营业外收入	项目分类	部门账号	明细收入项目	
6401	主营业务成本	项目分类	部门名称账号		
6402	其他业务成本	项目分类	部门名称账号		
6405	营业税金及附加	项目分类	部门名称账号		
6411	利息支出	项目分类	部门账号	明细费用项目	
6421	手续费支出	项目分类	部门账号	明细费用项目	
6601	销售费用	项目分类	部门账号	明细费用项目	明细费用项目
6602	管理费用	项目分类	部门账号	明细费用项目	明细费用项目
6603	财务费用	项目分类	部门账号	明细费用项目	明细费用项目
6604	勘探费用	项目分类	部门账号	明细费用项目	明细费用项目
6701	资产减值损失	项目分类	部门账号	明细费用项目	
6711	营业外支出	项目分类	部门账号	明细费用项目	
6801	所得税	项目分类	部门账号	明细费用项目	
6901	以前年度损益调整	项目分类	部门账号	明细费用项目	

【277. 企业增加会计科目】是为了方便多层次的核算需要。在总厂一级的核算月末按规定【277. 企业增加会计科目】的内容合并到对应的财政部统一规定的〔会计科目〕里。

277. 会计科目表——企业增加会计科目

企业增加会计科目					
7011	营业费用	项目分类	部门账号	明细费用项目	明细费用项目
7012	专用费用	项目分类	部门账号	明细费用项目	明细费用项目
7013	专项费用	项目分类	部门账号	明细费用项目	明细费用项目
7014	经费支出	项目分类	部门账号	明细费用项目	明细费用项目
7015	车间费用	项目分类	部门账号	明细费用项目	明细费用项目
7016	来料加工物资	项目分类	部门账号	物资名称分类	
7017	自制半成品	项目分类	部门账号	物资名称分类	
7018	代销商品	项目分类	部门账号	物资名称分类	
7019	物资暂估入库	项目分类	部门账号	物资名称分类	
7020	半成品成本差异	项目分类	部门账号	物资名称分类	
7021	基本生产	项目分类	部门账号	明细费用项目	明细费用项目
7022	辅助生产	项目分类	部门账号	明细费用项目	明细费用项目
7023	内部往来	项目分类	部门名称账号		
7024	备用金	项目分类	部门名称账号		
7025	厂内存款	项目分类	部门名称账号		
流动资产合计					
7031	内部销售收入	项目分类	部门账号	明细收入项目	
7032	内部销售成本	项目分类	部门账号	明细费用项目	明细费用项目
7033	内部利润	项目分类	部门账号	明细收入项目	
7034	内部借款	项目分类	部门名称账号		
7041	补贴收入	项目分类	部门账号	明细收入项目	
7042	上级拨入资金	项目分类	部门账号	明细收入项目	
7043	应收补贴款	项目分类	部门账号	明细收入项目	
7044	拨付所属资金	项目分类	部门账号	明细收入项目	
7045	预算拨款	项目分类	部门账号	明细收入项目	
7046	应付福利费	项目分类	部门名称账号		
7047	修购资金	项目分类	部门名称账号		
7051	其他应交款	项目分类	部门名称账号		
7052	待扣税金	项目分类	部门名称账号		
流动债务合计					

在财务会计工作上，一般将【464. 资产负债表】又称【资金平衡表】，也称【278.

会计科目平衡表】，在记账系列里称【总账】。

所有企业凡是发生经济往来都需要做账，体现资本与资金的情况，加以核算了解资金的平衡关系。

许多企业需要随时掌握一天的经营动向，掌握销售收入的情况，掌握资金的动态，要求每天可以结算出【464. 资产负债表】情况。只要企业当天有多少〔会计凭证〕录入，可以选择一个适点作为结账终点。比如每天中午 11 点至下午两点，或者每天晚上 5 点以后，服务器不停止，作为每天的经营情况报告结算时。

企业需要有这样的管理方式是最科学必要的。

278. 会计科目平衡表

(单位) 会计科目平衡表 (总账)

年　月　　　　计量单位：元

一级科目	期初余额	借方发生额	贷方发生额	期末余额	一级科目	期初余额	借方发生额	贷方发生额	期末余额
资产类					负债类				
现金					短期借款				
银行存款					存入保证金				
其他货币资金					拆入资金				
存出保证金					交易性金融负债				
拆出资金					卖出回购金融资产款				
货币合计					应付票据				
交易性金融资产					应付账款				
买入返售金融资产					预收账款				
应收票据					应付职工薪酬				
应收账款					应交税费				
预付账款					应付股利				
应收股利					应付利息				
应收利息					其他应付款				
其他应收款					代理业务负债				
坏账准备					预提费用				
代理义务资产					流动债务合计				
流动债权合计					预计负债				
材料采购					递延收益				
在途物资					长期借款				
原材料					长期债券				
材料成本差异					长期应付款				
库存商品					未确认融资费用				
发出商品					专项应付款				

续上表

商品进销差价					递延所得税负债				
委托加工物资					非流动债务合计				
包装物及低值易耗品					共同类				
抵债资产					外汇买卖				
存货跌价准备					衍生工具				
流动资产合计					套期工具				
待摊费用					被套期项目				
持有至到期投资					所有者权益类				
持有至到期投资减值准备					实收资本				
可供出售金融资产					资本公积				
长期股权投资					盈余公积				
长期股权投资减值准备					一般风险准备				
投资性房地产					本年利润				
长期应收款					利润分配				
未实现融资收益					库存股				
固定资产					六、损益类				
累计折旧					主营业务收入				
固定资产减值准备					利息收入				
在建工程					手续费收入				
工程物资					租赁收入				
固定资产清理					其他业务收入				
融资租赁资产					汇兑损益				
未担保余值					公允价值变动损益				
无形资产					投资收益				
累计摊销					营业外收入				
无形资产减值准备					主营业务成本				
商誉					其他业务成本				
长期待摊费用					营业税金及附加				
递延所得税资产					利息支出				
待处理财产损益					手续费支出				
非流动资产合计					销售费用				
成本类					管理费用				
生产成本					财务费用				
制造费用					勘探费用				
劳务成本					资产减值损失				
研发成本					营业外支出				
工程施工					所得税				

续上表

工程结算					以前年度损益调整			
机械作业					企业增加科目			
企业增加科目					内部销售收入			
营业费用					内部销售成本			
专用费用					内部利润			
专项费用					补贴收入			
经费支出					上级拨入资金			
车间费用					应收补贴款			
来料加工物资					拨付所属资金			
自制半成品					预算拨款			
物资暂估入库					应付福利费			
半成品成本差异					修购资金			
基本生产					其他应交款			
辅助生产					待扣税金			
内部往来					代销商品			
备用金								
合计					合计			
主管：			复核：				制表：	

【278. 会计科目平衡表】在某个时段反映的必须是真实的数据，将每个时段的发生数叠加上去，到月结时截止为月合计数，月份叠加上去为年合计数。

〔厂内银行〕是集团式核算需要增加的会计科目，发生的任何数据都是平衡对应的，月末对冲无余额。

279. 厂内银行会计科目

厂内银行会计科目

单位：　　　　年　月　　　　计量单位：元

一级科目	期初余额	借方发生额	贷方发生额	期末余额	一级科目	期初余额	借方发生额	贷方发生额	期末余额
现金					拨出固定资产				
银行存款					拨出资本				
厂内存款					拨出累计折旧				
厂内银行存款合计					拨出留用固定资产				
总厂固定资产					内部借款				
总厂资本									
总厂累计折旧									
总厂留用固定资产									

企业使用【279. 厂内银行会计科目】，月末数据绝对平衡无余额，一旦发生有余额的，需要及时查清整理调账。

280. 内部业务抵消科目调节表

内部业务抵消科目调节表							
单位：			年　月			计量单位：元	
序号	项目	会计科目	代码	调整前余额	借方	贷方	调整后余额
主管：			复核：			制表：	

内部往来的业务等会计科目需要抵消后才结算【278. 总账】。

（二）利润表系列

利润表系列是结算企业经营成果总结报告表。利润表系列的补充副表有【284. 营业外收支情况表】,【283. 其他业务利润补充表】,【285. 财务费用表】等。

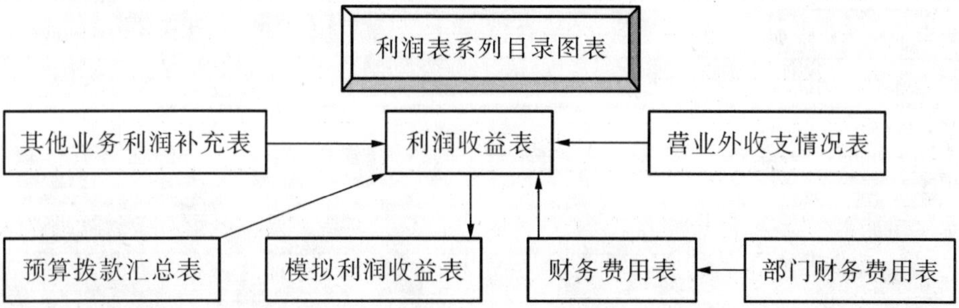

利润表系列有 7 个表格。

281. 利润收益表

（单位）利润收益表		
年　月		计量单位：元
项目	本期发生	本期累计
主营业务收入		
主营业务成本		
营业税金及附加		
经营利润		
商业业务收入		
商业业务成本		
营业税金及附加		
商业业务利润		
劳务工程收入		

续上表

劳务工程成本		
营业税金及附加		
劳务利润		
租赁收入		
租赁成本		
营业税金及附加		
租赁利润		
其他业务收入		
其他业务成本		
营业税金及附加		
其他业务利润		
合计全部收入		
合计全部成本		
合计全部税金及附加		
合计全部经营利润		
应交增值税		
销项税		
进项税		
销售费用		
管理费用		
财务费用		
资产减值损失		
加：公允价值变动损益（损失以 -）		
投资收益		
其中：对联营和合资企业投资收益		
加：营业外收入		
减：营业外支出		
以前年度损益调整		
预算拨款		
专项补贴		
利润总额（损失以 -）		
所得税		
净利润（损失以 -）		
主管：	复核：	制表：

许多企业需要随时掌握一天的经营动向，掌握基本利润的情况，要求每天可以结算出【281. 利润收益表】情况。在此设计的【282. 模拟利润收益表】，是在正式会计报表以外的模拟结账，按表上规定的时间段，直接在明细账上获取，只要明细账当天或这个时段有数据，不通过会计处理结算日功能，以〔销售收入〕、〔生产成本〕、〔销售费用〕、〔管理费用〕、〔财务费用〕科目中的内容直接反映在【282. 模拟利润收益表】，再由表内计算出利润结果。

〔应交税费〕一般在月末才会结算，每天在会计科目中没有直接数据的，企业可以自己测算税费率，按8%或5%等固定公式按〔销售费用〕科目数据计算，在表中自动生成，使企业生产经营心中有数。

282. 模拟利润收益表

（单位）模拟利润收益表		
时间截止点： 年 月 日 时 分～ 日 时 分		
项目	本期发生	本期累计
销售收入		
生产成本		
应交税费		
销售费用		
管理费用（车间经费）		
财务费用		
利润		

【282. 模拟利润收益表】反映的数据可能会比较极端，可能收入过大，成本反映不及时，或者成本过大，收款收入不及时导致不匹配。这些都是管理的漏洞，需要及时加以制定采取各种措施，堵塞管理漏洞。

283. 其他业务利润补充表

其他业务利润补充表						
单位：			年 月		计量单位：元	
项目	收入		成本		毛利	
合计	本期发生	本期累计	本期发生	本期累计	本期发生	本期累计
销售材料						
技术转让						
无形资产						
固定资产						
代理业务						
内部销售收入						
医院收入						

续上表

饮食收入						
学校收入						
技校收入						
幼儿园收入						
宿舍收入						
其他						
主管：			复核：			制表：

284. 营业外收支情况表

营业外收支情况表			
单位：	年　月		计量单位：元
项目	上期实际	本期发生	本期累计
营业外收入			
非流动资产处置利得			
其中：固定资产处置利得			
无形资产处置利得			
在建工程处置利得			
其他			
非货币性资产交换利得			
政府补助（补贴收入）			
债务重组			
盘盈利得			
捐赠利得			
罚款收入			
其他			
营业外支出			
非流动资产处置损失			
其中：固定资产处置损失			
无形资产处置损失			
在建工程处置损失			
其他			
非货币性资产交换损失			
债务重组损失			
非常损失			
盘亏损失			
公益性捐赠支出			
罚款支出			
滞纳金、赔偿金、违约金支出			
学校经费			
其他			
主管：	复核：		制表：

285. 财务费用表

财务费用表 单位： 年 月 计量单位：元		
项目	本期	累计
银行贷款利息		
银行存款利息		
银行手续费		
汇兑损益		
现金折扣		
内部银行贷款利息		
内部银行存款利息		
合计		

286. 部门财务费用表

部门财务费用表 单位： 年 月 计量单位：元						
项目	合计		部门		部门	
	本期	累计	本期	累计	本期	累计
银行贷款利息						
银行存款利息						
银行手续费						
汇兑损益						
内部银行贷款利息						
内部银行存款利息						
合计						

287. 预算拨款汇总表

预算拨款汇总表 单位： 年 月 计量单位：元					
上级拨款	本期	累计	拨款部门	本期	累计
本年收到的财政性资金			学校		
基本建设性资金			医院		
其中：			宿舍		
生产发展性资金			技术部		
其中：					
社会保障性资金					
其中：					
其他					
本年科技资金来源					
政府拨款					
企业自筹					
其他					
主管：		复核：		制表：	

利润与收入使用的效益情况归类表述集中在企业经济状况分析体系章节。

（三）成本表系列

成本费用核算反映企业产品成本的全部费用情况。在此的表格属于第一次分配归集成本使用的表格。费用的多次分配表格方式在成本核算与销售管理体系表述。

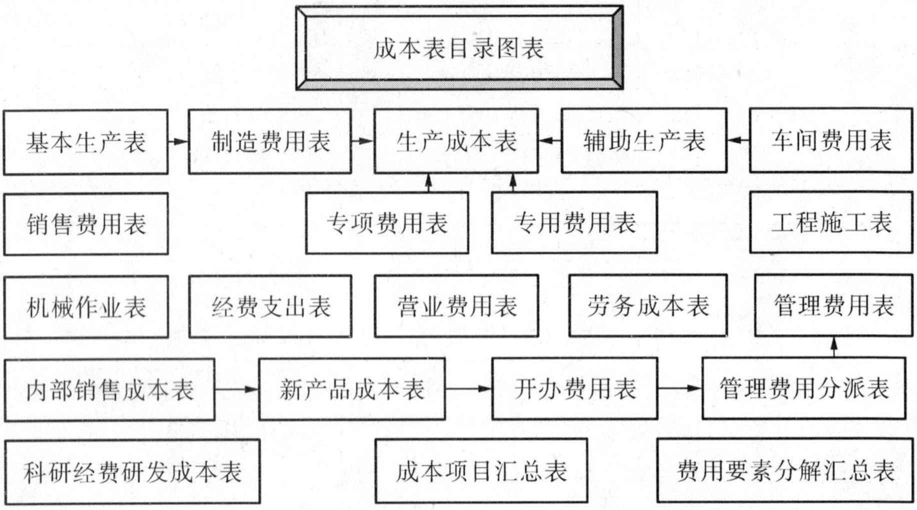

成本表系列有 21 个表格。在这里将所有的会计科目表格形式设置准备好，供企业选择使用。

〔生产成本〕科目是生产经营企业成本报表的中心科目，〔制造费用〕、〔基本生产〕、〔辅助生产〕、〔车间经费〕、〔专项费用〕、〔专用费用〕科目是〔生产成本〕科目的附属科目，附属科目在月末一般没有余额。

其他成本科目是按不同产品服务项目性质的企业单位使用的会计科目。如【296. 机械作业表】、【297. 经费支出表】、【294. 劳务成本表】等。一般独立项目使用的科目月末核算无余额。

【300. 内部销售成本表】与〔内部销售收入〕科目的差额决算时冲抵在〔管理费用〕科目。

【303. 新产品开发成本表】在当期有新产品收入或有专项拨款的，按权责期结转清理，或者与〔开办费用〕科目通过〔管理费用〕科目摊销后转入当期损益。

1. 单项成本表：

288. 生产成本表

（单位）生产成本表 年　月　　　　计量单位：元								
项目	本期	累计	项目	本期	累计	项目	本期	累计
固定费用			变动费用			费用要素合计		
人工成本			原材料			其中：工资		
工资			主要材料			附加费		

续上表

生产工人工资			辅助材料			动力费		
基本工资						折旧大修		
预提工资			外购商品			其他费用		
奖金			外购原料			原材料		
管理人员工资			食品			辅助材料		
基本工资			生活用品			外包劳务费		
预提工资			外购动力费			其他专用费用		
奖金			电费					
辅助人员工资			水费			财务费用		
基本工资			燃料费			其中：利息支出		
预提工资			气体费			利息收入		
奖金			专用费用			汇兑损益		
其他工资			外包劳务费			手续费		
高温清饮			委托协作费			现金折扣		
上下班交通费			加工费			内部利息支出		
住房公积金			大型吊装费			内部利息收入（-）		
其他津贴			其他专用费					
医务津贴			办公费			管理费用		
教师酬金			办公用具					
临时工劳务费			水电费			成本分配费用合计		
各项专用奖金			资料费			工时费用小计		
年薪奖			会议费			直接生产工人工资		
技术奖酬及业余设计奖			订报费			其他人员工资		
安全奖			差旅费			附加费		
住房货币补贴			出国人员经费			动力费		
一次性支付的住房补贴			内部领用商品			折旧大修		
按月发放的住房补贴			经营业务活动费			其他费用		
社会保险			劳动保护费			直接费用小计		
养老保险			劳保用品			原材料		
养老基金			劳动保险费			辅助材料		
待业保险			低值易耗品			专用费用		
工伤保险			消防用品			期间费用小计		
生育保险			饮料饮水费			销售费用		

续上表

医疗保险			中小维修费			管理费用		
福利项目			房屋			财务费用		
折旧费			机械					
大修理费			机动车费用			调整总成本		
修购基金			年审费			加：期初费用小计		
行为税费			过桥费			生产成本		
印花税			年票费			待摊费用		
房产税			保险费			预提费用		
车船使用税			维修费			减：期末费用小计		
土地使用税			油费			生产成本		
防洪堤围费			保管费			待摊费用		
公共保险			仓库经费			预提费用		
车辆保险			搬运装卸费			加减：转出转入成本		
人身保险			资料管理费					
财产保险			修理费					
计提工会经费			物料消耗费			八、商品产品总成本		
计提教育经费			采购服务费			其中：主营业务成本		
准备费			销售佣金			商业业务成本		
存货盘盈盘亏			包装费			劳务工程成本		
商品损耗削价			商业保险费用			其他业务成本		
存货跌价准备			委托代销手续费			租赁成本		
坏账损失			销售服务费			销售费用		
坏账准备			其他费用			管理费用		
递延资产摊销			广告宣传费			财务费用		
无形资产摊销			展览费			资产减值损失		
长期待摊费用摊销			旅游费					
低值易耗品摊销			诉讼费					
设计费			中介费			调整固定费用		
试验检验费			风险金			1.		
设计制图费			租赁费			2.		
科研成果费			排污费			3.		
研究与开发费用			资格证检测费			4.		
技术转让费			治安费			5.		
董事会费			咨询费			6.		
筹建费用								
主管：				复核：			制表：	

这是一级财政会计科目设置的费用主表。企业需要费用项目明细科目越细化越好，充分体现核算成本的复杂性和准确性。

〔生产成本〕科目属于〔在产品〕和〔完工产品〕之间的核算操作情况使用的费用表格，所以有第三至第九部分的分解数据归集。

下面设置的成本项目表说明企业需要的会计科目形式表。所有的成本费用科目核算都必须分〔固定费用〕和〔变动费用〕，明细费用科目按使用单位的需要，设置项目越详细越好，已经有的可以固定下来，不需用的可以隐藏。

289. 制造费用表

(单位）制造费用表 年　月　　　　计量单位：元								
项目	本期	累计	项目	本期	累计	项目	本期	累计
固定费用			变动费用			费用要素合计		

【289. 制造费用表】是财政部一级会计科目，所有生产单位共用科目。

290. 基本生产表

(单位）基本生产表 年　月　　　　计量单位：元								
项目	本期	累计	项目	本期	累计	项目	本期	累计
固定费用			变动费用			费用要素合计		

【290. 基本生产表】是企业内部分产品单位需要区别使用的科目表。

291. 车间经费表

(单位）车间经费表 年　月　　　　计量单位：元								
项目	本期	累计	项目	本期	累计	项目	本期	累计
固定费用			变动费用			费用要素合计		

【291. 车间经费】是分厂一级的管理费用，区别于总厂机关的〔管理费用〕科目。

292. 辅助生产表

(单位）辅助生产表 年　月　　　　计量单位：元								
项目	本期	累计	项目	本期	累计	项目	本期	累计
固定费用			变动费用			费用要素合计		

【292. 辅助生产】是企业有动力车间单独核算使用的会计科目。比如造船行业有风、气、水、电也属于动力费，可以用于集中归集费用，也可以单独分类核算。企业有运输单位的，也使用〔辅助生产〕会计科目，便于查阅的时候马上分辨费用的性质。

293. 专用费用表

（单位）专用费用表 年　月　　　　计量单位：元								
项目	本期	累计	项目	本期	累计	项目	本期	累计
固定费用			变动费用			费用要素合计		

【293. 专用费用表】用于特定的项目，如商品型的土地，在〔无形资产〕科目汇集土地维护费。如农工商联合企业的橡胶林、草场等设施需要施肥维护费用。如船舶港口的船台、码头维护费等。

294. 劳务成本表

（单位）劳务成本表 年　月　　　　计量单位：元								
项目	本期	累计	项目	本期	累计	项目	本期	累计
固定费用			变动费用			费用要素合计		

〔劳务成本〕属于每月一次摊进效益核算的会计科目，没有〔生产成本〕存在〔在产品〕费用余额的核算科目。

295. 工程施工表

（单位）工程施工表 年　月　　　　计量单位：元								
项目	本期	累计	项目	本期	累计	项目	本期	累计
固定费用			变动费用			费用要素合计		

296. 机械作业表

（单位）机械作业表 年　月　　　　计量单位：元								
项目	本期	累计	项目	本期	累计	项目	本期	累计
固定费用			变动费用			费用要素合计		

〔工程施工〕、〔机械作业〕是机械加工或者在建筑行业中的机械作业工程专用科目。

297. 经费支出表

（单位）经费支出表 年　月　　　　计量单位：元								
项目	本期	累计	项目	本期	累计	项目	本期	累计
固定费用			变动费用			费用要素合计		

〔经费支出〕是机关、学校、医院等事业单位使用的会计科目。

298. 营业费用表

（单位）营业费用表 年　月　　　　计量单位：元								
项目	本期	累计	项目	本期	累计	项目	本期	累计
固定费用			变动费用			费用要素合计		

〔营业费用〕是商品流通企业使用的会计科目。

299. 销售费用表

（单位）销售费用表 年　月　　　　计量单位：元								
项目	本期	累计	项目	本期	累计	项目	本期	累计
固定费用			变动费用			费用要素合计		

〔销售费用〕是企业设置专门销售机构使用的会计科目。

300. 内部销售成本表

（单位）内部销售成本表 年　月　　　　计量单位：元								
项目	本期	累计	项目	本期	累计	项目	本期	累计
固定费用			变动费用			费用要素合计		

企业按生产经营自然体分开许多的内部核算单位以后，部门之间的往来需要由企业制定统一的内部价格结算往来，以〔内部销售收入〕科目抵消此〔内部销售成本〕科目，避免收入与成本费用在企业内部虚增的现象。

〔内部销售成本〕科目一般使用在企业内的合作工程项目，如内部维修工程、厂内清洁卫生，需要内部结算成果时使用的科目，以区别成本的性质。

301. 开办费用表

（单位）开办费用表 年　月　　　　计量单位：元								
项目	本期	累计	项目	本期	累计	项目	本期	累计
固定费用			变动费用			费用要素合计		

302. 科研经费研发成本表

（单位）科研经费研发成本表 年　月　　　　计量单位：元								
项目	本期	累计	项目	本期	累计	项目	本期	累计
固定费用			变动费用			费用要素合计		

303. 新产品开发成本表

（单位）新产品开发成本表 年　月　　　　计量单位：元								
项目	本期	累计	项目	本期	累计	项目	本期	累计
固定费用			变动费用			费用要素合计		

2. 管理费用表：〔管理费用〕是企业高层管理专用费用，不仅反映企业的高层费用状况，也用来作为调节企业内部管理需要的行为表格。因为在财政管理制度上，许多会计业务费用的归集集中在〔管理费用〕科目，为了企业内部的成本真实与责任分明，需要由所有部门分摊的费用就应该知道各自的责任，比如业务活动费、工会经费等，在〔管理费用〕的贷方体现这种核算方法的需要。

304. 管理费用表

管理费用表 单位：　　　　年　月　　　　计量单位：元								
项目	本期	累计	项目	本期	累计	项目	本期	累计
固定费用			变动费用			费用要素合计		
人工成本			原材料			其中：工资		
工资			主要材料			附加工资		
生产工人工资			辅助材料			动力费		
基本工资						折旧大修		
预提工资			外购商品			其他费用		
奖金			外购原料			原材料		
管理人员工资			食品			辅助材料		

续上表

基本工资			生活用品			外包劳务费		
预提工资			外购动力费			其他专用费用		
奖金			电费					
辅助人员工资			水费			管理费用贷方（-）		
基本工资			燃料费			基层管理费		
预提工资			气体费			基层业务活动费		
奖金			专用费用			基层工会经费		
其他工资			外包劳务费			基层教育经费		
高温清饮			委托协作费			存货盘盈盘亏		
上下班交通费			加工费			商品损耗削价		
住房公积金			大型吊装费			存货跌价准备		
其他津贴			其他专用费			坏账损失		
医务津贴			办公费			坏账准备		
教师酬金			办公用具			递延资产摊销		
临时工劳务费			水电费			无形资产摊销		
各项专用奖金			资料费			长期待摊费用摊销		
年薪奖			会议费			低值易耗品摊销		
技术奖酬及业余设计奖			订报费			内部利润		
安全奖			差旅费			转出费用合计		
住房货币补贴			出国人员经费			管理费用合计		
一次性支付的住房补贴			内部领用商品					
按月发放的住房补贴			经营业务活动费					
社会保险			劳动保护费					
养老保险			劳保用品			劳动保险费补充资料:		
养老基金			劳动保险费			其中：劳保工资		
待业保险			低值易耗品			社保退回		
工伤保险			消防用品			补充离休生活费用		
生育保险			饮料饮水费			补充退休生活费		
医疗保险			中小维修费			活动费		
福利项目			房屋			离休人员（人）		
折旧费			机械			退休人员（人）		
大修理费			机动车费用			劳保人员（人）		
修购基金			年审费			下岗人员（人）		
行为税费			过桥费			退休医药费		
印花税			年票费			离休医药费		

续上表

房产税			保险费					
车船使用税			维修费					
土地使用税			油费					
防洪堤围费			保管费					
公共保险			仓库经费					
车辆保险			搬运装卸费					
人身保险			资料管理费					
财产保险			修理费					
计提工会经费			物料消耗费					
计提教育经费			采购服务费					
准备费			销售佣金					
存货盘盈盘亏			包装费					
商品损耗削价			商业保险费用					
存货跌价准备			委托代销手续费					
坏账损失			销售服务费					
坏账准备			其他费用					
递延资产摊销			广告宣传费					
无形资产摊销			展览费					
长期待摊费用摊销			旅游费					
低值易耗品摊销			诉讼费					
设计费			中介费					
试验检验费			风险金					
设计制图费			租赁费					
科研成果费			排污费					
研究与开发费用			资格证检测费					
技术转让费			治安费					
董事会费			咨询费					
筹建费用								
主管：			复核：				制表：	

305. 管理费用分派表

管理费用分派表

单位：　　　　年　月　　　　计量单位：元

部门	按占用资产分派		按人头分派		其他方法分派		合计金额
	基数	分配金额	基数	分配金额	基数	分配金额	

主管：　　　　复核：　　　　制表：

3. 综合成本表：

306. 专项费用表

（单位）专项费用表														
单位：						年 月						计量单位：元		
序号	产品代码	产品名称	码头费	船台费	吊机费	船舶试航费	产品检验费	发外加工费	保函利息	保证金利息	保险费	大型运输费	仪式招待费	合计
主管：						复核：						制表：		

〔专项费用〕按项目排列，也可以在其他成本表中选择使用。

307. 成本项目汇总表

成本项目汇总表									
单位：				年 月				计量单位：元	
项目	制造费用	研发成本	车间费用	辅助生产	内部销售成本	小计	销售费用	管理费用	合计
固定费用									
人工成本									
……									

308. 费用要素分解汇总表

费用要素分解汇总表										
单位：					日期：				计量单位：元	
要素科目	原材料	辅助材料	专用费用	直接生产工人工资	其他人员工资	附加费	动力费	折旧大修	其他费用	合计
辅助生产										
车间经费										
管理费用										
专项费用										
小计										
新产品开发费用										
科研经费										
开办费										
待摊费用										

续上表

预提费用										
小计										
本月生产费用合计										
上月在产品费用										
其他生产费用转入										
本月转出半成品费用										
转出新产品开发费用										
转出科研经费										
本月转出完工产品费用										
本月在产品费用										

【307. 成本项目汇总表】、【308. 费用要素分解汇总表】是【288. 生产成本表】内容的分解与补充汇总，然后选择进入成本核算与销售管理体系的成本项目核算需要的数据。

（四）债权债务表系列

为了严格地管理债权债务的业务往来，会计科目已经有了严格的使用规定与制度。多年的实践需要在实际的运用中具体再加以说明。目的是严格按各种债权债务的内容固定分类与运用，让管理者清晰掌握债权债务的成因，便于企业决策的分析与管理。

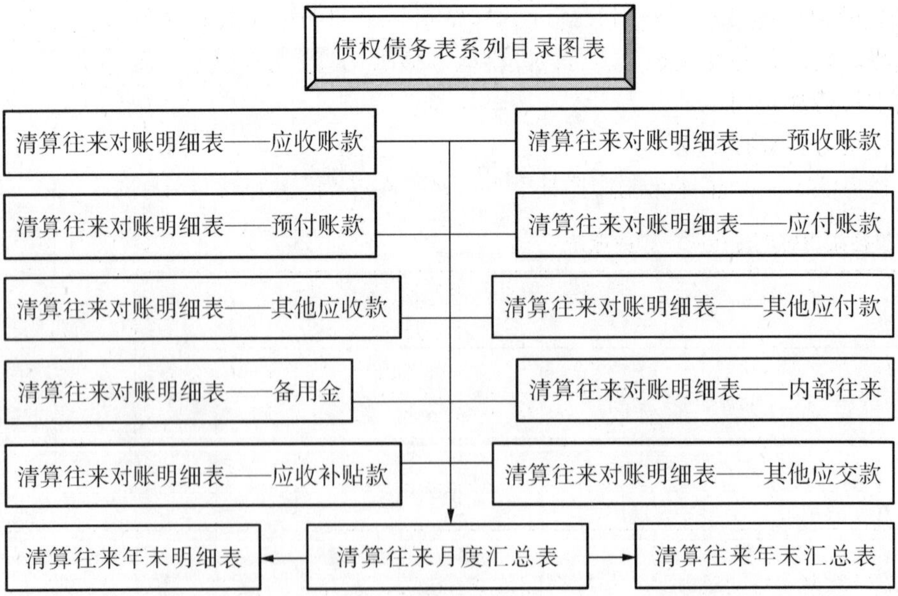

债权债务系列有 13 个表格。在此将主要的债权债务会计科目的管理方法表述出来，作为规范管理的制度，更重要的是为了管理的清晰、效益的分析。

1. 债权部分：

309. 清算往来对账明细表——应收账款

清算往来对账明细表——应收账款

单位：　　　　　　　　　　年　月　　　　　　　　　　计量单位：元

序号	挂账单位	内容摘要	上期余额		本期发生		期末余额		最后一笔发生时间	说明
			借方	贷方	借方	贷方	借方	贷方		

〔应收账款〕规定用于工程劳务以及材料、商品付款后，有仓库入库单说明货物已经进库，生产计划已经注明付款在工程项目上发挥了作用，商品产品所有权已经转移，只是〔发票〕没有到位的挂账业务。

年末决算清理时，即使暂时追不到发票，企业应列明清单，以权责发生制的原则，在企业一定的批准程序下，先期进入当年的成本项目里，清空〔应收账款〕没有余额。不允许计提〔坏账准备〕。

清空以后的处理方法原则是：

(1) 企业建立〔应收账款备忘录〕制度，规定每月视同财务报表合并报告，规定在一个月内追收发票回来，用红字冲销原凭证号码，补进〔应收账款〕重新挂账，再重新出账冲销，注明原来出处及原因。

借方：应收账款——××单位。

贷方：应收账款——追讨发票。

(2) 暂时转挂〔待摊费用〕与〔预提费用〕科目对应，收到〔发票〕后做出账依据对冲进账。目的是挂在正账里，可以经常检查提示，避免发生遗忘情况的错误。

借方：待摊费用。

　　贷方：预提费用。

上述方法，一个企业只能选择其中一种作为企业的制度规定。

310. 清算往来对账明细表——预付账款

清算往来对账明细表——预付账款

单位：　　　　　　　　　　年　月　　　　　　　　　　计量单位：元

序号	挂账单位	内容摘要	上期余额		本期发生		期末余额		最后一笔发生时间	说明
			借方	贷方	借方	贷方	借方	贷方		

〔预付账款〕是企业与对方有合同或者有法律效力的约定书，用于工程以及材料、商品的采购定金和产品生产进度款的付款。期末与年末应及时核对，确定对方还没有产品所有权转移的时候继续挂账。按规定计提〔坏账准备〕。如果有发票回来，及时转进成本科目，分阶段核算或者留在〔在产品〕科目。

《企业会计准则》要求期末有余额转入〔应付账款〕。

311. 清算往来对账明细表——其他应收款

清算往来对账明细表——其他应收款

单位：　　　　年　月　　　　计量单位：元

序号	挂账单位	内容摘要	上期余额		本期发生		期末余额		最后一笔发生时间	说明
			借方	贷方	借方	贷方	借方	贷方		

〔其他应收款〕反映其他单位和个人的应收和暂时的款项，作为非经营性往来使用的科目。为了更清楚核算区别往来的性质，企业增加〔备用金〕科目在期末归集在此科目。

企业为了区分方便，增加设置了〔备用金〕科目，专门用于个人职务借款，一年清理一次，次年审查后再重新借款。

312. 清算往来对账明细表——备用金

清算往来对账明细表——备用金

单位：　　　　年　月　　　　计量单位：元

序号	挂账单位	内容摘要	上期余额		本期发生		期末余额		最后一笔发生时间	说明
			借方	贷方	借方	贷方	借方	贷方		

企业个人借款基本在一个年度里不会变动，主要有会计人员到车间分厂的报销业务往来、采购人员的周转金、领导干部的工作借款等。企业每年初拟定借款名单，按着公款不能随便借用的原则，报告企业决策层，经过一定的审批程序再借款，职务变动及时清理。

年末清理没有余额，实在清理不到应还款的，并入〔其他应收款〕。

313. 清算往来对账明细表——应收补贴款

清算往来对账明细表——应收补贴款

单位：　　　　年　月　　　　计量单位：元

序号	挂账单位	内容摘要	上期余额		本期发生		期末余额		最后一笔发生时间	说明
			借方	贷方	借方	贷方	借方	贷方		

企业办社会的单位，按规定核定一定的补贴用此科目。

每月总厂划拨补贴款给福利事业部门，如医院、学校、饭堂、宿舍等挂〔应收补贴款〕，所属部门对应〔补贴收入〕科目，期末在营业外体现，年末〔应收补贴款〕与〔补贴收入〕对应冲销没有余额。

2. 债务部分：

314. 清算往来对账明细表——应付账款

清算往来对账明细表——应付账款

单位：　　　　　　　　　年　月　　　　　　　　计量单位：元

序号	挂账单位	内容摘要	上期余额		本期发生		期末余额		最后一笔发生时间	说明
			借方	贷方	借方	贷方	借方	贷方		

〔应付账款〕是企业在客户已经提供了工程劳务，以及供货方提供了材料、商品，而没有及时付款，也有可能是企业资金缺口原因暂时不付款的业务，对方会计科目一定是成本项目而采取的挂账方式。

借方：成本项目。

贷方：应付账款。

315. 清算往来对账明细表——预收账款

清算往来对账明细表——预收账款

单位：　　　　　　　　　年　月　　　　　　　　计量单位：元

序号	挂账单位	内容摘要	上期余额		本期发生		期末余额		最后一笔发生时间	说明
			借方	贷方	借方	贷方	借方	贷方		

〔预收账款〕是企业与对方有合同或者有法律效力的约定书，用于工程以及材料、商品的采购定金和产品生产进度款的收款。

大型产品船舶、飞机等产品，按进度款收取产品款是一件繁琐细致的工作。船舶产品实行卖方贷款造船的市场规律以后，计算分期收款和是否计算利息的工作需要记录清楚。

316. 清算往来对账明细表——其他应付款

清算往来对账明细表——其他应付款

单位：　　　　　　　　　年　月　　　　　　　　计量单位：元

序号	挂账单位	内容摘要	上期余额		本期发生		期末余额		最后一笔发生时间	说明
			借方	贷方	借方	贷方	借方	贷方		

〔其他应付款〕反映非经营性的其他单位和个人往来。为了更清楚核算区别往来的性质，企业增加的〔其他应交款〕和〔内部往来〕科目在期末归集在此科目。

在集团式核算方法里，企业内部互相结转费用往来的项目非常多，因而增加设置〔内部往来〕科目。

317. 清算往来对账明细表——内部往来

清算往来对账明细表——内部往来

单位：　　　　年　月　　　　计量单位：元

序号	挂账单位	内容摘要	上期余额		本期发生		期末余额		最后一笔发生时间	说明
			借方	贷方	借方	贷方	借方	贷方		

〔内部往来〕通过〔厂内银行〕托收结转，诸如水电费、固定资产折旧费、利息等。〔内部往来〕在期末汇总后余额应为零，否则需查清楚是哪一个部门没有及时出账，实在避免不了有余额的，期末汇总抵消在〔其他应付款〕科目，不计提〔坏账准备〕。

企业为了区分内部核算的理解方便，增加设置〔其他应交款〕科目，比如提取的固定资产折旧、修购基金等，在分厂留用，或者在一个定期才上缴。

318. 清算往来对账明细表——其他应交款

清算往来对账明细表——其他应交款

单位：　　　　年　月　　　　计量单位：元

序号	挂账单位	内容摘要	上期余额		本期发生		期末余额		最后一笔发生时间	说明
			借方	贷方	借方	贷方	借方	贷方		

企业设置的〔厂内银行〕科目，核算拨付的资产项目，一般规定一年清理抵消一次，分厂每月提取的折旧费暂时挂账在此科目做流动资金使用，期末汇总抵消在〔其他应付款〕科目，年末清理完毕，不计提〔坏账准备〕。

其他债权债务使用因为比较少，不再一一列举说明，但在软件设置里必须具备一定的空间位置。在此同样严格规定使用内容：

（1）〔应付股利〕是应付其他单位现金股利和利润科目。

（2）〔应收股利〕是应收其他单位现金股利和利润科目。

（3）〔应付职工薪酬〕是应付职工的工资，奖金，困难补贴，医药费，公积金，恤养费等职工应领取的个人费用暂时挂账。

（4）〔应交税费〕是企业应交地方的税金与各项社保费用等使用科目。

（5）〔长期应付款〕是长期借款和债券。

（6）〔专项应付款〕是反映专项资本性拨款。

3. 月度汇总及年度总结：企业内每月发生在各部门的债权债务情况需要汇总总结，及时检查清理。

319. 清算往来月度汇总表

清算往来月度汇总表——应收账款

单位：　　　　　　　　　　　　年　月　　　　　　　　　　计量单位：元

序号	会计科目	部门	上期余额		本期发生		期末余额		情况说明
			借方	贷方	借方	贷方	借方	贷方	
	应收账款								
	预付账款								
	其他应收款								
	应付账款								
	预收账款								
	其他应付款								
	……								

企业内各部门发生的债权债务应该在年度最后一个月进行分析清理，同时按余额的大小自动排序，按账龄分析分别排列。

320. 清算往来年末明细表

清算往来年末明细表——应收账款

单位：　　　　　　　　　　　　年

序号	挂账单位	内容摘要	期末余额		账龄分析						计提坏账准备		情况说明
			借方	贷方	1年以内	1～2年	2～3年	3～4年	4～5年	5年以上	账龄法	个别法	
	应收账款												
	预付账款												
	其他应收款												
	应付账款												
	预收账款												
	其他应付款												
	……;												

321. 清算往来年末汇总表

清算往来年末汇总表——应收账款

单位： 年 计量单位：元

序号	会计科目	部门		部门		部门		合计		计提坏账准备		
		借方	贷方	借方	贷方	借方	贷方	借方	贷方	账龄法	个别法	合计
	应收账款											
	预付账款											
	应收股利											
	其他应收款											
	应付账款											
	预收账款											
	其他应付款											
	……											

主管： 复核： 制表：

按各部门明细汇总，相同的单位汇合在一起。按规定〔计提坏账准备〕。此表中债务有借方部分，〔计提坏账准备〕后并入相应的债权科目。年末整理时，设计功能需要有最大10笔债权债务排比数，注明最高欠债，注明最长负债。

债权债务使用的效益情况归类表述集中在企业经济状况分析体系章节。

（五）业务台账表管理系列

业务台账表管理系列是财务管理分类汇总，分别管理使用的记录表格。在管理分类中，预算管理使用的表格归为此类，为了表述清晰，暂时另为预算管理体系说明。

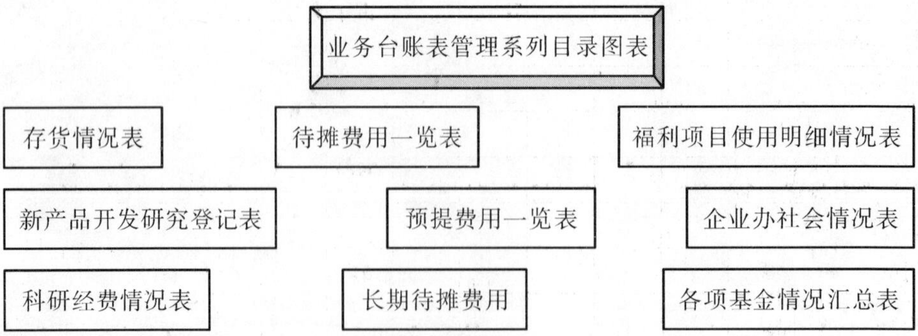

业务台账管理系列有9个表格。

322. 新产品开发研究登记表

新产品开发研究登记表											
单位：					年　月				计量单位：元		
序号	项目名称	财政拨款	上级拨款	企业自筹	批准文号	立项编号	开始时间	计划完成时间	本期发生费用	累计发生费用	成果形态

〔成果形态〕指商品产品或者学术研究。

323. 科研经费情况表

科研经费情况表												
单位：						年　月				计量单位：元		
序号	项目名称	财政拨款	上级拨款	企业自筹	批准文号	立项编号	开始时间	计划完成时间	本期发生费用	累计发生费用	成果形态	科技创新收入

科研经费费用归集后分类填报此表。

324. 企业办社会职能情况表

企业办社会职能情况表													
单位：						年　月				计量单位：元			
项目	人数（人）	当期收入				当年支出			资产总额			服务对象（人）	经费自足率
		小计	财政拨款	企业拨款	自创收入	小计	人员费用	公用经费	小计	固定资产	流动资产		
教育													
小学													
第一小学													
第二小学													
中学													
技校													
电视大学													
幼儿园													
宿舍社区													
医疗													
司法													
公安													

续上表

检察院													
法院													
消防													
市政													
社保													
福利设施													
供电													
供水													
供暖													
退管机构													
离休人员													
退休人员													
合计													
主管：						复核：						制表：	

企业按有多少个部门名称详细填列，年末可以统计有多少个同类的部门。〔服务对象〕指在校学生人数，宿舍区人数规模，离退休人数等。

325. 福利项目使用明细情况表

福利项目使用明细情况表

单位：　　　　年　月　　　　计量单位：元

项目	预算	上期金额	本期金额	累计金额	完成（%）
合计					
困难补助					
医药费					
学费					
托费					
饮食补贴					
宿舍补贴					
献血补贴					
员工疗养					
非货币性福利					
其中：产品领用					
辞退福利					
其中：一次性支付补偿					
内退人员支出					
主管：		复核：			制表：

326. 各项基金情况汇总表

各项基金情况汇总表

单位：　　　　年　月　　　　计量单位：元

项　目	实收资本	资本公积	盈余公积	一般风险准备	少数股东权益	工会经费	教育经费	养老保险	养老基金	待业保险	工伤保险	生育保险	医疗保险	住房货币补贴
年初余额														
期初余额														
本期借贷方差额														
上期累计增加														
本期增加														
其中：本月按规定计提														
上月累计额														
按规定计提累计														
利润分配分配转入														
其他														
累计增加														
上期累计减少														
本期减少														
其中：本期缴交														
缴交累计														
互相借转减少														
其他														
累计减少														
期末余额														

主管：　　　　复核：　　　　制表：

327. 预提费用一览表

预提费用一览表

单位：　　　　年　月　　　　计量单位：元

序号	项目名称	项目内容	预提原因	预提原值	预提标准%	预提额度	进账时间	凭证号	计划使用时间	备注

328. 待摊费用一览表

待摊费用一览表										
单位：				年　月				计量单位：元		
序号	项目名称	项目内容	待摊原因	待摊值	进账时间	凭证号	计划摊销方法	已摊销	未摊销	备注

329. 长期待摊费用一览表

长期待摊费用一览表										
单位：				年　月				计量单位：元		
序号	项目名称	项目内容	待摊原因	待摊值	进账时间	凭证号	计划摊销方法	已摊销	未摊销	备注

330. 存货情况表

存货情况表				
单位：	年　月		计量单位：元	
项目	上期库存	本期入库	本期出库	期末库存
材料采购				
在途物资				
原材料				
材料成本差异				
库存商品				
发出商品				
商品进销差价				
委托加工物资				
包装物及低值易耗品				
抵债资产				
存货跌价准备				
生产成本				
制造费用				
劳务成本				
研发成本				
工程施工				
工程结算				
机械作业				
营业费用				
专用费用				

续上表

经费支出				
车间费用				
来料加工物资				
自制半成品				
物资暂估入库				
半成品成本差异				
基本生产成本				
辅助生产成本				
合计				

（六）资本管理表系列

此系列除固定资产以外属于资本管理的系列工作表。

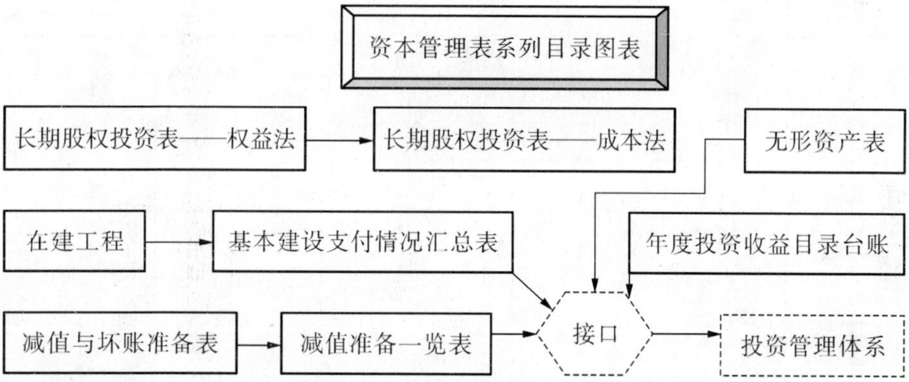

资产管理表系列有 8 个表格。凡是虚线框，说明不是此章节的内容目录。

331. 长期股权投资表——成本法

长期股权投资表——成本法

单位：　　　　年　月　　　　计量单位：元

项目	被投资单位	发生时间	合作方式	投资比例	原始价格	批准部门	文号	增股情况		报告期投资额	投资收益					长期股权投资减值准备
								年	金额		计划年投资收益	上期已收益	本期收益	累计收益	完成计划(%)	
股权投资																
债券投资																

主管：　　　　复核：　　　　制表：

332. 长期股权投资表——权益法

长期股权投资表——权益法

单位：　　　　年　月　　　　计量单位：元

项目	被投资单位	发生时间	合作方式	投资比例	原始价格	批准部门	文号	年度股权调整			损益处理		报告期投资额	长期股权投资减值准备
								被投资单位净资产	投资比例	应计股权额	投资收益	长期应收款		

主管：　　　　复核：　　　　制表：

333. 在建工程

在建工程

单位：　　　　年　月　　　　计量单位：元

序号	工程名称	预算数	年初数			本年增加				本年减少		年末数		
			累计余额	其中：利息	减值准备	上期增加	本期增加	其中：利息	累计增加	转增固定资产	核销费用	累计余额	其中：利息	减值准备
	合计													

334. 基本建设支付情况汇总表

基本建设支付情况汇总表

工程名称			时　间			监理公司	
工程编号			计划总投资			项目经理	
批准文号			开工时间			竣工时间	
序号	支付项目	合同编号	合同价格	承建单位	支付时间	实际金额	备注

主管：　　　　复核：　　　　制表：

335. 无形资产表

无形资产表												
单位：					年 月					计量单位：元		
项目	公式	发生时间	取得方法	价格	批准部门	文号	使用年限	计划年摊销额	上期已实际摊销	本期发生	本期累计	完成计划（%）
商标权												
著作权												
经营特许权												
土地使用权												
商誉												
合计金额												
主管：					复核：					制表：		

336. 年度投资收益目录台账

（单位）年度投资收益目录台账									
序号	项目名称	项目书流水号	年度	分红	利息	增股	合计	项目考察意见书编号	指定项目管理人

337. 减值与坏账准备表

减值与坏账准备表			
单位：	年度		计量单位：元
使用部门		方法	账龄法或单个法
部门代码		原始金额	
项目		准备金额	
项目代码		重新价值	
减值与坏账原因			
财务部门意见			
审计部门意见			
专家意见			
企业总经理办公会意见			
中介机构意见			
上级主管部门批准			

338. 减值准备一览表

减值准备一览表

单位： 年度 计量单位：元

项目	上期余额	本年增加	本年减少	本期余额	采取方法	说明
坏账准备						
部门						
……						
存货跌价准备						
部门						
……						

（七）上市及股票账表系列

上市公司的资本管理还有一系列的管理表格，证券股票也有系列管理表格，在此需留有一定的设计空间。

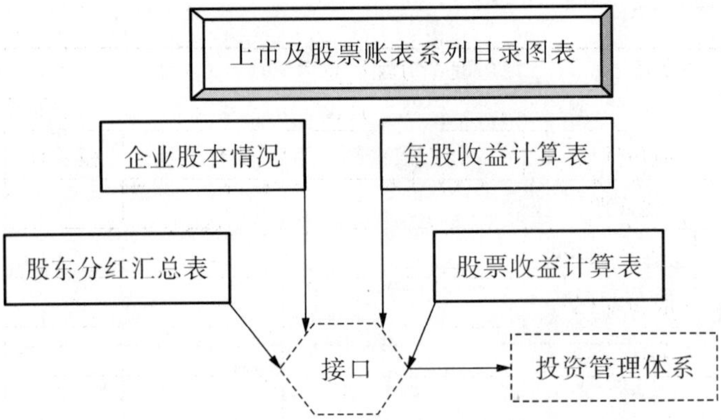

上市及股票账表系列有 4 个表格。凡是虚线框，说明不是此章节的内容目录。

339. 企业股本情况

企业股本情况

单位： 年 月 计量单位：元

序号	项目名称	实收资本					资本公积				合计股份额	报告期市值率	报告期应有股本额
		股份性质	持有股份额	初始股值	合计股本	授予日	持有股份额	股值	合计股本	授予日			
		优先股											
		普通股											

主管： 复核： 制表：

340. 每股收益计算表

每股收益计算表

单位：　　　　　　　　　　　　　　　　年　月　　　　　　　　　　　　　　计量单位：元

序号	项目名称	股份性质	股份额				净利润额				基本每股收益	增量股的每股收益	每股收益稀释	稀释性	稀释综合率
			持有股份额	计算股份增加公式	股数增加	合计	实现净利润	计算净利润增加公式	净利润增加	合计					
		基本每股收益													
		股份期权												稀释	
		可转换公司债券												反稀释	

主管：　　　　　　　　　　　　　　　　复核：　　　　　　　　　　　　　　　　制表：

341. 股东分红汇总表

股东分红汇总表

单位：　　　　　　　　　　　　　　　　年　月　　　　　　　　　　　　　　计量单位：元

序号	项目名称	股份性质	持有股份额	应付股利	授予日	签字	账户
		优先股					
		普通股					
		股份期权					
		公司债券					

主管：　　　　　　　　　　　　　　　　复核：　　　　　　　　　　　　　　　　制表：

342. 股票收益计算表

股票收益计算表

单位：　　　　　　　　　　　　　　　　年　月　　　　　　　　　　　　　　计量单位：元

序号	项目名称	初始购入时间	初始份额	每股价值	合计	增股					减股					时点价值	
						时间	份额	时间	份额	小计	时间	份额	时间	份额	小计	市场股值	合计

主管：　　　　　　　　　　　　　　　　复核：　　　　　　　　　　　　　　　　制表：

（八）进出口业务表系列

企业基本都有进出口业务权，进出口经营业务是一个专业性很强的项目，需要加强管理。

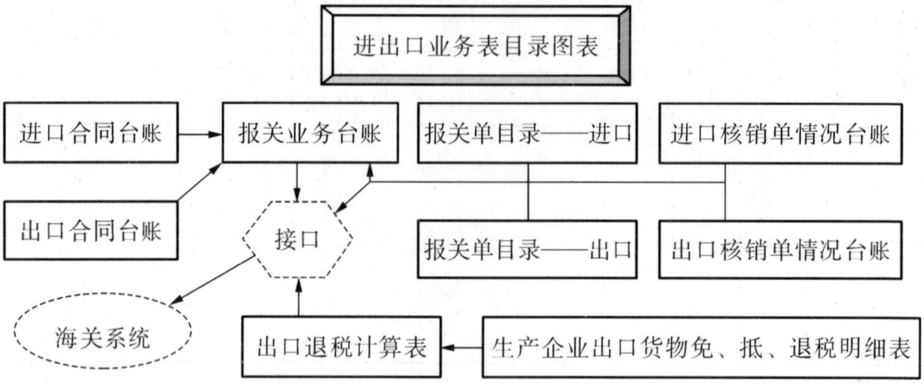

进出口业务系列有9个表格。凡是虚线框，说明不是此章节的内容目录。

343. 出口合同台账

出口合同台账

序号	合同编号	货物名称	规格型号	计量单位	数量	单价	结算货币总价	折合人民币	结汇方式	贸易方式	出口国家名称	成交方式	批准文号	许可证	合同出口时间	主要生产车间
									电汇	一般贸易		离岸价				
									信用证	来料加工		到岸价				

344. 进口合同台账

进口合同台账

序号	合同编号	货物名称	规格型号	计量单位	数量	单价	结算货币总价	用途	折合人民币	结汇方式	贸易方式	进口国家名称	成交方式	批准文号	许可证	合同进口时间
										电汇	一般贸易		离岸价			
										信用证	来料加工		到岸价			

345. 报关单目录——进口

报关单目录——进口															
序号	合同编号	海关备案号	项目编号	货物名称	型号规格	计量单位	数量	单价	结算货币总价	实际进口时间	申报时间	指定港口	运输方式	提运单号	征免性质
															一般征税
															免税

346. 报关单目录——出口

报关单目录——出口															
序号	合同编号	海关备案号	项目编号	货物名称	型号规格	计量单位	数量	单价	结算货币总价	实际出口时间	申报时间	指定港口	运输方式	运输工具名称	征免性质
															一般征税
															免税

347. 进口核销单情况台账

进口核销单情况台账																			
序号	合同编号	货物名称	计量单位	数量	报关单编号	海关完税凭证号	银行凭证号	批次核销单号	核销单号	核销单信息			本次收汇信息				核销差额信息		
										货币别	成交总价	折美元	申报单号	货币别	核销额	折美元	原因	差额	折美元

348. 出口核销单情况台账

出口核销单情况台账																			
序号	合同编号	货物名称	计量单位	数量	报关单编号	海关完税凭证号	银行凭证号	批次核销单号	核销单号	核销单信息			本次收汇信息				核销差额信息		
										货币别	成交总价	折美元	申报单号	货币别	核销额	折美元	原因	差额	折美元

349. 报关业务台账

报关业务台账							
序号	企业合同编号	报关合同编号	委托报关公司	报关经办人	联系电话	委托合同价格	付款时间

350. 生产企业出口货物免、抵、退税明细表

生产企业出口货物免、抵、退税明细表																
出口年月	申报序号	出口发票号码	出口日期	代理证明	核销单号	出口商品代码	商品名称	单位	数量	销售额	原币	美元	人民币	征税率（%）	退税率（%）	销售额乘退税率之差

351. 出口退税计算表

出口退税计算表															
单位：							年　月					计量单位：元			
序号	项目内容	项目性质	合同编号	海关编号	合同金额	免税部分		抵税部分			退税部分				
						计划额	公　式	实际免税额	计划额	抵增值税	抵营业税	计划额	实际退税×%	实际退税×%	
		一般贸易					1×(1－17%)×17%								
		进料加工					1×(1－13%)×13%								
		来料加工					1×(1－11%)×11%								
		补偿贸易													

（九）税务业务表系列

企业将有关的税务业务资料整理详细、清晰，作为申报税务正确的基础。

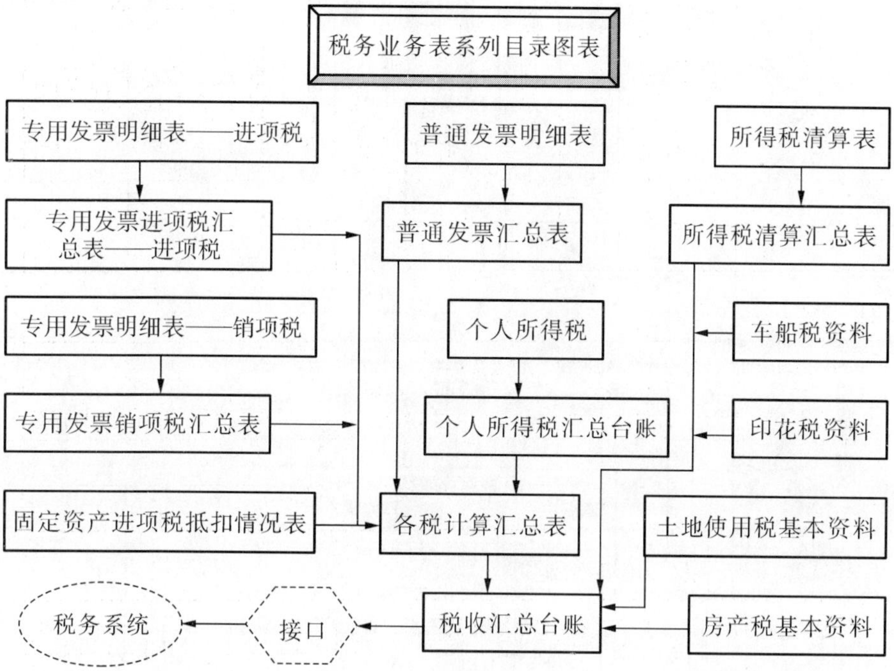

税务业务系列有17个表格。凡是虚线框，说明不是此章节的内容目录。

1. 企业各税：

352. 房产税基本资料

房产税基本资料														
序号	时间	项目	企业编号	建筑面积	所在地址	使用部门	用途	原值	应计税值	税率	税额	已交	未交或免交	说明

353. 土地使用税基本资料

土地使用税基本资料													
序号	时间	项目	所在地名	用途	占地面积	使用部门	土地价值	等级	每平方年税额	税额	已交	未交或免交	说明

354. 个人所得税

(部门单位) 个人所得税台账													
序号	姓名	工号	1月			2月			3月			……	合计税额
			应计基数	适应税率	税额	应计基数	适应税率	税额	应计基数	适应税率	税额		

〔适应税率〕已包含速算扣除基数。

355. 个人所得税汇总台账

个人所得税汇总台账													
序号	项目	人数	1月			2月			3月			……	合计税额
			应计基数	适应税率	税额	应计基数	适应税率	税额	应计基数	适应税率	税额		

356. 车船税资料

车船税资料												
序号	时间	项目	车牌号	规格型号	使用部门	原值	应计税值	税率	税额	已交	未交或免交	说明

357. 印花税资料

印花税资料											
序号	时间	项目	凭证数量	使用部门	应计税值	税率	税额	已交	未交或免交	说明
		合同								
		账本								

358. 所得税清算表

所得税清算表

单位：　　　　　　　　　　　　年　月　　　　　　　　　　　计量单位：元

项目	本期	累计	项目	本期	累计
营业收入			会议费		
工业产品收入			运输费		
商品销售收入			装卸费		
劳务工程收入			包装费		
劳务协作收入			保险费		
租金收入			展览费		
水电收入			低值易耗品		
其他业务收入			直接人工		
内部销售收入			直接材料、商品成本		
非应税事业收入			期初原材料		
医院收入			本期原材料借方		
饮食收入			期初原材料贷方		
学校收入			期末原材料		
技校收入			委托加工材料期初		
幼儿收入			委托加工材料借方		
宿舍收入			委托加工材料贷方		
其他收入			委托加工材料期末		
总厂拨款			期初库存商品		
营业成本			本期库存商品借方		
其中：工业产品成本			本期库存商品贷方		
商品销售成本			期末库存商品		
劳务工程成本			发出商品期初		
劳务协作成本			发出商品借方		
其他业务支出			发出商品贷方		
内部销售成本			发出商品期末		
经费支出			自制半成品期初		
营业费用			自制半成品借方		
基层财务费用			自制半成品贷方		

续上表

总厂管理费			自制半成品期末		
产成品成本（贷方）			期初消耗物品盘存		
期初产成品盘存			本期消耗物品借方		
期末产成品盘存			本期消耗物品贷方		
产成品借方			期末消耗物品盘存		
在产品贷方			减：转入费用材料		
期初在产品盘存			减：转入发外加工材料		
期末在产品盘存			加：电脑调整发生数		
在产品借方			燃料动力费		
成本类科目			发外加工费		
费用类科目			专项费用支出		
其中：工资			其他支出（剔除费用转入部分）		
职工福利			劳务协作工资		
工会经费			科目调整		
教育经费			减：转出成本		
折旧费			加：转入成本		
大修理费			税金		
递延资产摊销			增值税		
租金净支出			销项税		
业务接待费			进项税		
其他税金			管理费用		
坏账损失			财务费用		
资产盘亏、毁损和报废损失			投资收益		
投资转让净损失			补贴收入		
社会保险缴款			营业外收入		
劳动保护费			营业外支出		
广告支出			抵消总厂拨款		
捐赠支出			内部利润（参考）		
审计、咨询、诉讼费			利润总额（效益合计）		
差旅费					
主管：			复核：	制表	

359. 所得税清算汇总表

所得税汇总清算表						
单位：		年　月			计量单位：元	
项目	合计	工业	商业	劳务	事业	……
营业收入						
其中：工业产品收入						
商品销售收入						
劳务工程收入						
劳务协作收入						
租金收入						
……						
主管：		复核：			制表：	

产品流通税在成本核算与销售管理体系中【408. 应交产品税金计算表】表述。

2. 增值税：管理比较严格繁琐，一个税种多个税率，一个法人企业一个税号，一个发票专用机。大型企业和集团核算式企业多部门核算的管理因而更加繁琐复杂。

为了核实数据分门别类，大量的登记汇总比较多，基础资料按各使用部门必须详细填报。月末整理导盘，与税务系统连接。

360. 固定资产进项税抵扣情况表

固定资产进项税抵扣情况表								
序号	项目	企业编号	资产购入时间	购入价值	进项税	税率	是否抵扣	抵扣时间
月份小计								
累计								

361. 专用发票明细表——销项税

专用发票明细表——销项税												
序号	发票种类	类别代码	发票号码	开票时间	购方税号	金额	税额	税率	主要业务名称	抵扣认证时间	开票部门	开票会计

362. 专用发票销项税汇总表

专用发票销项税汇总表							
序号	项目名称	合计	17%	13%	6%	4%	其他

363. 专用发票明细表——进项税

专用发票明细表——进项税													
序号	发票种类	类别代码	发票号码	开票时间	对方税号	金额	税额	税率	主要业务名称	抵扣认证时间	报税部门	部门经办人	对方联系电话

364. 专用发票进项税汇总表

专用发票进项税汇总表							
序号	项目名称	合计	17%	13%	6%	4%	其他

365. 普通发票明细表

普通发票明细表												
序号	发票种类	类别代码	发票号码	开票时间	购方税号	金额	税额	税率（%）	主要业务名称	抵扣认证时间	开票部门	开票会计

366. 普通发票汇总表

普通发票汇总表							
序号	项目名称	合计	17%	13%	6%	4%	其他

（3）税务汇总

367. 各税计算汇总表

各税计算汇总表

单位： 年 月 计量单位：元

部门	增值税			营业税				附加税		行为税					所得税		合计
	销项税	进项税	应交税	销售收入	计算公式	产品税	其他税	城建税	教育附加税	防洪堤围费	印花税	房产税	车船使用税	土地使用税	个人所得税	企业所得税	
										消费税							
										资源税							
										储备粮油差价税							
合计																	

主管： 复核： 制表：

368. 税收汇总台账

税收汇总台账						
单位：			年　月		计量单位：元	
项目	年初未交	本期应交	累计应交	本期实交	累计实交	期末未交
增值税						
销项税						
进项税						
营业税						
产品税						
其他税						
城建税						
教育附加税						
防洪堤围费						
印花税						
房产税						
车船使用税						
土地使用税						
个人所得税						
企业所得税						
主管：			复核：			制表：

（十）统计业务表系列

企业的统计业务一般归属财务负责人管理，与财务数据不可分割。日常需做好资料台账，统一对外填报。

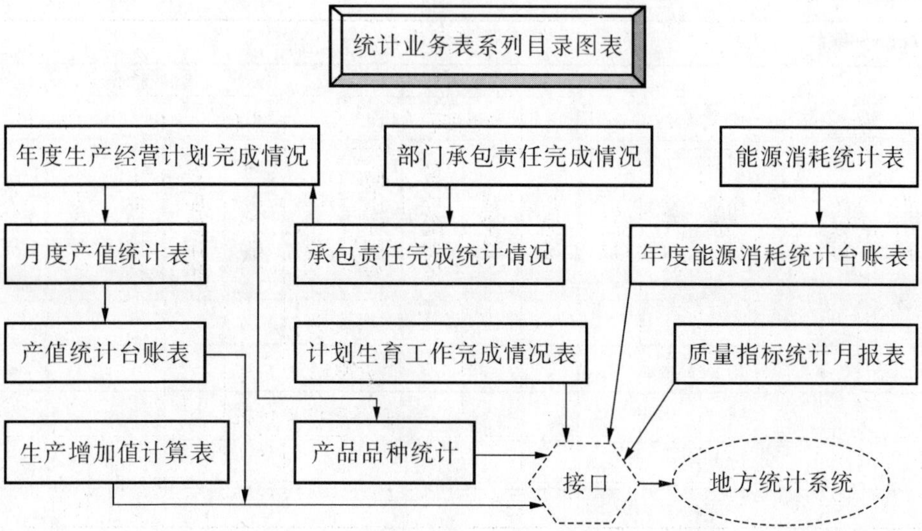

统计业务系列有11个表格。凡是虚线框，说明不是此章节的内容目录。

369. 月度产值统计表

（单位）月度产值统计表

单位： 年 月 第 页共 页

合同编号代码	定货单位	地区	产品代码	产品名称	规格型号	计量单位	数量	折合理论重量	合同价格或计划价	其中：发外加工金额	准备生产产值	本月生产形象进度（%）	本月完成生产产值	上月完成生产产值	累计完成生产产值	累计完成生产产值（%）	生产部门

370. 产值统计台账表

产值统计台账表

序号	产品代码	产品名称	规格型号	计量单位	1月				2月				3月				……	合计
					数量	折合理论重量	合同价格或计划价	按不变价	数量	折合理论重量	合同价格或计划价	按不变价	数量	折合理论重量	合同价格或计划价	按不变价		

371. 产品品种统计

产品品种统计

单位： 年度

序号	国家目录码	企业产品代码	产品名称	规格型号	计量单位	1月		2月		3月		……	合计
						数量	销售价	数量	销售价	数量	销售价		

372. 生产增加值计算表

生产增加值计算表

单位：　　　　　　　　　　　　年　月　　　　　　　　　　计量单位：元

项目	1月	2月	累计	3月	……	累计金额
全部收入						
全部成本						
税金及附加						
经营利润						
非物耗成本						
人工成本						
福利项目						
折旧费						
大修理费						
修购基金						
行为税费						
公共保险						
计提工会经费						
计提教育经费						
设计费						
会议费						
出国人员经费						
差旅费						
经营业务活动费						
外包劳务费						
汽车费用						
资料管理费						
销售佣金						
存货减值准备						
坏账损失						
坏账准备						
递延资产摊销						
无形资产摊销						
广告宣传费						
展览费						
旅游费						

续上表

诉讼费						
中介费						
资格证检测费						
治安费						
风险金						
财务费用						
物耗成本						
增加值合计						
主管：			复核：			制表：

373. 能源消耗统计表

能源消耗统计表					
单位：			年　月		计量单位：万元
项目	期初余额	期末余额	使用数量	折合标准	折合标准煤
电费					
水费					
燃料费					
其中：汽油					
柴油					
重油					
气体费					
标准煤					
主管：			复核：		制表：

374. 年度能源消耗统计台账表

（单位）年度能源消耗统计台账表									
项目	1月		2月		3月		……	累计消耗	累计金额
	折合标准煤	合计金额	折合标准煤	合计金额	折合标准煤	合计金额			
电费									
水费									
燃料费									
其中：汽油									
柴油									
重油									
气体费									
标准煤									

375. 年度生产经营计划完成情况

(单位)年度生产经营计划完成情况											
序号	项目	计量单位	上年实际		本年计划		本年实际			(明年以后)已落实	
			数量	金额	数量	金额	数量	金额	完成计划(%)	数量	金额

376. 质量指标统计月报表

(单位)质量指标统计月报表

单位：　　　　年　月

序号	统计指标名称	标准值	实际值计算依据		实际值
			子项	母项	
	计量器具送检率	100.00%			
	质量损失率	≤8%			
	评级项目一级品率	≥85%			

377. 计划生育工作表

计划生育工作表

单位：　　　　年　月

序号	部门	年末全部人数	新进人数	离职人数	独生子女办证人数	怀孕人数	晚育率	计划报销托费	计划报销学费	六一节开支计划	春节开支计划	办案开支	其他开支

378. 部门承包责任完成情况

部门承包责任完成情况

填报部门：　　　　年　月

序号	项目	单位	本月	累计
	人员指标			
	平均人数			
	出勤率			
	……			
	工业产值指标			
	产品			
	……			

续上表

	经济指标			
	销售收入			
	利润			
	……			
	安全指标			
	……			
	质量指标			
	……			
	设备指标			
	……			
	计划生育指标			
	……			

379. 承包责任完成统计情况

承包责任完成统计情况

单位：　　　　年　月

序号	项目	指标	部门	部门	部门	部门	部门	合计
	人员指标							
	平均人数							
	出勤率							
	……							
	工业产值指标							
	产品							
	……							
	经济指标							
	销售收入							
	利润							
	……							
	安全指标							
	……							
	质量指标							
	……							
	设备指标							
	……							
	计划生育指标							
	……							

八、成本核算与销售管理体系

目前市面上基本没有完整的成本核算设计软件。

成本核算与销售管理体系在财务核算系统中是相对独立的软件模块。

财务核算管理包括对生产计划和产值统计等重要环节的关注，对成本核算的真实性起着重要的作用。一切资料最终都是为了检测成本的真实性与可靠性、科学性，因此与上述的生产管理体系密不可分。企业所有的管理部门围绕获取的经济合同，实行生产和经营的控制与管理，提供财务核算必须的管理资料。

成本核算与销售管理体系的设计，一是围绕企业经济合同的活动展开〔生产费用〕发生以后，在产品之间的归集与分配，将成本费用分解到各个产品受益的项目中；二是解决了多次分配结转成本的复杂性问题。多次分配是为了真实细化成本，企业需要做到了解每个产品的成本在高峰期和低峰期不同的成本极限水平情况。

成本核算与销售管理体系的核算方法适应范围：①大中型企业多成本层次，多次分配的产品核算程序；②生产周期长，成本费用不断地滚动，有〔在产品〕和〔产成品〕之间的产品核算程序；③适应各种产品的核算方法，有批量法、定单法和标准成本法产品的核算方法。

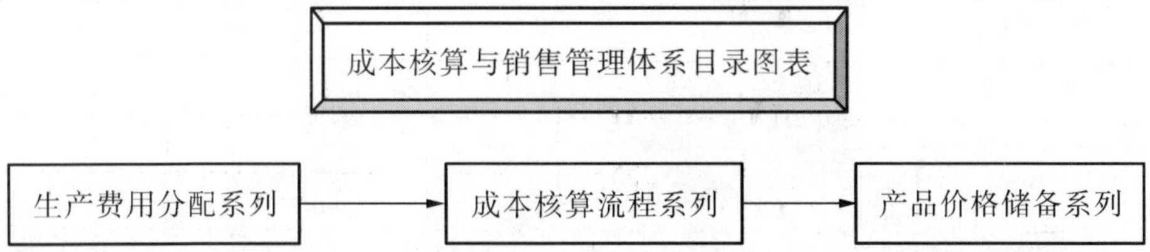

成本核算与销售管理体系有 3 大系列分类。3 个系列一环扣一环的核算体系，完成产品成本的价值设计。系统还围绕着目标成本为中心的管理，设置了〔生产成本明细账〕和〔产成品目标成本明细账〕的格式，记录产品成本的全过程。

企业需要产品成本价格的资料积累，产品成本核算最终归集到产品价格储备，并且有产品分析系统的设计。

（一）生产费用分配系列

生产费用的分配是一个复杂的工程。为了真实地体现成本的可信性，实行成本费用的一次、二次、三次，或者更多次的分配成本，使收益对象应该负担的成本更具真实性。

〔生产成本〕是成本性会计科目全部费用的集结总称。

费用的第一次分配归集在会计工作底稿体系中的成本表系列。

成本表系列中的表格内容满足于简单成本的核算，是一次性摊入经济收益成果核算使用的表格。而成本核算与销售管理体系是在成本表系列的基础上实行进一步高度化的核算管理，一步一步地分解成本的要素与本质，实行二次以后的成本分配设计表述。

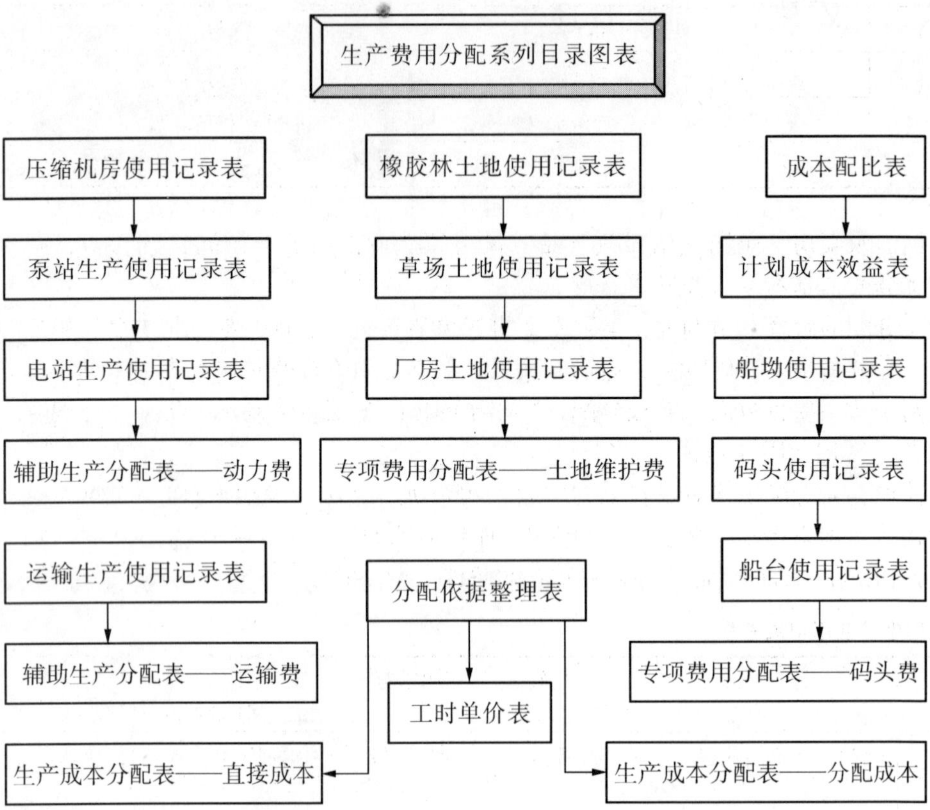

生产费用分配系列有20个表格。

首先，所有企业都会产生动力费和运输费。小核算单位的动力费是外来购入的，可以按单位设置的水电表度数受益项目，在第一次分配时归集到〔生产成本〕表里直接分配。

大、中型企业有规模的、专业管理机构的动力车间和运输单位，所产生的动力费包括该部门的人工等全部费用，因此需要归集后进行第二次、第三次以上的多次分配，包括必然的交叉分配，目的是再现成本项目的真实性，准确性。

二次以后分配的项目基本是使用〔辅助生产〕会计科目，〔辅助生产〕反映动力费用、运输费用的明细项目。产品专用项目在二次以后分配在〔专用费用〕科目反映。

〔制造费用〕、〔基本生产〕、〔车间经费〕等会计科目都属于产品生产成本系列使用的会计科目，也有单独使用直接进入效益成果，也可能参与产品分配系列然后进入效益成果。按企业的管理层次决定使用会计科目的性质。

1. 项目分配表：生产费用的分配基本是从动力费用开始的。

380. 辅助生产分配表——动力费

辅助生产分配表——动力费—电站

单位：　　　　时间：　　　　计量单位：元

摘要内容	电站	单价		数量		金额		
受益项目	分配依据	金额	受益项目	分配依据	金额	受益项目	分配依据	金额
辅助生产			管理费用			制造费用		

续上表

部门			部门			部门		
项目			项目			项目		
……			……			……		
合计								

电站、水泵房、压缩气站、氧气站、风房等专业部门的费用属于动力费，有直接分配、交叉分配。基本按这种形式进行。

交叉分配的解释。举例说，运输专业机构也会发生水电费，水电站也会发生原材料的运输费。在分配水电费的时候有运输队项目，在分配运输费的时候有水电站的项目，这时候衡量两个费用项目数额大的先分配，数额小的再次分配后受益差额转入〔车间经费〕负担，或者〔管理费用〕负担。

具体说，先分配运输费给水电站增加 10 000 元，运输费余额为 0。再分配水电费的时候，运输队增加 200 元，水电费余额为 0，而运输队的 200 元余额转入〔车间经费〕负担。

〔分配依据〕的基础是日常必须做好的各种实物量的记录。

381. 电站生产使用记录表

电站生产使用记录表							
单位：				年　月		计量单位：千瓦·时	
顺序	部门	部门代码	项目名称	项目编号	使用量	自然消耗量	小计
合计							

382. 泵站生产使用记录表

泵站生产使用记录表							
单位：				年　月		计量单位：	
顺序	部门	部门代码	项目名称	项目编号	使用量	自然消耗量	小计
合计							

383. 压缩机房使用记录表

压缩机房生产使用记录表							
单位：				年　月		计量单位：	
顺序	部门	部门代码	项目名称	项目编号	使用量	自然消耗量	小计
合计							

第二项共同性质的分配费用是运输费。运输费在原材料的运输中占不小比例，分配的时候可以是〔受益项目〕总额分配后，在原材料分配的时候再细分。

384. 辅助生产分配表——运输费

辅助生产分配表——运输费 单位：　　　　时间：　　　　计量单位：元								
摘要内容	运输费	分配总额		分配总量		分配单价		
受益项目	分配依据	金额	受益项目	分配依据	金额	受益项目	分配依据	金额
原材料			管理费用			制造费用		
项目名称			部门			部门		
……			……			……		
合计								

385. 运输生产使用记录表

运输生产使用记录表 单位：　　　　年　月　　　　计量单位：吨/千米							
顺序	部门	部门代码	项目名称	项目编号	使用量	自然消耗量	小计
合计							

第三项共同分配的项目是〔专项费用〕科目的分配。〔专项费用〕有许多的项目，按共同的性质归集费用后，找出可分配的依据分摊收益项目。

386. 专项费用分配表——土地维护费

专项费用分配表——土地维护费 单位：　　　　时间：　　　　计量单位：元								
摘要内容		单价		数量		金额		
受益项目	分配依据	金额	受益项目	分配依据	金额	受益项目	分配依据	金额
辅助生产			管理费用			制造费用		
部门			部门			部门		
项目			项目			项目		
……			……			……		
合计								

〔无形资产〕中〔商誉〕等摊销费用，有项目的分配进入受益项目，没有的直接进入〔管理费用〕。

387. 草场土地使用记录表

草场土地使用记录表					
单位：			年　月		计量单位：米^2
顺序	部门	部门代码	项目名称	项目编号	使用量
一号草场					
二号草场					
……					
合计					

388. 橡胶林土地使用记录表

橡胶林土地使用记录表					
单位：			年　月		计量单位：棵
顺序	部门	部门代码	项目名称	项目编号	使用量
一号树位					
二号树位					
……					
合计					

389. 厂房土地使用记录表

厂房土地使用记录表					
单位：			年　月		计量单位：米^2
顺序	部门	部门代码	项目名称	项目编号	使用量
一号车间					
二号车间					
仓库					
道路					
……					
合计					

企业中大型不动产项目如码头、船台、船坳，需要花费不少的维护费，归集后再分配进各受益项目。

390. 专项费用分配表——码头费

专项费用分配表——码头费						
单位：			时间：		计量单位：元	
分配总额		分配数量总额		分配单价		
顺序	部门	部门代码	项目名称	项目编号	使用量	金额合计
合计						

分配需要的〔使用量〕必须做好记录如下。

391. 船台使用记录表

船台使用记录表

单位：　　　　年　月　　　　计量单位：天

顺序	部门	部门代码	项目名称	项目编号	使用量
合计					

392. 船坳使用记录表

船坳使用记录表

单位：　　　　年　月　　　　计量单位：天

顺序	部门	部门代码	项目名称	项目编号	使用量
合计					

393. 码头使用记录表

码头使用记录表

单位：　　　　年　月　　　　计量单位：天

顺序	部门	部门代码	项目名称	项目编号	使用量
合计					

〔船台〕、〔码头〕、〔船坳〕的使用按月产品对象占用天数分配，一般没有交叉分配的可能。

企业还有许多为特定产品定做的工装所产生的〔工装费用〕，一般在〔专用费用〕中一次性摊入该产品费用里，如航天产品、桥梁建筑产品等。如果可以同样使用二次以上的，也应该做好记录，按此表格功能实行分配。

〔辅助生产〕、〔专项费用〕会计科目不允许有余额存在，如果必须留下余额，则转入〔待摊费用〕中，次月分配。

〔专用费用〕如产品包销费等按项目在集约分配的〔直接成本〕分配。

〔车间经费〕可以在部门当作〔管理费用〕分配一次，求得该部门的管理费用所占比例，可以在总厂并入〔管理费用〕科目一起体现，也可以拆分后并入各费用要素中一起作为〔制造费用〕体现。具体按何种办法，企业按管理者的要求，或者按产品的状况决定。分配形式与上述大同小异。

〔固定资产折旧〕按使用部门的分配已经在《固定资产核算管理体系》中论述，二次分配在《成本核算流程系列》体现。

〔原材料〕成本的分配在集约分配章节中叙述。

在成本表系列中的〔劳务成本〕、〔工程施工〕、〔机械作业〕等会计科目的专用成本科目，如果业务规模庞大的企业，也应该按上述的原理进行费用合理性的调整，调整后的〔劳务成本〕等科目，按有几个产品及工程项目分别分配共同费用。

2. 集约分配表：以上的单项分配完以后，记账归集在【307. 成本项目汇总表】后，再分解【308. 费用要素分解汇总表】，则可以按共同〔分配依据〕全部在【400. 生产成本分配表】中体现。

第一项是〔直接成本〕分配。

394. 生产成本分配表——直接成本

（单位）生产成本分配表——直接成本 单位：　　年　月　计量单位：元　　第　页共　页										
合同定单编号	产品代码	定货单位	产品名称	规格型号	计量单位	数量	直接成本			
							原材料	辅助材料	专用费用	小计
分配总额										
本页小计										
合计										

〔直接成本〕是企业在不断发生费用过程中，可以直接确定费用的用途，以产品代码直接标识收益的项目成本，〔原材料〕、〔辅助材料〕、〔专用费用〕等。

〔原材料〕和〔辅助材料〕已经在《商品材料会计核算管理体系》里有明确分配表，在此是导盘工作。

第二项是〔间接成本〕分配。

395. 生产成本分配表——间接成本

（单位）生产成本分配表——间接成本 单位：　　年　月　计量单位：元　　第　页共　页														
合同定单编号	产品代码	定货单位	产品名称	规格型号	计量单位	数量	间接费用							
							分配依据	直接生产工人工资	其他人员工资	附加费	动力费	折旧大修	其他费用	小计
分配总额														
本页小计														
合计														

〔间接费用〕总额是《成本表系列》中的【288. 生产成本表】中的数据，可以直接

导入，也可以录入。

〔间接成本〕是在生产过程中不断发生费用，难以直接明确产品项目的共同费用。比如为该工程项目出差的费用，可以直接进入该工程成本〔专用费用〕科目，而出差去学习开会采购的，没有明确哪一个产品项目的，则只能进入〔间接费用〕进行共同分配负担。分配费用需要一个〔分配依据〕来进行，〔分配依据〕需要合理地分配到各个产品项目中。

396. 分配依据整理表

分配依据整理表

单位：　　　　　　　　　　　　年　月　　　　　　　　　　　　计量单位：

合同定单编号	产品代码	产品名称	规格型号	计量单位	数量	原始数据	调整差异率	分配依据

〔间接成本〕的〔分配依据〕是一个系统管理工程。企业的管理不到位对成本的分配将会错漏百出。成本的〔分配依据〕需要科学的、严谨的、合乎规律的。

在此需要说明〔分配依据〕的原理问题。

世界工业化革命100多年的历史以来，基本形成了固定的会计核算模式。在现代经济管理学理论上明确了〔变动成本〕与〔固定成本〕的意义与概念，在此不做太多的解释。

〔直接成本〕项目比较好理解。〔间接费用〕在会计学上同称〔间接成本〕，也称〔工时费用〕，也可以理解为〔固定成本〕。

因为企业产品的不同，服务项目的不同，固定成本的实际构成也有所不同。比如一般行业可以将动力费作为〔固定费用〕，而铸锻行业的动力费在成本中所占的比例在10%左右，它在产品生产中的费用地位举足轻重，应当把动力费作为〔变动成本〕。〔变动成本〕是铸锻产品越多产生的动力费同比例攀升越大。

企业可以按自己的成本规律确定企业的固定成本项目，一旦确定，一般不轻易改变。固定成本在企业的经营决策中是关键的参考值。

〔工时费用〕概念的产生，是说明一个直接生产工人只要生产劳动一个小时的同时，需要多少个岗位所产生的费用配合，而需要用工时合理地配比分摊。

〔间接费用〕的分摊，需要求得一个合理的〔分配依据〕进入各个成本项目中，是财务核算管理需要的一个成本管理的具体办法。

〔分配依据〕的产生目前有几种办法：

（1）实动工时法：〔分配依据〕方法最佳的办法是实动工时法。实动工时是企业直接生产工人的工作量需要在现场统计的结果。实动工时必须认真地记录，统计量大，然后与技术部门下达的〔定额工时〕进行对比分析。在一定规模的生产企业里，产品工艺管理完善的制度下，是正常的企业管理行为。比如造船一般为长期大型产品，把一个大合同分解成无数个小合同，在《经济合同系列》表述的〔分解合同〕就是为了分小合拢、中合拢、大合拢、上层建筑等产品生产的工序，按每吨钢板的厚度和设计要求的工时量去管理生产的进度。

《企业会计准则》要求大型产品按生产进度分阶段结算产品效益，实动工时是衡量产品进度设计中主要的关键数据。

实动工时的统计应该在【035. 工艺流程卡】上统计取得。完善【035. 工艺流程卡】制度的管理非常重要。建筑桥梁、高楼大厦等大型建筑物等核算方法，都需要完善的工时管理办法。

实动工时法一般用于成本核算方法的〔定单法〕。【035. 工艺流程卡】是实动工时统计的数据来源。

（2）定额工时法：也称计划工时，是一个产品在企业长期基本定型，工艺流程基本固定。比如阀门、管件法兰等产品的生产，习惯上已经掌握固定了工作量的配比，不再需要实动工时的统计，可以直接作为财务核算的〔分配依据〕。

但是，企业管理也需要不断地检验实动工时的合理性，及时修正计划工时。【034. 工时定额表】是计划工时的数据来源。

（3）销售合同价值法：是按合同销售价作为〔分配依据〕。这种方法主要是生产工时不足以“1”为单位计量的工时统计，比如金额价值小到几元钱的产品，采取统计实动工时量不切实际，以销售合同价值解决比较妥当。

销售合同价值的缺点是，比如螺丝等产品，同样的工艺流程，同样的工作量，材料价值分一般金属与贵金属材料，价值会有明显的差别，所产生的销售价分担固定费用则不合理。

提高企业管理水平的细致工作，就是制定企业产品价格系数目录以〔调整差异率〕方法去平衡。

【001. 经济合同记录台账——承揽合同】是销售合同价值法的数据来源。

（4）标准成本法：一般使用在批量生产的成本核算方法作为〔分配依据〕。比如冰箱、电视机的生产流水线。【032. 产品价格设计】已有一定的基础，企业应该有单位产品工时基本固定而制定的标准成本目录，可以引为〔分配依据〕。

通用产品、标准产品按销售价折合成标准成本也是一个方法。

会计核算需要增设〔标准成本差异〕会计科目，制定企业标准成本差异率的标准，及时调整当期效益成果。比如按标准规定当年销售额的3%为差异率，超过差异率部分调整进入当年的利润或亏损。如果超过差异率过大的，需要根据实际分配的费用情况对比分析后，及时调整标准成本的价值。

【032. 产品价格设计】是标准成本法的数据来源。

（5）工资法：是一些产品以实务量包干工资的办法作为〔分配依据〕。比如服装加工，一件衣服已经制定有每个加工工序的工资定额价格，有车缝衣领的、有车缝袖子的、有车缝后幅的，都有不同计件工资标准，将计件工资合计后作为一件衣服产品项目费用的分配办法。

【198. 计件工资计算表】是工资法的数据来源。

（6）实务量法：有以“产量/重量”计算，有“吨/千米”计算，有按车床加工的“小时/件”计算统计的数据，可以作为〔分配依据〕。比如铸锻、铸铜，按生产每吨为计算分配。这里需要用〔调整差异率〕来区别大型重量级锻件与小件液压锤锻的工艺系数调整平衡。

【044. 生产计划进度及质量总结情况表】是实务量法的数据来源。

3. 成本配比法：是以产品成本可固定、可计算的成本比例制定的产品配比成本。

比如图书出版的生产。出版一本书，按字数计算作者的稿费，按印张计算印刷费，按书的要求计算书的装帧、包装费以后，再计算应负担的管理费，每一个项目是可以有市场参考价确定下来的，以此作为图书出版核算分配成本的方法。求得了每一本书的真实成本，才可以确定每一本书的最低保本销售价格。

与图书出版一样，像医药产品、饮料产品都是高度机械化作业的行业，没有直接生产工人或者直接生产工人的比例非常小，大量的〔间接费用〕基本是销售费用和仓管费用，以及运输费用，以配比成本分配负担〔间接费用〕，核算对比分析产品的销售价格的合理性。

所有企业决策层都需要每个产品的真实成本，对企业的经营发展是财务核算管理必须要做到的责任。

成本配比法有特殊的功能格式。

397. 成本配比表

成本配比表

单位：　　　　年　月

产品代码	产品名称	规格型号	计量单位	数量	固定费用				管理费用	不可预测费用	配比成本合计
					（项目）	（项目）	（项目）	小计			

应负担〔管理费用〕的标准，由企业统一制定。在这里〔管理费用〕的含义，包括企业的管理层，以及其他应开支的费用标准合计。

高度机械化作业的行业与图书出版行业的成本核算比较简单，而销售渠道比较复杂，成本的变数需要加上〔不可预测费用〕的百分比计划数，计算配比成本，以此制定产品的最高价与最低价的科学依据。

为了检验成本配比法的成本合理性，不妨检验考核如下。可以作为这类行业的工作表格之一。

398. 计划成本效益表

计划成本效益表

单位：　　　　年　月

产品代码	产品名称	规格型号	计量单位	数量	配比成本	销售价格			实际固定费用	分摊成本	实际成本合计	单位成本价格	边际利润
						40%	60%	100%					

4. 工时单价计算：分配〔间接费用〕的单位积数就是〔工时单价〕。工时单价是企业的重要资料，是企业在做许多决策时的第一手根据。〔工时单价〕需要积累，积累的数据反映企业发展的进程，反映企业的管理水平，反映企业的价格变动因素，对企业的经营决策非常关键。

399. 工时单价表

工时单价表

单位： 年度

顺序	当期工时费用总额	当期直接生产工人人数	月制度工作日	合计制度工时	实动工时	实动工时为制度工时（%）	实动工时单价	制度工时单价	制度工时80%负荷	80%制度工时单价	制度工时120%负荷	120%制度工时单价
1月												
2月												
3月												
4月												
5月												
6月												
7月												
8月												
9月												
10月												
11月												
12月												
年合计												

一般经营者对产品的价格构成无非是“原材料 + 工作量（生产工时）×工时单价 + 税收 + 管理费 + 利润”。在这条公式中，工时单价是最复杂的。

【399. 工时单价表】说明，在企业不同阶段劳动负荷的时候，工时单价有不同的结果。在一年中，2月份的费用最高，春节前后的各种费用是高潮，而工时工作量最低，分摊的工时单价最高。比如同样应该短期产品，在2月份完工的成本中可能是亏损或者微

利，在6月份生产则可能大有利润。

以12个月的费用与总工时平均，求得一年的工时单价水平，再与前几年对比平衡，制定一个工时单价标准，提供给第二年的经营作为参考资料。

工时单价的预测分析工作在财务管理的项目中不能少。

企业管理的科学化，要求一个企业内部不可千篇一律，成本核算的方法原理需要根据产品的性质去制定。上述表达的〔分配方法〕在具体的管理项目、生产组织和管理制度下，需要制定具体的核算方法，才能使财务核算管理成果更认真、更真实。

（二）成本核算流程系列

将费用的合理性整理以后，求出了企业的费用要素，得出了当期费用总额后，按权责发生制的要求剔除不计算的费用（比如科研经费等），求出当期的成本费用，才可以在当期的产品中分配成本。

在这里设计的成本流程是以定单法为主的基本方式，其他形式的成本核算方法都可以适用。所区别不同的是定单法有〔定货单位〕项目的财产主权显示，以批量法等其他形式的成本核算方法将〔定货单位〕隐藏，其他项目的原理基本是一致而且适用的。

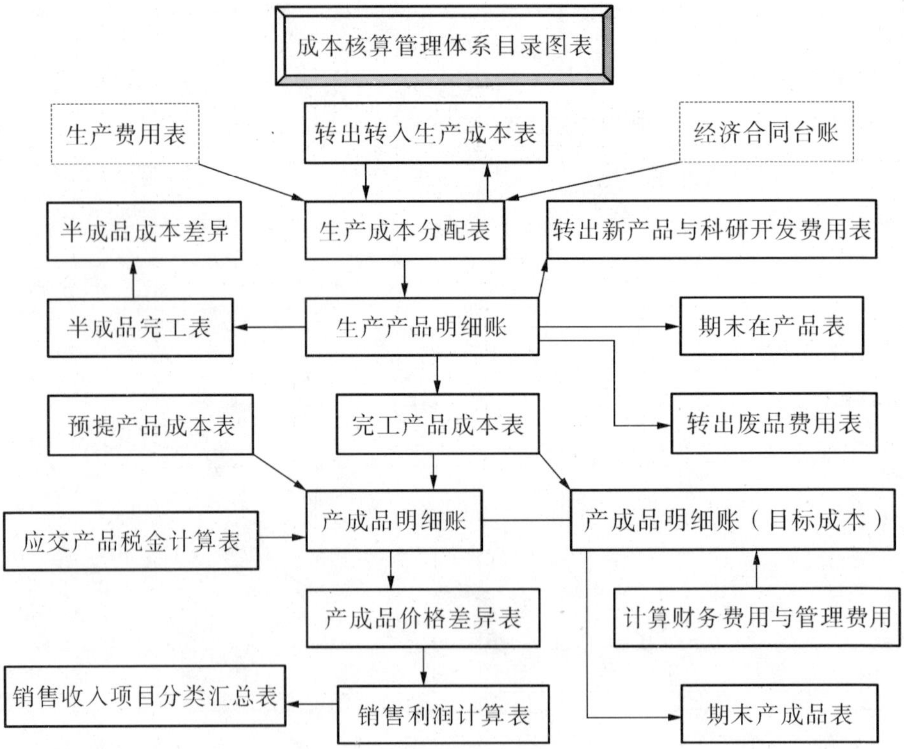

成本核算流程系列有18个表格。凡是虚线框，说明不是此章节的内容目录。

确定生产费用的分配。〔直接成本〕与〔间接费用〕两种分配方法在上面已经表述，合表为一个完整表的功能。

400. 生产成本分配表

（单位）生产成本分配表　　记账凭证号：

单位：　　年　月　　计量单位：元　　第　页共　页

合同定单编号	产品代码	定货单位	产品名称	规格型号	计量单位	数量	直接成本				间接费用								生产成本合计
							原材料	辅助材料	专用费用	小计	分配依据	直接生产工人工资	其他人员工资	附加费	动力费	折旧大修	其他费用	小计	
分配总额																			
本页小计																			
合计																			

在生产部门之间有产品协作关系的〔生产成本〕科目之间进行结转。发生【401. 转出转入生产成本表】，出账时以〔内部销售成本〕科目的形式处理，按厂内价格的核算实现内部销售差额在〔其他费用〕中冲减。

401. 转出转入生产成本表

（单位）转出转入生产成本表　　记账凭证号：

单位：　　年　月　　计量单位：元　　第　页共　页

转入部门											转出部门								
合同定单编号	产品代码	定货单位	产品名称	规格型号	计量单位	数量	直接成本				间接费用								生产成本合计
							原材料	辅助材料	专用费用	小计	分配依据	直接生产工人工资	其他人员工资	附加费	动力费	折旧大修	其他费用	小计	

将分配成本进入【402. 生产产品明细账】。一个产品一个账页。短期产品一个月一次〔分配转入〕，长期产品是多个月〔分配转入〕，甚至几年陆续〔分配转入〕，聚成成本的全部成本。

402. 生产产品明细账

（单位）生产产品明细账　　账页流水号：

单位：　　年　月　　计量单位：元

合同定单编号		定货单位	
产品代码		产品名称	
数量计量单位		规格型号	

年度月份	记账凭证号	内容摘要	本期出入库数量	其中直接成本				其中间接费用							生产成本合计
				原材料	辅助材料	专用费用	小计	直接生产工人工资	其他人员工资	附加费	动力费	折旧大修	其他费用	小计	
期初余额（数量）															
分配转入															
分配转入……															
转入生产成本															
月合计															
年累计															
计算平均项目单价															
转出生产成本															
转出新产品与科研开发费用															
转出废品费用															
本期转出半成品															
本期转出完工产品															
期末余额（数量）															

检查【402. 生产产品明细账】中，需要作为〔半成品〕的项目转出。

403. 半成品完工表

（单位）半成品完工表　　产品类别：　　记账凭证号：

填报单位：　　年　月　　计量单位：元　　第　页共　页

合同定单编号	产品代码	定货单位	产品名称	规格型号	计量单位	数量	直接成本				间接费用								生产成本合计	平均生产成本
							原材料	辅助材料	专用费用	小计	直接生产工人工资	其他人员工资	附加费	动力费	折旧大修	其他费用	（可加项）	小计		
本页小计																				
合计																				

半成品项目可以直接作为买卖的半成品性质，也有在分厂之间相互分工合作，暂时进入仓库管理程序，再转入另一个工序需要放在仓库等待领用的物资性质。

例如，柴油机和油水泵等产品的制造引起的核算管理步骤非常明显，下料—铸造—机加工—安装等，每个工序都是半成品。如果部门之间的关系为事业部与分厂制，以核算到班组与个人的概念，车间之间实行领用当月半成品的，往往在一个核算月内难以马上得到实际价格，企业内部则必须设置半成品库的管理程序。

404. 半成品成本差异表

半成品成本差异表

单位：　　　　年　月　　　　第　页共　页

序号	项目	规格型号	产品代码	物资代码	上期库存	库存金额	计划单价	本期减少	减少金额	本期增加	增加计划成本	本期实际成本	价格差异	本期库存	金额合计

会计核算需要设置半成品核算方法，设置〔半成品成本差异〕科目，按结算的差异核算半成品。半成品成本差异额由上一道生产分厂负责调整。

半成品库的管理核算采取商品材料仓库管理体系的方法。

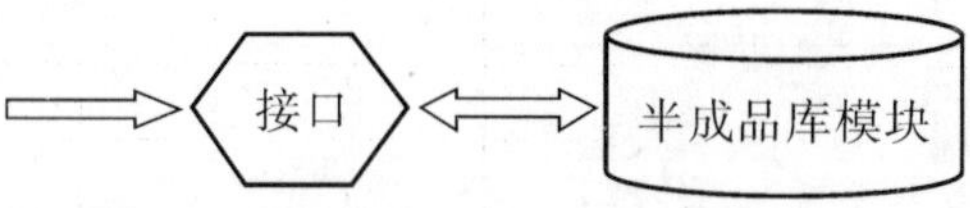

检查【402. 生产产品明细账】中，应该完工的产品成本项目通过【405. 完工产品成本表】转出进入【411. 产成品明细账】。

405. 完工产品成本表

（单位）完工产品成本表　　产品类别：　　记账凭证号：

填报单位：　　　　年　月　　计量单位：元　　第　页共　页

合同定单编号	产品代码	定货单位	产品名称	规格型号	计量单位	数量	直接成本				间接费用							预提产品成本	生产成本合计
							原材料	辅助材料	专用费用	小计	直接生产工人工资	其他人员工资	附加费	动力费	折旧大修	其他费用	小计		
本页小计																			
合计																			

检查【402. 生产产品明细账】中需要转出新产品与科研开发费用。

406. 转出新产品与科研开发费用表

（单位）转出新产品与科研开发费用表　　记账凭证号：

单位：　　年　月　　计量单位：元　　第　页共　页

转入部门科目							转出部门科目											
合同定单编号	产品代码	项目	规格型号	计量单位	数量	直接成本				间接费用								生产成本合计
						原材料	辅助材料	专用费用	小计	分配依据	直接生产工人工资	其他人员工资	附加费	动力费	折旧大修	其他费用	小计	

新产品与科研开发费用发生以后，一般在企业有专门款项处理，或者还有财政与上级拨款，属于专款专用结算，或者转出〔管理费用〕结算。

检查【402. 生产产品明细账】中需要转出的废品费用。

407. 转出废品费用表

（单位）转出废品费用表　　记账凭证号：

单位：　　年　月　　计量单位：元　　第　页共　页

转入部门科目							转出部门科目											
合同定单编号	产品代码	产品名称	规格型号	计量单位	数量	直接成本				间接费用								生产成本合计
						原材料	辅助材料	专用费用	小计	分配依据	直接生产工人工资	其他人员工资	附加费	动力费	折旧大修	其他费用	小计	

企业生产产生的废品费用需要重新归集，转出废品费用后在〔管理费用〕科目再分摊。目的是分清了解知道产品正常成本的标准，分析了解废品产生的原因与管理问题。

对已经收到款项和已经开出发票的产品计算各种税金。

408. 应交产品税金计算表

（单位）应交产品税金计算表　　记账凭证号：

单位：　　年　月　　计量单位：元　　第　页共　页

合同定单编号	产品代码	定货单位	产品名称	规格型号	计量单位	数量	合同价	发票情况			增值税						营业税		消费税		应交主税合计	附加税			应交各税合计
								上月累计已开发票	本月开出发票	累计开出发票	本月销售收入	包装物	销项税	小计	本月进项税分摊	应交增值税	税率（%）	应交营业税	税率（%）	应交消费税		城建税（%）	教育附加（%）	堤围费（%）	
本页小计																									
合计																									

〔营业税〕按产品有不同的税率，〔消费税〕按产品也有不同的税率，〔附加税〕基本固定一个税率，计算好以后导入【411. 产成品明细账】。

计算财务费用与管理费用。这两个费用规定在销售环节里体现。

409. 计算财务费用与管理费用

计算财务费用与管理费用

单位：　　年　月

合同定单编号	产品代码	定货单位	产品名称	规格型号	计量单位	数量	销售收入	财务费用	管理费用
本页小计									
合计									

检验已经收到产品款的项目决定是否当期结算。如果决定本期结算，对还没有发生成本的则需要预提产品成本费用，次月以后发生实际成本再冲减。

410. 预提产品成本表

（单位）预提产品成本表　　记账凭证号：

单位：　　年　月　　计量单位：元　　第　页共　页

合同定单编号	产品代码	定货单位	产品名称	规格型号	计量单位	数量	合同价格	预提费用率	预提产品成本	冲上月预提	本月预提合计
本页小计											
合计											

检查计算产成品账。【411. 产成品明细账】设置了两种形式，一种是一般企业批量产品使用；另一种是在产成品账中明确反映作为〔目标成本〕管理的账表，结转计算产成品账各个项目。

411. 产成品明细账

（单位）产成品明细账

单位： 年 月 计量单位：元 账页流水号：

产品代码		产品名称	
计量单位		规格型号	

年度月份	记账凭证号	内容摘要	本期出入库数量	销售收入	销项税	实际销售收入	单位销售价格	直接成本				间接费用							预提产品成本	销售成本	平均销售成本	财务费用	管理费用	应交产品税金	产品销售利润	单位销售利润
								原材料	辅助材料	专用费用	小计	直接生产工人工资	其他人员工资	附加费	动力费	折旧大修	其他费用	小计								
期初余额（库存）																										
分配转入																										
分配转入……																										
预提产品成本																										
全部费用合计																										
计算平均生产成本																										
收款收入																										
应交产品税金																										
分配财务及管理费用																										
小计																										
转出销售及成本																										
期末余额（库存）																										

412. 产成品明细账——目标成本

（单位）产成品明细账——目标成本

单位： 年 月 计量单位：元 账页流水号：

合同定单编号		产品类别	
产品代码		计划间接费用	
产品名称		费用差异	
规格型号		计划总成本	

续上表

定货单位											成本差异														
定货数量											计划利润														
定货单价											利润差异														
合同价格											计量单位														
							直接成本				间接费用														
年度月份	记账凭证号	内容摘要	本期出入库数量	销售收入	销项税	单位销售价格	原材料	辅助材料	专用费用	小计	直接生产工人工资	其他人员工资	附加费	动力费	折旧大修	其他费用	小计	预提产品成本	销售成本	平均销售成本	财务费用	管理费用	应交产品税金	产品销售利润	单位销售利润
期初余额（库存）																									
分配转入																									
分配转入……																									
预提（冲）产品成本																									
全部费用合计																									
计算平均生产项目成本																									
收款收入																									
应交产品税金																									
分配财务及管理费用																									
小计																									
转出销售及成本																									
期末余额（库存）																									

在这里的【411. 产成品明细账】与仓库的产品账有所区别，数量却必须是一致的。企业仓库账是有金额控制的，才会有所制约控制数量账的准确性。

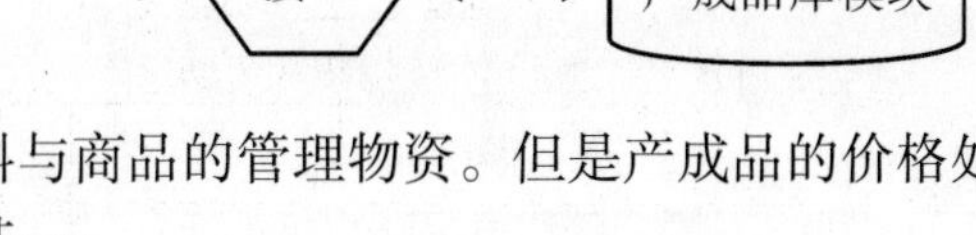

〔产成品〕视同材料与商品的管理物资。但是产成品的价格处理又有所不同，比较复杂，一般有两种方法取其一：

（1）第一种方法是以〔标准成本〕作为产成品进库的价格，〔标准成本〕需要积累资料。一般企业也可以按销售价格的60%～80%作为〔标准成本〕。〔标准成本〕需与实际成本对比，得出〔产成品价格差异〕。

413. 产成品价格差异表——标准成本

产成品价格差异表——标准成本														
单位：					年 月			计量单位：元				第 页共 页		
序号	项目	规格型号	产品代码	物资代码	标准成本单价	上期库存	本期增加	实际成本合计	标准成本合计	价格差异	本期减少	发出商品	本期库存	金额合计

在实际操作中，实行两条线核对管理的办法，即仓库发生进出业务在月末数量结账后，仓库产成品账的数量与财务核算的【411. 产成品明细账】的数量核对无误，做表求出〔产成品价格差异〕会计科目后记账调整。

在数量上的管理，仓库是以实际进出记账，财务是以生产结转数量进入，开发票出账为出库，但是财务在“对号入座”钩稽所有的出库单整理后，可能会有在途商品〔发出商品〕科目的现象，调整〔本期库存〕，才能结出〔价格差异〕。

（2）第二种方法是以财务的实际成本作为仓库的产成品进库的价格。在月末结账前，将财务的【411. 产成品明细账】中的〔平均单价〕导入仓库的产成品账，加权平均法计算新的〔平均单价〕。然后结算进出业务往来。

414. 产成品价格差异表——实际成本

产成品价格差异表——实际成本												
单位：					年 月			计量单位：元			第 页共 页	
序号	项目	规格型号	产品代码	物资代码	实际单价	上期库存	本期增加	实际成本	本期减少	发出商品	本期库存	金额合计

第一种方法对批量法产品企业比较适用，第二种方法对定单法产品企业适用。

通过【411. 产成品明细账】导出当期应结算的产品，做【415. 销售利润计算表】。

415. 销售利润计算表

（单位）销售利润计算表　　记账凭证号：

单位：　　年　月　　计量单位：元　　第　页共　页

合同定单编号	产品代码	定货单位	产品名称	规格型号	计量单位	数量	销售收入	销项税	单位销售价格	销售成本	单位销售成本	直接成本				间接费用							预提产品成本	应交产品税金	财务费用	管理费用	利润	单位销售利润
												原材料	辅助材料	专用费用	小计	直接生产工人工资	其他人员工资	附加费	动力费	折旧大修	其他费用	小计						
本页小计																												
合计																												

将每月的【415. 销售利润计算表】总结汇总出按产品分类的销售情况。

416. 销售收入项目分类汇总表

（单位）销售收入项目分类汇总表

单位：　　年　月　　计量单位：元　　第　页共　页

产品代码	产品名称	规格型号	计量单位	数量	销售收入	销项税	单位销售价格	销售成本	单位销售成本	直接成本				间接费用							预提产品成本	应交产品税金	财务费用	管理费用	利润	单位销售利润
										原材料	辅助材料	专用费用	小计	直接生产工人工资	其他人员工资	附加费	动力费	折旧大修	其他费用	小计						
本页小计																										
合计																										

为了核对账目，为了清晰地知道月末产成品库的情况，需要统一做表汇总【417. 期末产成品表】，分析完工产品没有销售的原因，完工产品收款的情况等。

417. 期末产成品表

（单位）期末产成品表　　产成品类别：

单位：　　年　月　　计量单位：元　　第　页共　页

合同定单编号	产品代码	定货单位	产品名称	规格型号	计量单位	期末库存数量	合同价格	直接成本				间接费用							生产成本合计
								原材料	辅助材料	专用费用	小计	直接生产工人工资	其他人员工资	附加费	动力费	折旧大修	其他费用	小计	
本页小计																			
合计																			

为了核对账目，为了清晰地知道月末在产品的生产情况，核对生产计划的产品进度，需要统一做表汇总【418. 期末在产品表】。

418. 期末在产品表

（单位）期末在产品表　　在产品类别：

单位：　　年　月　　计量单位：元　　第　页共　页

合同定单编号	产品代码	定货单位	产品名称	规格型号	计量单位	数量	合同价格	直接成本				间接费用							生产成本合计	本月生产形象进度（%）
								原材料	辅助材料	专用费用	小计	直接生产工人工资	其他人员工资	附加费	动力费	折旧大修	其他费用	小计		
本页小计																				
合计																				

成本核算流程基本完结。

（三）产品价格储备系列

成本核算的真实性，对企业产品价格的市场参考价值非常重要，产品价格是企业经营决策重要的资料。

对已经形成固定常年生产的产品，需要储备的资料是在材料浮动的情况下，费用不可预测的时候作为对比分析，制定市场需求量时最佳销售价格的依据。

而对定单法的企业，经常生产的产品不是常规标准化产品，大型产品如飞机、轮船、航空等需要长期生产周期的产品，还有大型建筑物的产品，资料储备更是重要。其中首制品与常规化后的生产品，首制品与批量生产产品的对比，成本的控制与分析资料更加重要。

所有的企业都需要建立企业产品价格库制度。

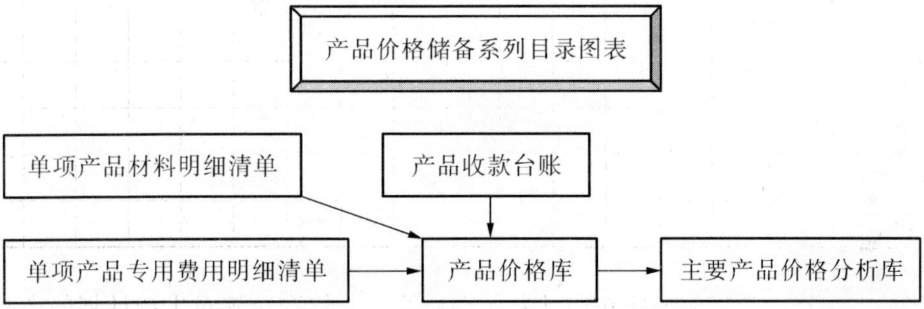

产品价格储备系列有 5 个表格。

资料库分〔产品代码〕的价格库，按代码排列。如果产品在一年中可能生产几批（次），按年头和年中选择一项记录进【419. 产品价格库表】积累资料。

419. 产品价格库表

(单位) 产品价格库表																								
填报单位：												计量单位：元												第　页共　页
产品代码										产品名称									规格型号					
										直接成本				间接费用										
生产结账时间	定货单位	计量单位	数量	合同价	销售收入	销项税	单位销售价格	销售成本	单位销售成本	原材料	辅助材料	专用费用	小计	直接生产工人工资	其他人员工资	附加费	动力费	折旧大修	其他费用	小计	应交产品税金	财务费用	管理费用	利润

此表为一个产品规格型号一个价格库表，长年累积分析对比。

有的产品需要每一个生产完工后进行详细的总结分析，特别是大型产品、特殊产品、单一产品的价格积累。

420. 主要产品价格分析库表

主要产品价格分析库表			
填报单位：		流水号	……
填报时间	年　月	规格型号	
财务核算号		数量单位	
定货单位		数量	
产品代码		开工时间	
产品名称		完工时间	
价格数据			
销售收入		直接成本	
单位销售价格		原材料	
销售成本合计		辅助材料	
单位销售成本		专用费用	
毛利额		间接费用	
毛料率		直接生产工人工资	
应交产品税金		其他人员工资	
财务费用		附加费	
管理费用		动力费	
利润		折旧大修	
		其他费用	

主要产品的价格积累，原材料的消耗应该积累详细记录，时刻能调阅出来进行参考分析。【421. 产品材料明细清单表】随该产品档案一起存库。

421. 产品材料明细清单表

（单位）产品材料明细清单表 单位：　年　月　计量单位：元											流水号： 第　页共　页
合同定单编号					定货单位						
产品代码					产品名称						
产品毛重					规格型号						
材料数量单位					材料重量单位						
序号	时间	记账凭证号	材料名称	规格型号	数量	质量	金额			定额预算	定额与实际差异
							计划价	材料差异	实际价格		
合计											

主要产品的价格积累，费用的使用应该积累详细记录，时刻能调阅出来进行参考分析。【422. 产品专用费用明细清单表】随该产品档案一起存库。

422. 产品专用费用明细清单表

（单位）产品专用费用明细清单表 单位：　　年　月　　计量单位：元　　流水号： 第　页共　页								
合同定单编号				定货单位				
产品代码				产品名称				
数量单位				规格型号				
序号	时间	记账凭证号	内容摘要	金额			定额预算	定额与实际差异
				专项费用	其他专项	小计		
合计								

主要产品的价格积累，包括收款情况也应该积累详细记录，时刻能调阅出来进行参考分析。【423. 产品收款台账表】随该产品档案一起存库。

423. 产品收款台账表

（单位）产品收款台账表 单位：　　年　月　　计量单位：元　　流水号： 第　页共　页										
合同定单编号					定货单位					
产品代码					产品名称					
数量单位					规格型号					
序号	时间	记账凭证号	内容摘要	金额	结算方式	发票号码	交税记录			
							增值税—销项税	营业税	附加税	小计
合计										

分析收款情况是大型产品生产经营管理的环节之一。比如船舶实行“卖方贷款造船”的方法，以收取产品进度款的方式补偿贸易，按交船后若干年收款的记录很重要，分析递延利益，负担成本的利息费用等。

成本指标考核是对整个企业的成本费用分析，对整个企业管理起着关键的作用。成本指标考核的效益情况归类表述集中在企业经济状况分析体系章节。

九、预算管理体系

企业预算管理是经营管理的手段，目标成本管理的前提。预算管理的表格，日常归类在会计工作底稿体系中的业务台账表管理系列。现在作为一个系列集中表述。

（一）企业预算表系列

企业预算的管理，需要按企业管理设置适合的管理表格。管理表格分两大系列，一个是生产计划产品的预测表格，另一个是财务预算表格。

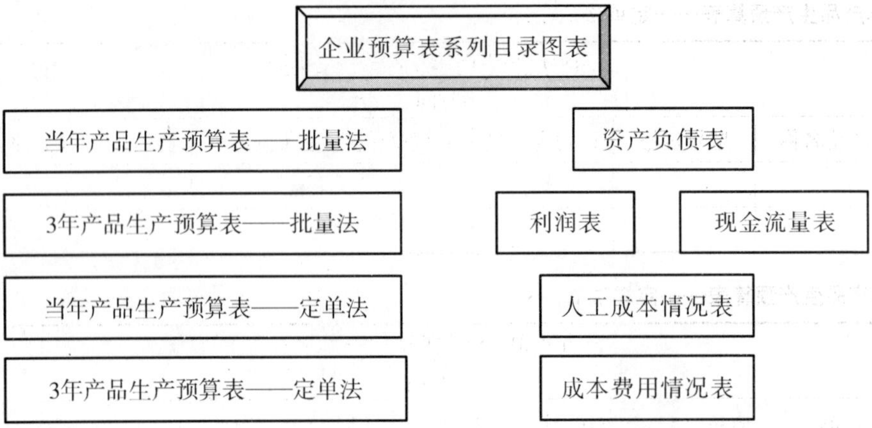

企业预算表系列有9个表格。

1. 生产计划预算表：企业预算的前提是必须掌握企业的产品在市场的可销售量的情况，才能预测计划产值收入，有收入与利润才有企业的生存与发展。

所有的生产产品企业，一般的预测方法基本是产品投向的两种方法。一种是预测市场需求先生产、保库存，如批量法的电冰箱等产品；另一种是按签订的产品合同，有固定投向的销售生产，如船舶产品和非标产品等。

424. 当年产品生产预算表——批量法

当年产品生产预算表——批量法

单位：　　　　　　　　　　　　时间：

序号	产品名称	型号规格	预测市场需求量	上年库存	计划生产量	计划产值	计划当年可销售量	计划当年销售值

企业需求有持续生产的目标，一般最少也应该有3年的产品生产预算。

425. 3 年产品生产预算表——批量法

3 年产品生产预算表——批量法 单位：　　时间：										
序号	产品名称	型号规格	预测市场需求量	上年库存	当年计划生产量	计划产值	计划当年可销售量	计划当年销售值	预测可能积压量	积压值

426. 当年产品生产预算表——定单法

当年产品生产预算表——定单法 单位：　　时间：								
序号	产品名称	型号规格	计划生产量	计划产值	已签订合同	产值	尚待合同	产值

427. 3 年产品生产预算表——定单法

3 年产品生产预算表——定单法 单位：　　时间：									
序号	产品名称	型号规格	上年转入合同	当年计划生产量	计划产值	已签订合同	产值	尚待合同	产值

2. 财务预算指标表：企业预算表以会计决算报表的形式作为预算的基础。

428. 资产负债预算表

资产负债预算表 单位：　　年　　金额单位：元					
项目	上年实际	本年预算	项目	上年实际	本年预算
流动资产：			流动负债：		
货币资金			短期借款		
短期投资			应付票据		
应收票据			应付账款		
应收账款			预收款项		
预付款项			应付职工薪酬		
其他应收款			应交税费		
存货			其他应付款		

续上表

其他流动资产			其他流动负债		
流动资产合计			流动负债合计		
非流动资产：			非流动负债：		
长期债权投资			长期借款		
长期应收款			应付债券		
固定资产原价			长期应付款		
减：累计折旧			专项应付款		
固定资产净值			其他非流动负债		
减：固定资产减值准备			非流动负债合计		
固定资产净额			负债合计		
在建工程			所有者权益		
工程物资			实收资本		
固定资产清理			国家资本		
无形资产			集体资本		
其中：土地使用权			法人资本		
长期待摊费用			资本公积		
其他非流动资产			盈余公积		
非流动资产合计			未分配利润		
			所有者权益合计		
资产总计			负债和所有者权益总计		

429. 利润预算表

利润预算表

单位：　　　　年　　　　金额单位：元

项目	上年实际	本年预算
营业收入		
其中：主营业务收入		
其他业务收入		
减：营业成本		
其中：主营业务成本		
其他业务成本		
营业税金及附加		
销售费用		
管理费用		
财务费用		

续上表

投资收益		
营业利润		
加：营业外收入		
减：营业外支出		
利润总额		
减：所得税费用		
净利润		

430. 成本费用预算情况表

成本费用预算情况表					
单位：		年度		金额单位：元	
项目	上年实际	本年预算	项目	上年实际	本年预算
营业成本			修理费		
其中：主营业务			坏账准备		
营业税金及附加			存货跌价准备		
其中：主营业务			无形资产摊销		
期间费用			长期待摊费用摊销		
销售费用			低值易耗品摊销		
包装费			存货盘亏		
运输费			业务招待费		
搬运装卸费			差旅费		
仓储保管费			办公费		
保险费			水电费		
展览费			税金		
广告费			租赁费		
销售服务费			诉讼费		
职工薪酬			聘请中介机构费		
业务经费			咨询费		
委托代销手续费			研究与开发费用		
折旧费			技术转让费		
修理费			董事会费		
样品及产品损耗			排污费		
其他			筹建费用		
管理费用			其他		
职工薪酬			勘探费用		
保险费			成本费用支出合计		
折旧费					

431. 人工成本预算情况表

人工成本预算情况表 单位： 年度 金额单位：元		
项目	上年实际	本年预算
企业人工成本总额		
其中：工资总额		
从业人员人工成本总额		
其中：从业人员劳动报酬		
职工人工成本总额		
工资总额		
社会保险费用		
商业保险费用		
福利费用		
教育培训经费		
工会经费		
劳动保护费用		
住房费用		
技术奖酬及业余设计奖		
非货币性福利		
辞退福利		
其他人工成本		

432. 现金流量预算表

现金流量预算表 单位： 年 金额单位：元		
项目	上年实际	本年预算
经营活动产生的现金流量		
销售商品、提供劳务收到的现金		
收到的税费返还		
收到其他与经营活动有关的现金		
其中：债权活动情况		
经营活动现金流入小计		
购买商品、接受劳务支付的现金		
支付给职工以及为职工支付的现金		
支付各项税费		

续上表

支付其他与经营活动有关的现金		
其中：债务活动情况		
经营活动现金流出小计		
经营活动产生的现金流量净额		
投资活动产生的现金流量		
收回投资收到的现金		
取得投资收益收到的现金		
处置固定资产、无形资产和其他长期资产收回的现金净额		
处置子公司及其他营业单位收到的现金净额		
收到其他与投资活动有关的现金		
投资活动现金流入小计		
购建固定资产、无形资产和其他长期资产支付的现金		
投资支付的现金		
取得子公司及其他营业单位支付的现金净额		
支付其他与投资活动有关的现金		
投资活动现金流出小计		
投资活动产生的现金流量净额		
筹资活动产生的现金流量		
吸收投资收到的现金		
取得借款收到的现金		
收到其他与筹资活动有关的现金		
筹资活动现金流入小计		
偿还债务支付的现金		
分配股利、利润或偿还利息支付的现金		
支付其他与筹资活动有关的现金		
筹资活动现金流出小计		
筹资活动产生的现金流量净额		
汇率变动对现金及现金等价物的影响		
现金及现金等价物净增加额		
加：期初现金及现金等价物余额		
期末现金及现金等价物余额		

一般预算表格按以上5种设置，企业可以增加其他的表格辅助预算的管理。

（二）预算管理系列

企业内部控制制度要体现在每一个管理环节上。总体预算整理好以后，关键是将预算指标落到每一个可控制的岗位和管理部门。

预算的管理科学方法是“经济承包责任制”，将各项指标分解到内部各单位部门，将预算的具体管理措施分解到各个岗位。

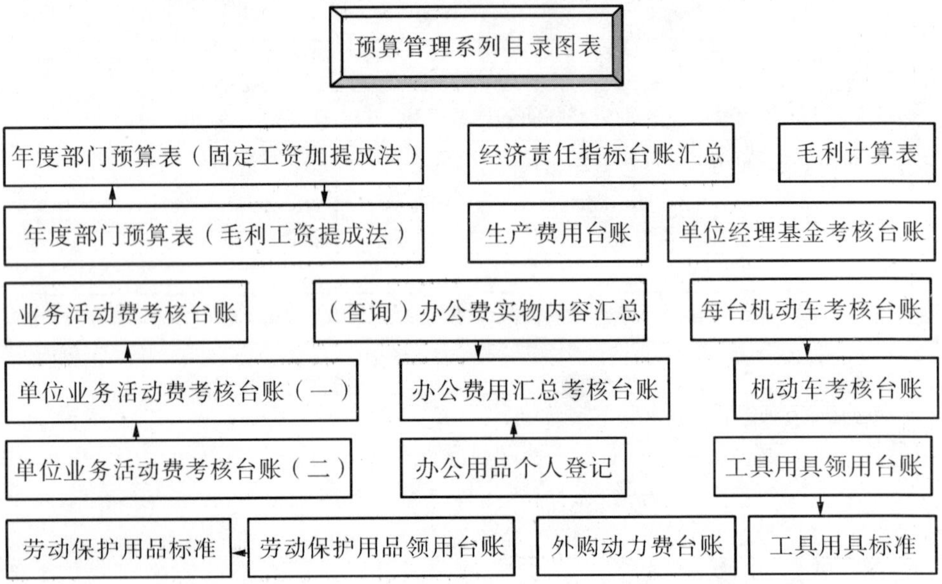

预算管理系列有19个表格。

1. 部门承包指标管理预算表：落实预算的管理方法，是将经济预算指标分解到各部门，以效益指标与个人报酬利益捆绑考核。因此，考核的方法以工资核定的方法分类。

在此设计了两种方法：〔固定工资加提成法〕、〔毛利工资提成法〕。其他的还有〔销售收入提成法〕、〔岗位加包干费用法〕等不在此表述。企业按不同的产品形式、服务方式采取不同的考核方法，都应该与经营成果挂钩的预算管理方法。

433. 年度部门预算表——固定工资加提成法

年度部门预算表——固定工资加提成法

单位：

项目	保本指标	承包指标	第三目标
利润			
销售收入			
税收			
成本费用			
人工成本			

续上表

固定工资额			
人数			
利润提成率			
提成工资			
工资总额			
人均水平			
附加工资			
原材料			
辅助材料			
专用费用			
折旧大修			
业务招待费			
经理基金			
分摊管理费用			
办公各费			
其他费用			

一个部门采取3种目标数据的计算方法，是为了告诉经营者，保本的经营限度，企业的承包目标，对个人效益最大化的〔第三目标〕。

434. 年度部门预算表——毛利工资提成法

年度部门预算表——毛利工资提成法 单位：			
项目	保本指标	承包指标	第三目标
利润			
销售收入			
税收			
成本费用			
物耗成本			
原材料			
辅助材料			
专用费用			

续上表

毛利			
人工成本			
人数			
毛利提成率			
工资总额			
人均水平			
附加工资			
折旧大修			
业务招待费			
经理基金			
分摊管理费用			
办公各费			
其他费用			

将企业的总目标分解承包，汇总后分析对比合理性、实践实施的可行性，对总厂的预算管理做到心中有数，是科学的预算管理方法。

435. 经济责任指标台账汇总

________年经济责任指标台账汇总

单位：

项目	部门	部门	部门	部门	合计
利润					
销售收入					
拨入流动资金					
工资总额					
分摊管理费					
核定存货指标					
核定借款指标					
核定业务活动费					
核定经理基金					
第一责任人工资					
第一责任人工资					

续上表

班子人员工资					
班子人员奖金					
按毛利提取的工资率					
按利润提取的工资率					
按销售提取的工资率					

2. 费用管理预算表：各项费用的控制需要合理的控制方法，设置随时可浏览的表格体现管理的水平。〔生产费用〕是预算控制管理的主课题，及时的详细列表排列，给分析打好基础。

436. 生产费用台账

生产费用台账 单位： 年 月					
项目	1月发生数	2月发生数	3月发生数	……	累计
固定费用					
人工成本					
工资					
生产工人工资					
基本工资					
预提工资					
奖金					
管理人员工资					
基本工资					
预提工资					
奖金					
辅助人员工资					
基本工资					
预提工资					
……					
主管：		复核：			制表：

控制动力费用的表格，可以一组排列，也可以单独项目按年度对比排列。在此只设计了当年费用的排列。

437. 外购动力费台账

外购动力费台账

单位：　　　　　　　　　　年　月

代码	电费			水费			燃料费			气体费			外购动力费合计
项目	度数	单价	合计金额	吨	单价	合计金额	吨	单价	合计金额	立方	单价	合计金额	
1月													
2月													
累计													
3月													
累计													
……													

主管：　　　　　　　　复核：　　　　　　　　制表：

3. 经营项目管理预算表：经营预算的管理项目方法不少，其中【438. 毛利计算表】是经营预测的基础。

438. 毛利计算表

毛利计算表

单位：　　　　　　　　　　年

项目	1月	2月	3月	4月	……	总计
全部收入						
全部成本						
其中：物耗成本						
原材料						
辅助材料						
折旧费						
外包劳务费						
动力费						
全部毛利						

毛利计算的内容在不同的产品企业有不同的计算公式，一般仅计算原材料以外基本是毛利。以下说明对部分项目的异同解释：

〔外包劳务费〕在一些企业所占比例之大，一般不计算在本企业的毛利范围之内，而计算在物耗成本里。

〔动力费〕在一些产品中的比重很大，如锻件、铸铁、铸铜的燃料消耗，一般计算在变动费用物耗成本里。

业务招待费在经营费用中占据比例不小，控制方法有固定指标的方法，有按销售收入浮动计提形式。

439. 业务活动费考核台账——总厂汇总

业务活动费考核台账——总厂汇总

单位：　　　　　　年　月

月份	1月			2月			……	总计
	核定指标	本期	累计	核定指标	本期	累计		
销售收入								
计算公式								
应有指标								
指标累计								
使用合计								
经营部								
一分厂								
……								

主管：　　　　　　复核：　　　　　　制表：

440. 单位业务活动费考核台账——计提式

单位业务活动费考核台账——计提式

单位：　　　　　　年　月

月份	1月	2月	3月	4月	……	总计
销售收入						
计算公式						
应有指标						
指标累计						
本期使用						
使用合计						

主管：　　　　　　复核：　　　　　　制表：

441. 单位业务活动费考核台账——固定式

单位业务活动费考核台账——固定式						
单位：			年　月			
月份	1月	2月	3月	4月	……	总计
应有指标						
指标累计						
本期使用						
使用合计						
主管：			复核：			制表：

442. 单位经理基金考核台账

单位经理基金考核台账						
单位：			年　月			
月份	1月	2月	3月	4月	……	总计
计算基数						
计算公式						
应有指标						
指标累计						
本期使用						
使用合计						
其中：补贴						
旅游						
……						
主管：			复核：			制表：

4. 物耗项目管理预算表：物耗的管理比较复杂，用在生产产品上的物资消耗在上面设计有定额管理的方法。企业员工消耗物资的小数怕长计，很多物资可以“共用”在社会的方方面面，需要加强自然的人为消耗与浪费的管理与控制。

（1）办公用品管理：

443. 办公费用汇总考核台账

办公费用汇总考核台账									
单位：				年　月					
职能部门：					部门代码：				
序号	办公用具	水电费	资料费	会议费	订报	差旅费	出国人员经费	内部领用商品	合计

444. 办公费实物内容汇总

办公费实物内容汇总									
凭证号	报销时间	摘要内容	名称	规格型号	计量单位	数量	单价	金额	经办人
主管：				复核：				制表：	

对办公用品的管理，一般不固定项目，按不同的专业部门来决定配置用具量，核定一个总金额，此月不领该用具，下月指标累计可领用其他用具，做好登记，控制金额指标。

445. 办公用品个人登记

（单位）办公用品个人登记				
姓名：			定额：　元/月	
领用时间	项目名称	数量	单价	合计

（2）机动车管理：

446. 机动车考核台账

（单位）机动车考核台账									
单位：				年　月					
机动车牌号	驾驶员	年审费	过桥费	年票费	保险费	维修费	油费	保管费	合计
主管：				复核：				制表：	

447. 每台机动车考核台账

每台机动车考核台账									
单位：				年　月					
机动车名称：				驾驶员：				机动车牌号：	
报销时间	凭证号	年审费	过桥费	年票费	保险费	维修费	油费	保管费	合计
主管：				复核：				制表：	

（3）工具用具：企业的工具用具在会计科目〔低值易耗品〕归集，用量不少，管理空间也大。制定工具用具的使用标准细则必须详细，考核的实际行为才有意义。

448. 工具用具标准

(单位) 工具用具标准					
项目工种	手锤(把)/元		剪刀(把)/元		……
	数量	价格	数量	价格	
钳工					
车工					
现场工艺员					
机关工作人员					
……					

449. 工具用具领用台账

工具用具领用台账——姓名				
领用时间	项目名称	数量	单价	合计

(4)劳保用品:劳动保护用品在国家的质量管理部门有一定的标准,企业在满足工作环境的条件下,自行决定可节约的措施。劳保用品的使用伸缩性比较大,管理细则需要认真详细。

450. 劳动保护用品标准

(单位) 劳动保护用品标准					
项目	工作服(套)/元		手套(对)/元		……
工种	数量	价格	数量	价格	
钳工					
车工					
现场工艺员					
机关工作人员					
……					

451. 劳动保护用品领用台账

劳动保护用品领用台账——姓名				
领用时间	项目名称	数量	单价	合计

（三）预算分析

预算的管理以后是预算分析。预算分析是企业全方位的视角分析。

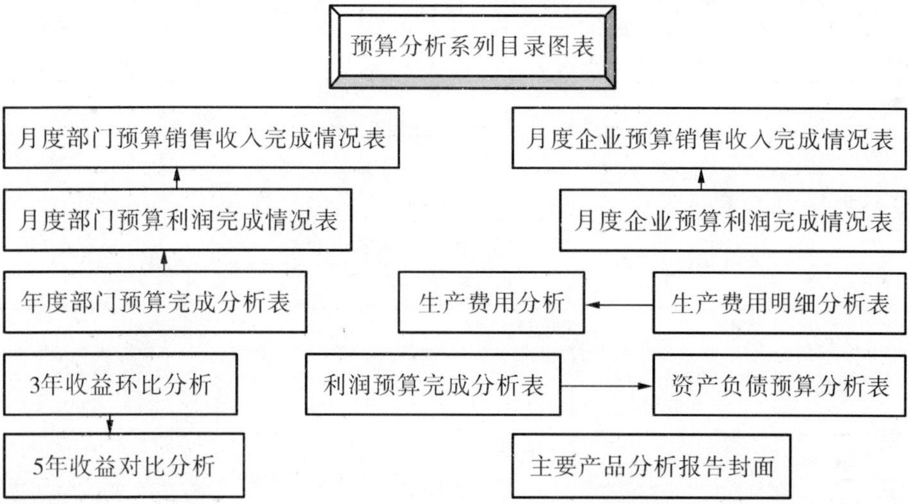

预算分析系列有 12 个表格。

1. 长远效益预算分析：

452. 3 年收益环比分析表

3 年收益环比分析表

单位：　　　　　　　　　　　　　　年度

项目	第 1 年	第 2 年	第 3 年	第 2 年比第 1 年	第 3 年比第 2 年	3 年平均	当年预算计划
销售收入							
营业成本							
营业税金及附加							
管理费用							
财务费用							
营业利润							
营业外收入							
营业外支出							
利润总额							
所得税费用							
净利润							
利税合计							

续上表

销售利润率（%）							
利润增长率（%）							
销售增长率（%）							
人均销售收入							
人均利润							

453. 5 年收益对比分析

5 年收益对比分析 单位：　　　年度													
项目	第 N 个 5 年计划						第 N 个 5 年计划						对比（±）
	1 年	2 年	3 年	4 年	5 年	小计	1 年	2 年	3 年	4 年	5 年	小计	
销售收入													
营业成本													
营业税金及附加													
管理费用													
财务费用													
营业利润													
营业外收入													
营业外支出													
利润总额													
所得税费用													
净利润													
利税合计													
销售利润率（%）													
利润增长率（%）													
销售增长率（%）													
人均销售收入													
人均利润													

2. 财务指标报表分析：

企业每月会进行预算完成情况分析。财务指标表系列的其中现金流量分析集中在〔现金流量体系〕，成本费用分析表格在下面另做小专题。

454. 资产负债预算分析表

资产负债预算分析表

单位： 年

项目	年度预算	上年同期	本期实际	本期比上期（±）	完成预算（%）
流动资产：					
货币资金					
短期投资					
应收票据					
应收账款					
预付款项					
其他应收款					
存货					
其他流动资产					
流动资产合计					
非流动资产：					
长期债权投资					
长期应收款					
固定资产原价					
减：累计折旧					
固定资产净值					
减：固定资产减值准备					
固定资产净额					
在建工程					
工程物资					
固定资产清理					
无形资产					
其中：土地使用权					
长期待摊费用					
其他非流动资产					
非流动资产合计					

续上表

资产总计					
流动负债：					
短期借款					
应付票据					
应付账款					
预收款项					
应付职工薪酬					
应交税费					
其他应付款					
其他流动负债					
流动负债合计					
非流动负债：					
长期借款					
应付债券					
长期应付款					
专项应付款					
其他非流动负债					
非流动负债合计					
负债合计					
所有者权益：					
实收资本					
国家资本					
集体资本					
法人资本					
资本公积					
盈余公积					
未分配利润					
所有者权益合计					
负债和所有者权益总计					

455. 利润预算完成分析表

利润预算完成分析表

单位： 年 月

项目	年度预算	上年同期	本期实际	本期比上期（±）	完成预算（%）
营业收入					
其中：主营业务收入					
其他业务收入					
减：营业成本					
其中：主营业务成本					
其他业务成本					
营业税金及附加					
销售费用					
管理费用					
财务费用					
投资收益					
营业利润					
加：营业外收入					
减：营业外支出					
利润总额					
减：所得税费用					
净利润					

3. 费用指标的预算分析：

456. 生产费用分析表

生产费用分析表

单位： 年 月

项目	年度预算	1月发生数	N月发生数	比上月（±）	累计	平均	上年同期	比上年（±）
固定费用								
人工成本								
工资								
生产工人工资								
基本工资								
预提工资								
奖金								

续上表

管理人员工资								
基本工资								
预提工资								
奖金								
辅助人员工资								
基本工资								
预提工资								
奖金								
……								
主管：			复核：				制表：	

将费用列入排比表以后，容易看出费用的变化情况，一旦出入太大，应重视分析该项目的变化情况。

为了及时查阅分析，设计功能可以直接导出本年、去年、前年的生产费用明细账中的资料对比，查出费用增大或者减少的原因，以利于企业及时调整管理措施。

457. 生产费用明细分析表

（单位）生产费用明细分析表									
一级明细科目			代码		二级明细科目			代码	
序号	年度			年度			年度		
	凭证号	内容摘要	金额	凭证号	内容摘要	金额	凭证号	内容摘要	金额

企业内各部门月结以后，都应该做费用预算完成分析表给各部门的主管领导。

4. 企业完成效益的预算分析：企业内部各部门完成经济指标情况，应汇总对比分析完成预算进度，报给各级经营负责人，包括应该有的书面分析材料。

458. 年度部门预算完成分析表

年度部门预算完成表 单位：　　　　　　年											
项目	承包指标	月	完成（%）	月	完成（%）	月	完成（%）	……	合计	平均	年度完成（%）
利润											
销售收入											

续上表

税收											
成本费用											
人工成本											
固定工资额											
人数											
利润提成率											
提成工资											
工资总额											
人均水平											
附加工资											
原材料											
辅助材料											
专用费用											
折旧大修											
业务招待费											
经理基金											
分摊管理费用											
办公各费											
其他费用											

企业的财务总负责人在每月结算后，做【459. 月度部门预算利润完成情况表】和【460. 月度部门预算销售收入完成情况表】报企业最高行政长官和需要掌握经营情况的领导成员。

459. 月度部门预算利润完成情况表

月度部门预算利润完成情况表

单位：　　　　　　　　　　年　月

部门	承包指标	内部利润	外部利润	利润合计	完成（%）	上年同期	对比（±）
一分厂							
二分厂							
子公司							
经营部							
……							

460. 月度部门预算销售收入完成情况表

月度部门预算销售收入完成情况表							
单位：			年 月				
部门	承包指标	内部销售	外部销售	销售合计	完成（%）	上年同期	对比（±）
一分厂							
二分厂							
子公司							
经营部							
……							

在企业内部，因为化小核算单位之间的经济业务往来，会产生〔内部销售〕和〔内部利润〕，不反映在对外报出的会计报表里，需要在汇总报告说明。〔内部利润〕可以在每月调整，也可以在年末一次性调整进管理费用。

5. 企业集团的预算分析：集团公司的财务总负责人在每月结算后，做各所属企业的【461. 月度企业预算利润完成情况表】和【462. 月度企业预算销售收入完成情况表】报集团最高行政长官和需要掌握经营情况的领导成员。

461. 月度企业预算利润完成情况表

月度企业预算利润完成情况表					
单位：			年 月		
部门	预算指标	利润合计	完成（%）	上年同期	对比（±）
* 地区					
* 企业					
……					

462. 月度企业预算销售收入完成情况表

月度企业预算销售收入完成情况表					
单位：			年 月		
部门	预算指标	销售收入	完成（%）	上年同期	对比（±）
* 地区					
* 企业					
……					

6. 主要产品的预算分析：企业的预算管理目标一切为了企业产品的生存与发展。

分析本企业的产品状况需要企业建立规范性、习惯性的制度，定期组织各部门的专业分析，组织对产品的检验和继续进行技术开发的研究。

463. 主要产品分析报告封面

主要产品分析报告封面			
流水号	……	产品代码	……
填报单位		产品名称	
填报时间		规格型号	
定货单位		计量单位	
定货单位地址		数量	
定货单位联系方式		单位销售收入	
生产周期时间		单位销售成本	
主要产品价格分析库号码		单位销售利润	
目标成本书（定价资料）号码		产品专用费用明细清单号码	
材料定额单号码		产品收款台账号码	
产品价格设计号码		产品材料明细清单号码	
工时定额表号码		项目经理	
工艺流程卡号码		生产工程师	
主要产品市场分析表号码		主要技术设计师	
主要文字题目			

【463. 主要产品分析报告封面】的内容提要，全部在 ERP 整个设计系统里的各个管理内容里。

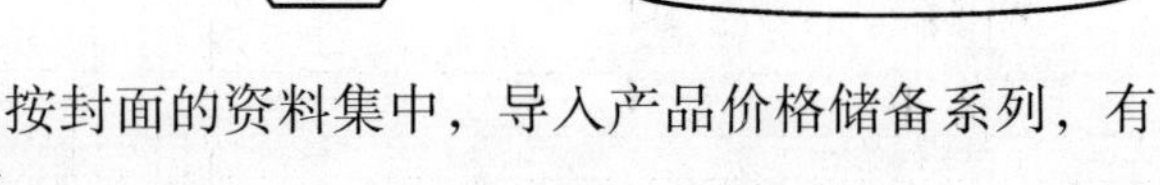

分析完成以后，按封面的资料集中，导入产品价格储备系列，有文字的材料一起作为企业重要的档案保存。

十、外部报表体系

企业在每个月、每一年末要报出大量的各种报表，尤其是中央企业、大型企业、控股企业，常常做着重复的工作，而且到处需要报告，各种管理部门要各种数据，年终的报表达到几百张，包含企业内部的报表多达上千张。

因此有“数出多门，错误百出”一说。主要原因是许多管理部门的表格设置重点不一，财务数据的合计归类不规范所致。

企业希望财政系统、统计系统、工商系统、上级主管部门等板块的条条管理系统，均能统一报告渠道。如果目前改变不了这个状态，只好借助企业 ERP 管理设计去完善这个问题。将所有的报表格式都列进企业 ERP 管理体系里，自动生成所需的数据组合。

企业报出的所有报表是有责任规范的，靠计算机规范自然人的行为准则是企业高级管理人员梦寐以求的。企业急切希望 ERP 软件的成功设计，帮助企业工作人员脱离困境。

在此，列举财政系统、统计系统、税务系统的报表说明，其他管理系统的报表格式在这 3 个系统中大同小异。在企业获得 ERP 管理软件以后，按留取的空间自行完善工作要求所需。

（一）财政决算系列

企业要求将外部报表系统与企业的核算系统连接起来，可以直接导盘自动生成，避免重复输入数据，避免发生错误，避免财务人员的疲劳。

财政年终决算报表比较繁琐、复杂，报表之间的取数不能在短时间内设计整理出来。所以，在此引进财政部 2008 年决算报表系列，将它们列进企业 ERP 管理体系里，固定格式以后，在今后的报表年度里会有一些内容的改变，修改的设计动作也就不会太大。在此不做基本的解释。

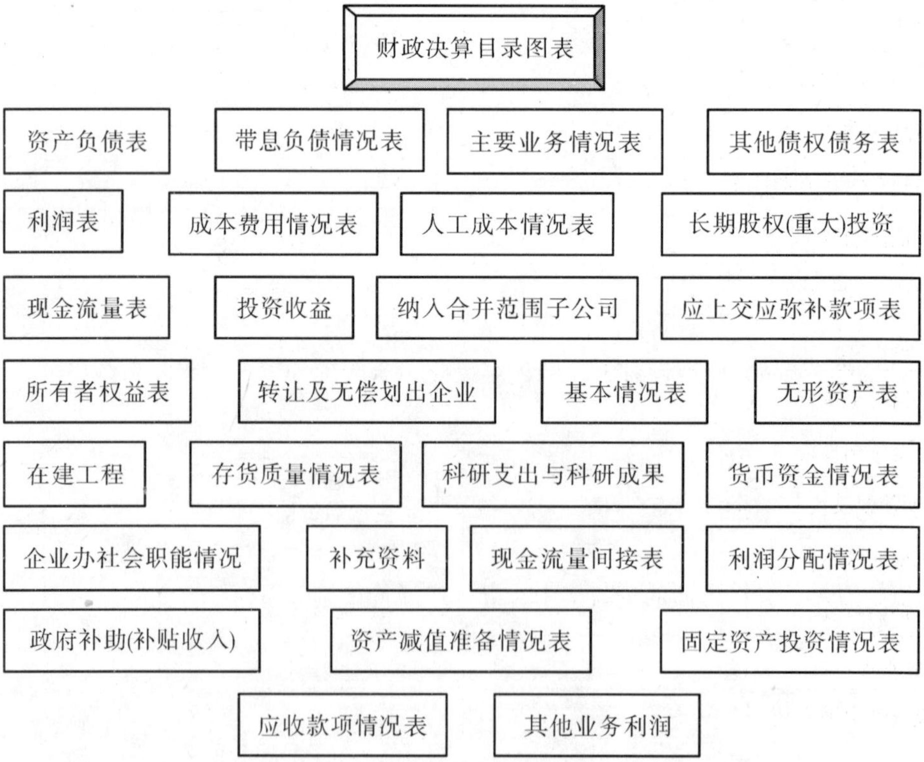

财政年度决算表有 29 个表格。不是财政部门直接管辖的企业，这部分可以不需要。

464. 资产负债表

资产负债表

单位： 年 月 金额单位：元

项目	财政代码	年末数	年初数	项目	财政代码	年末数	年初数
流动资产：				流动负债：			
货币资金				短期借款			
△交易性金融资产				△交易性金融负债			
#短期投资				#应付权证			
应收票据				应付票据			
应收账款				应付账款			
预付款项				预收款项			
应收股利				应付职工薪酬			
应收利息				其中：应付工资			
其他应收款				应付福利费			
存货				应交税费			
其中：原材料				其中：应交税金			
库存商品（产成品）				应付利息			
一年内到期的非流动资产				应付股利（应付利润）			
其他流动资产				其他应付款			
流动资产合计				一年内到期的非流动负债			
非流动资产：				其他流动负债			
△可供出售金融资产				流动负债合计			
△持有至到期投资				非流动负债：			
#长期债权投资				长期借款			
△长期应收款				应付债券			
长期股权投资				长期应付款			
#股权分置流通权				专项应付款			
△投资性房地产				预计负债			
固定资产原价				△递延所得税负债			

续上表

减：累计折旧				#递延税款贷项			
固定资产净值				其他非流动负债			
减：固定资产减值准备				其中：特准储备基金			
固定资产净额				非流动负债合计			
在建工程				负债合计			
工程物资				所有者权益（或股东权益）：			
固定资产清理				实收资本（股本）			
△生产性生物资产				国家资本			
△油气资产				集体资本			
无形资产				法人资本			
其中：土地使用权				其中：国有法人资本			
△开发支出				集体法人资本			
△商誉				个人资本			
#*合并价差				外商资本			
长期待摊费用（递延资产）				资本公积			
△递延所得税资产				△减：库存股			
#递延税款借项				盈余公积			
其他非流动资产（其他长期资产）				一般风险准备			
其中：特准储备物资				#*未确认的投资损失（以“-”号填列）			
非流动资产合计				未分配利润			
				其中：现金股利			
				*外币报表折算差额			
				归属于母公司所有者权益合计			
				*少数股东权益			
				所有者权益合计			
				#减：未处理资产损失			
				所有者权益合计（剔除未处理资产损失后的金额）			
资产总计				负债和所有者权益总计			

465. 利润表

利润表 单位：　　　　年　月　　　　金额单位：元		
项目	本年实际数	上年实际数
一、营业收入		
其中：主营业务收入		
其他业务收入		
减：营业成本		
其中：主营业务成本		
其他业务成本		
营业税金及附加		
销售费用		
管理费用		
其中：业务招待费		
研究与开发费		
财务费用		
其中：利息支出		
利息收入		
汇兑净损失（汇兑净收益以“－”号填列）		
△资产减值损失		
其他		
△加：公允价值变动收益（损失以“－”号填列）		
投资收益（损失以“－”号填列）		
其中：对联营企业和合营企业的投资收益		
二、营业利润（亏损以“－”号填列）		
加：营业外收入		
其中：非流动资产处置利得		
非货币性资产交换利得（非货币性交易收益）		
政府补助（补贴收入）		
债务重组利得		

续上表

减：营业外支出		
其中：非流动资产处置损失		
非货币性资产交换损失（非货币性交易损失）		
债务重组损失		
三、利润总额（亏损总额以“-”号填列）		
减：所得税费用		
加：#* 未确认的投资损失		
四、净利润（净亏损以“-”号填列）		
减：* 少数股东损益		
五、归属于母公司所有者的净利润		
六、每股收益：		
基本每股收益		
稀释每股收益		

466. 现金流量表

现金流量表

单位：　　　　年　月　　　　金额单位：元

项目	年末数	年初数
一、经营活动产生的现金流量		
销售商品、提供劳务收到的现金		
收到的税费返还		
收到其他与经营活动有关的现金		
其中：债权活动情况		
经营活动现金流入小计		
购买商品、接受劳务支付的现金		
支付给职工以及为职工支付的现金		
支付各项税费		
支付其他与经营活动有关的现金		
其中：债务活动情况		
经营活动现金流出小计		

续上表

经营活动产生的现金流量净额		
二、投资活动产生的现金流量		
收回投资收到的现金		
取得投资收益收到的现金		
处置固定资产、无形资产和其他长期资产收回的现金净额		
处置子公司及其他营业单位收到的现金净额		
收到其他与投资活动有关的现金		
投资活动现金流入小计		
购建固定资产、无形资产和其他长期资产支付的现金		
投资支付的现金		
取得子公司及其他营业单位支付的现金净额		
支付其他与投资活动有关的现金		
投资活动现金流出小计		
投资活动产生的现金流量净额		
三、筹资活动产生的现金流量		
吸收投资收到的现金		
取得借款收到的现金		
收到其他与筹资活动有关的现金		
筹资活动现金流入小计		
偿还债务支付的现金		
分配股利、利润或偿还利息支付的现金		
支付其他与筹资活动有关的现金		
筹资活动现金流出小计		
筹资活动产生的现金流量净额		
四、汇率变动对现金及现金等价物的影响		
五、现金及现金等价物净增加额		
加：期初现金及现金等价物余额		
六、期末现金及现金等价物余额		

467. 现金流量间接表

现金流量间接表

单位：　　　　　　　　　　　　　　　　　　　　　　　金额单位：元

项目	年末数	年初数
1. 将净利润调节为经营活动现金流量：		
净利润		
减：未确认投资损失		
加：资产减值准备		
固定资产折旧，油气资产折耗，生产性生物资产折旧		
无形资产摊销		
长期待摊费用摊销		
待摊费用减少（增加以“－”号填列）		
预提费用增加（减少以“－”号填列）		
处置固定资产、无形资产和其他长期资产的损失（收益以“－”号填列）		
固定资产报废损失		
公允价值变动损失（收益以“－”号填列）		
财务费用（收益以“－”号填列）		
投资损失（收益以“－”号填列）		
递延所得税资产减少（增加以“－”号填列）		
递延所得税负债增加（减少以“－”号填列）		
存货的减少（增加以“－”号填列）		
经营性应收项目的减少（增加以“－”号填列）		
经营性应收项目的增加（减少以“－”号填列）		
其他		
2. 不涉及现金收支的重大投资和筹资活动		
债务转为资本		
一年内到期的可转换公司债务		
融资租入固定资产		
3. 现金与现金等价物净变动情况：		
现金的期末余额		
减：现金的期初余额		
加：现金等价物的期末余额		
减：现金等价物的期初余额		
现金与现金等价物净增加额		

468. 所有者权益表

所有者权益表

单位： 年 月 金额单位：元

项目	归属于母公司所有者权益								少数股东权益	所有者权益合计
	实收资本（或股本）	资本公积	减：库存股	盈余公积	一般风险	未分配利润	其他	小计		
一、上年年末余额										
加：会计政策变更										
前期差错更正										
其他										
二、本年年初余额										
三、本年增减变动金额（减少以“－”号填列）										
（一）净利润										
（二）直接计入所有者权益的利得和损失										
△1. 可供出售金融资产公允价值变动净额										
2. 权益法下被投资单位其他所有者权益变动的影响										
△3. 与计入所有者权益项目相关的所得税影响										
4. 其他										
净利润及直接计入所有者权益的利得和损失小计										
（三）所有者投入和减少资本										
1. 所有者投入资本										
2. 股份支付计入所有者权益的金额										
3. 其他										
（四）利润分配										
1. 提取盈余公积										
其中：法定盈余公积										
任意盈余公积										
2. 提取一般风险准备（金融企业填报）										
3. 对所有者（或股东）的分配										

续上表

其中：国有企业应上交的利润（国有股红利、股息、股利）										
普通股股利										
转作股本（资本）的普通股股利										
4. 其他										
（五）所有者权益内部结转										
1. 资本公积转增资本（或股本）										
2. 盈余公积转增资本（或股本）										
3. 盈余公积弥补亏损										
4. 其他										
四、本年年末余额										

补充资料：	金额
一、上年年末国有资本及权益总额	
三、本年国有资本及权益增加	
（一）国家、国有单位直接或追加投资	
（二）无偿划入	
（三）资产评估增加	
（四）清产核资增加	
（五）产权界定增加	
（六）资本（股票）溢价	
（七）接受捐赠	
（八）债权转股权	
（九）税收返还	
（十）补充流动资本	
（十一）减值准备转回	
（十二）会计调整	
（十三）中央和地方政府确定的其他因素	
（十四）经营积累	
四、本年国有资本及权益减少	
（一）经国家专项批准核销	
（二）无偿划出	
（三）资产评估减少	
（四）清产核资减少	

续上表

（五）产权界定减少		
（六）消化以前年度潜亏和挂账而减少		
（七）因自然灾害等不可抗拒因素减少		
（八）因主辅分离减少		
（九）企业按规定上缴红利		
（十）资本（股票）折价		
（十一）中央和地方政府确定的其他因素		
（十二）经营减值		
五、年末国有资本及权益总额		
六、年末其他国有资金		
七、年末国有资产总量		
八、年末合并国有资产总量（计算机自动生成）		

469. 资产减值准备情况表

资产减值准备情况表

单位：　　　　年　月　　　　金额单位：元

项目	年初余额	本年增加额				本年减少					年末余额
		本年计提额	本年增加	原因增加	合计	因资产价值回升转回额	转销额	合并减少	原因减少	合计	
一、坏账准备											
二、短期投资跌价准备											
三、存货跌价准备											
四、可供出售金融资产减值准备											
五、持有至到期投资减值准备											
六、长期股权投资减值准备											
七、长期债权投资减值准备											
八、投资性房地产减值准备											
九、固定资产减值准备											
十、工程物资减值准备											
十一、在建工程减值准备											
十二、生产性生物资产减值准备											

续上表

十三、油气资产减值准备											
十四、无形资产减值准备											
十五、商誉减值准备											
十六、其他减值准备											
合计											

470. 应上交应弥补款项表

应上交应弥补款项表

单位：　　　　年　月　　　　金额单位：元

项目	金额	项目	金额
一、增值税：		十二、储备粮油差价款：	
年初未交数		年初未补数	
本年应交数		本年应补数	
本年已交数		本年已补数	
年末未交数		年末未补数	
二、消费税：		十三、预算弥补亏损及补贴：	
年初未交数		年初未补数	
本年应交数		本年应补数	
本年已交数		本年已补数	
年末未交数		年末未补数	
三、营业税：		十四、国有资本收益：	
年初未交数		年初未交数	
本年应交数		本年应交数	
本年已交数		本年已交数	
年末未交数		年末未交数	
四、资源税：		十五、失业保险：	
年初未交数		年初未交数	
本年应交数		本年应交数	
本年已交数		本年已交数	
年末未交数		年末未交数	
五、城建税：		十六、基本养老保险：	
年初未交数		年初未交数	
本年应交数		本年应交数	

续上表

本年已交数		本年已交数	
年末未交数		年末未交数	
六、教育费附加：		十七、基本医疗保险：	
年初未交数		年初未交数	
本年应交数		本年应交数	
本年已交数		本年已交数	
年末未交数		年末未交数	
七、农牧业税：		十八、工伤保险：	
年初未交数		年初未交数	
本年应交数		本年应交数	
本年已交数		本年已交数	
年末未交数		年末未交数	
八、关税：		十九、生育保险：	
本年已交进口关税		年初未交数	
本年已交出口关税		本年应交数	
九、企业所得税：		本年已交数	
年初未交数		年末未交数	
本年应交数		二十、石油特别收益金：	
本年已交数		本年应交数	
年末未交数		本年已交数	
十、其他各税：		补充资料：	
年初未交数		一、本年应交税金总额	
本年应交数		二、本年实际上交税金总额	
本年已交数		三、本年实际支付补充养老保险（年金）总额	
年末未交数		四、本年实际支付补充医疗保险总额	
十一、财政拨款：		五、出口退税情况：	
年初结余		出口额（美元）	
本年拨入		以前年度欠出口退税	
本年支出		本年度应收出口退税	
本年结余		本年度已收出口退税	
		年末欠出口退税	
		六、本年应纳税所得额	

471. 基本情况表

基本情况表

单位：　　　　　　　　　　年　月　　　　　　　　　金额单位：元

项目	金额	项目	金额
一、职工人数情况（人）：		五、产值：	
（一）年末从业人员人数		（一）增加值（按现行价格计算）	
（二）全年平均从业人员人数		（二）工业总产值（按现行价格计算）	
（三）年末职工人数		六、本年收到的财政性资金	
其中：年末在岗职工人数		（一）基本建设性资金	
（四）全年平均职工人数		（二）生产发展性资金	
其中：全年平均在岗职工人数		（三）社会保障性资金	
（五）年末离休人数		（四）其他	
（六）年末退休人数		七、本年科技资金来源及支出情况：	
（七）参加基本养老保险职工人数		（一）本年科技资金来源合计	
（八）参加补充养老保险（年金）职工人数		1. 政府拨款	
（九）参加基本医疗保险职工人数		2. 企业自筹	
（十）参加补充医疗保险职工人数		3. 其他	
（十一）参加失业保险职工人数		（二）本年科技支出合计	
（十二）参加工伤保险职工人数		1. 研究开发费用合计	
（十三）参加生育保险职工人数		其中：科技人员人工支出	
（十四）接收军队转业、复员退伍人员总数		研究开发性固定资产	
其中：当年接收军队转业、复员退伍人员数		其他科技支出	
（十五）接收下岗再就业职工人数		2. 购买新技术、科研设备等支出	
二、企业不在岗职工及劳动关系处理情况：		八、固定资产情况：	
（一）年初不在岗职工人数（人）		（一）按使用情况划分（原价）	
其中：内退人数（人）		1. 在用固定资产	
（二）年末不在岗职工人数（人）		2. 未使用固定资产	
其中：内退人数（人）		3. 不需用固定资产	
（三）本年累计解除劳动关系人数（人）		（二）主要类别固定资产情况：	
（四）本年累计支付经济补偿金额		1. 固定资产原价合计	
其中：财政负担部分		其中：土地资产	
三、工资及福利情况：		房屋、建筑物	
（一）全年应发工资总额		机器设备	

续上表

（二）全年实际发放工资总额		运输工具	
其中：全年实际发放职工工资总额		2. 当年计提的固定资产折旧总额	
其中：全年实际发放在岗职工工资总额		其中：房屋、建筑物	
（三）企业提取的工资总额		机器设备	
其中：非工挂企业工资总额		运输工具	
核定的工挂企业工资总额基数		3. 当年计提折旧的平均固定资产原价	
工挂企业提取的新增效益工资		（三）当年固定资产投资总额	
（四）离退休人员养老金及福利性补助		1. 购置固定资产	
（五）本年列支的职工福利费		2. 基建投资	
（六）本年支付的医药费		3. 其他投资	
其中：离退休人员医药费		九、拥有的自主知识产权专利数量（项）	
（七）本年企业支付的职工住房费用		其中：本年度新增专利数量（项）	
其中：本年提取的住房公积金		十、当年企业提取的安全生产费用	
本年一次性支付的住房补贴		十一、当年企业支出的安全生产费用	
本年按月发放的住房补贴		十二、当年企业支出的环境保护及生态恢复费用	
四、本年支付的职工培训费用		其中：节能减排支出	

472. 企业办社会职能情况表

企业办社会职能情况表

单位：　　　　　　　　年　月　　　　　　　　金额单位：元

项目	机构个数（个）	年末职工人数（人）	年末离退休职工人数（人）	机构当年收入	企业支付经费补助额			机构当年实际支出额			机构年末资产总额
					小计	按经费来源划分，其中		小计	其中		
						企业自有资金	返还的教育附加		人员经费	公用经费	
一、企业自办社会教育机构											
其中：中小学校											
二、企业自办公安机构											
三、企业自办检察院											
四、企业自办法院											

续上表

五、企业自办医疗机构											
六、企业自办消防机构											
七、企业自办市政机构											
八、企业自办社保机构											
九、企业自办社区教育机构											
十、企业自办供电供水供暖供气											
合计											

473. 应收款项情况表

应收款项情况表

单位：　　　　　　　　年　月　　　　　　　　金额单位：元

项目	年初数		年末数				项目	年初余额	年末余额
	年初余额	坏账准备	年末余额	按个别认定法计提坏账准备的应收款项	坏账准备	按个别认定法计提坏账准备			
一、应收账款							补充资料：		
（一）1年以内							一、逾期应收账款		
（二）1～2年							（一）逾期1年以内		
（三）2～3年							（二）逾期1～3年		
（四）3～4年							（三）逾期3年以上		
（五）4～5年							二、逾期其他应收款		
（六）5年以上							（一）逾期1年以内		
二、其他应收款							（二）逾期1～3年		
（一）1年以内							（三）逾期3年以上		
（二）1～2年									
（三）2～3年									
（四）3～4年									
（五）4～5年									
（六）5年以上									

474. 存货质量情况表

存货质量情况表

单位：　　　　　　　　　　　年　月　　　　　　　　　　　金额单位：元

项目	原材料		自制半成品及在产品（在研品）		库存商品（产成品）		其他	
	账面余额	跌价准备	账面余额	跌价准备	账面余额	跌价准备	账面余额	跌价准备
一、存货（按性质分类）								
（一）正常存货								
（二）非正常存货								
1. 技术淘汰存货								
2. 残损变质存货								
3. 积压呆滞存货								
4. 其他非正常存货								
二、存货（按期限分类）								
（一）1 年以内								
（二）1～2 年								
（三）2～3 年								
（四）3 年以上								

475. 带息负债情况表

带息负债情况表

单位：　　　　　　　　　　　年　月　　　　　　　　　　　金额单位：元

项目	本金				本年应提利息		到期尚未偿还的借款利息		年末累计欠息	
	年初余额		年末余额							
	人民币	外币	人民币	外币	人民币	外币（折人民币）	人民币	外币（折人民币）	人民币	外币（折人民币）
一、带息流动负债合计										
（一）短期借款										
其中：银行借款										
非银行金融结构借款										
（二）交易性金融负债										
（三）其他带息流动负债										

续上表

其中：短期负债										
一年内到期的应付债券										
一年内到期的长期借款										
二、带息非流动负债合计										
（一）长期借款										
其中：银行借款										
其中：拨改贷借款										
非银行金融结构借款										
（二）其他带息非流动负债										
其中：应付债券										
带息负债合计										
补充资料：（汇总口径）										
一、在集团内财务公司（结算中心）的存款										
二、在集团内财务公司（结算中心）的借款										

476. 主要业务情况表

主要业务情况表

单位： 年度 金额单位：元

工业项目明细分类	主营业务收入				主营业务成本				毛利			
	上年数		本年数		上年数		本年数		上年数		本年数	
	金额	比重（%）	金额	比重（%）	金额	比重（%）	金额	比重（%）	金额	比重（%）	金额	比重（%）

477. 成本费用情况表

成本费用情况表

单位： 年度

项目	上年数	本年数	项目	上年数	本年数
一、营业成本			2. 保险费		
其中：主营业务			3. 折旧费		

续上表

二、营业税金及附加			4. 修理费		
其中：主营业务			5. 坏账准备		
三、期间费用			6. 存货跌价准备		
（一）销售费用			7. 无形资产摊销		
1. 包装费			8. 长期待摊费用摊销		
2. 运输费			9. 低值易耗品摊销		
3. 搬运装卸费			10. 存货盘亏		
4. 仓储保管费			11. 业务招待费		
5. 保险费			12. 差旅费		
6. 展览费			13. 办公费		
7. 广告费			14. 水电费		
8. 销售服务费			15. 税金		
9. 职工薪酬			16. 租赁费		
其中：工资			17. 诉讼费		
福利费用			18. 聘请中介机构费		
10. 业务经费			其中：年度决算		
11. 委托代销手续费			19. 咨询费		
12. 折旧费			20. 研究与开发费用		
13. 修理费			21. 技术转让费		
14. 样品及产品损耗			22. 董事会费		
15. 其他			23. 排污费		
（二）管理费用			24. 筹建费用		
1. 职工薪酬			25. 其他		
其中：工资			四、勘探费用		
福利费用			成本费用支出合计		

478. 人工成本情况表

人工成本情况表

单位： 年度 金额单位：元

项目	上年数		本年数		项目	金额
	负担数	实发数	负担数	实发数		
一、企业人工成本总额（不含劳务费）					补充资料：	
其中：工资总额					一、核定的非工挂企业工资总额	
二、从业人员人工成本总额					二、企业含工资结余	

续上表

其中：从业人员劳动报酬					三、收取合资及海外子公司企业工资总额	
三、职工人工成本总额					（一）年初余额	
（一）工资总额					其中：收取海外子公司企业工资总额	
（二）社会保险费用					（二）本年增加数	
其中：失业保险					其中：收取海外子公司企业工资总额	
其中：年金					（三）本年减少数	
医疗保险					其中：收取海外子公司企业工资总额	
失业保险					（四）年末余额	
工伤保险					其中：收取海外子公司企业工资总额	
生育保险					四、股份支付情况	
（三）商业保险费用					股票期权激励价值	
（四）福利费用					股票增值权激励价值	
（五）教育培训经费					五、劳务外包情况：	
（六）工会经费					劳务外包合同金额	
（七）劳动保护费用					劳务外包提供的就业人数（人）	
（八）住房费用						
其中：住房公积金						
一次性支付的住房补贴						
按月发放的住房补贴						
（九）技术奖酬及业余设计奖						
（十）非货币性福利						
（十一）辞退福利						
其中：一次性支付补偿						
内部退休人员支出						
（十二）股份支付						
（十三）其他人工成本						
四、在岗职工人工成本总额						
其中：工资总额						
五、境内从业人员人工成本总额						

479. 利润分配情况表

利润分配情况表

单位：　　　　年　月　　　　金额单位：元

项目	上年数	本年数	项目	上年数	本年数
一、当年利润分配情况			（二）累计应付未付现金股利		
（一）可供分配利润			1. 应付母公司现金股利		
其中：当年净利润			2. 应付少数股东现金股利		
（二）提取公积金及基金金额			（三）当年分配股票股利		
1. 提取法定盈余公积比例			四、上交母公司管理费情况：		
提取法定盈余公积金额			（一）当年母公司管理费		
2. 提取任意盈余公积比例			（二）累计应交未交母公司管理费		
提取任意盈余公积金额			五、上交国有资本经营收益情况：		
3. 其他公积金及基金项目			（一）国有独资企业（公司）上交		
（三）向投资者分配利润			当年净利润额		
1. 应付优先股股利			申报利润扣除金额		
2. 应付利润			其中：弥补以前年度亏损		
3. 应付普通股现金股利			政府补贴		
4. 转增资本的普通股股票股利			公允价值计量额		
5. 归还投资者投资			递延所得税收额		
6. 其他向投资者分配的股利（利润）			其他		
（四）年末未分配利润			申报上交国家利润基数		
其中：现金股利			应上交国家利润比例（%）		
二、当年利润分派情况			实际已上交国家利润金额		
（一）当年实际支付现金股利（利润）			应交未交国家利润金额		
1. 母公司现金股利（利润）			（二）国有控股公司分配国家股利		
2. 少数股东现金股利（利润）			当年向投资者分配利润额		

续上表

（二）累计应付未付现金股利（利润）			国资委持股比例（%）		
1. 应付母公司现金股利（利润）			应分配国家股利		
2. 应付少数股东现金股利（利润）			实际已上交国家股利		
（三）当年分配股票股利			应交未交国家利润金额		
三、上市公司利润分派情况			（三）国有产权转让收入		
（一）当年实际分派现金股利			（四）清算收入		
1. 母公司现金股利			（五）应上交其他国有资本经营收入		
2. 少数股东现金股利			实际上交其他国有资本经营收入		
其中：境外少数股东现金股利					

480. 转让及无偿划出企业（资产）情况表

转让及无偿划出企业（资产）情况表

单位： 年 月 金额单位：元

序号	被转出企业（资产）名称	受让方	转出方式	账面净值（净资产）	评估净值（净资产）	转出价格	转让股权比例（%）
	一、资产转让及无偿划出						
	二、股权转让及无偿划出						

481. 科研支出与科研成果情况表

科研支出与科研成果情况表

单位： 年 月 金额单位：元

项目	上年数	本年数	项目	上年数	本年数
一、科技支出			2. 专利申请数（件）		
（一）在当年成本费用中列支的企业科技支出			其中：发明专利申请数（件）		
1. 科技人员人工支出			3. 专利授权数（件）		

续上表

2. 科研资产维护费用支出			其中：发明专利授权数（件）		
3. 购买无形资产摊销			（二）发表科技论文（含著作）		
4. 科研固定资产折价费			（三）承担国家课题数（项）		
5. 科研学术会议费用			（四）科技项目总数（项）		
6. 中试材料费			其中：承担国家级项目数（项）		
7. 其他科研支出			（五）鉴定（验收）省、部科技项目		
（二）用以前年度计提的科研费结余支出			（六）省、部以上获奖励		
（三）不需由企业成本费用中列支的科技支出			其中：获国家级奖励		
二、在当年成本费用中预提的科技经费			（七）科技创新收入		
三、科技成果			其中：四项收入		
（一）专利情况			（八）新产品产值		
1. 累计拥有有效专利数（件）			四、年末科技人员人数		
其中：累计拥有有效发明专利数（件）			其中：研发人员人数		

482. 固定资产投资情况表

固定资产投资情况表

单位： 年 月 金额单位：元

序号	项目	批准文号	开工年月	竣工年月	项目计划总投资	本年完成投资额	主业	本年到位资金	自有资金	累计完成投资额	已交付资产	备注
—	合计	—	—	—								
—	一、新开工项目	—	—	—								
—	其中：重点项目小计	—	—	—								
	二、续建项目	—	—	—								
	其中：重点项目小计	—	—	—								

483. 货币资金情况表

货币资金情况表

单位：　　　　　　　　　　　　年　月　　　　　　　　　　金额单位：元

项目	年初余额	本年增加数	本年减少数	年末余额
现金				
其中：人民币				
美元				
港元				
日元				
欧元				
英镑				
其他				
银行存款				
其中：人民币				
美元				
港元				
日元				
欧元				
英镑				
其他				
其他货币资金				
其中：人民币				
美元				
港元				
日元				
欧元				
英镑				
其他				
合计				

484. 其他业务利润

其他业务利润

单位：　　　　　　　　　　　　　　年　月　　　　　　　　　　　　　　金额单位：元

业务内容	其他业务收入		其他业务成本		其他业务利润	
	上年数	本年数	上年数	本年数	上年数	本年数
合计						

485. 其他债权债务表

其他债权债务表

单位：　　　　　　　　　　　　　　年　月　　　　　　　　　　　　　　金额单位：元

项目	行次	年初账面余额	年末账面余额
其他应收款			
栏次			
1 年以内（含 1 年）		包括：	预付账款
1 ~ 2 年（含 2 年）			应收票据
2 ~ 3 年（含 3 年）			其他应收款
2 年以上			应收账款
			专项应收款
合计			

486. 长期股权（重大）投资

长期股权（重大）投资

单位：　　　　　　　　　　　　　　年　月　　　　　　　　　　　　　　金额单位：元

项目	被投资单位	年初账面余额	本年增加数	本年减少数	年末账面余额
长期股权投资					
其中：对子公司					
对其他企业投资					

487. 在建工程

在建工程

单位：　　　　　　　　　　　　　　年　月　　　　　　　　　　　　　　金额单位：元

序号	工程名称	预算数	工程投入占预算比例	年初数			本年增加	利息资本化余额	本年减少	转增固定资产	年末数			资本来源
				余额	利息资本化余额	减值准备					余额	利息资本化余额	减值准备	
一	合计													

488. 无形资产表

无形资产表				
单位：	年　月		金额单位：元	
项目	年初账面余额	本年增加数	本年减少数	年末账面余额
一、原价合计				
土地使用权				
评估增值				
二、累计摊销额合计				
土地使用权摊销				
三、无形资产减值准备累计金额合计				
四、无形资产账面价值合计				
土地使用权				
评估增值				

489. 投资收益表

投资收益表		
单位：	年　月	金额单位：元
项目	本年发生数	本年发生数
（一）短期投资收益		
其中：股票收益		
债券收益		
基金收益		
委托贷款收益		
（二）交易性金融资产收益		
其中：股票收益		
债券收益		
基金收益		
（三）可供出售金融资产处置收益		
（四）持有到期投资处置收益		
（五）长期债权投资收益		
其中：利息收益		
（七）委托理财收益		
（八）计提的投资减值准备		
（八）其他投资收益		
合计		

490. 政府补助（补贴收入）

政府补助（补贴收入）						
单位：			年　月		金额单位：元	
项目	金额		来源和依据	相关批准文件	批准机关	文件时效
	本年数	本年数				

491. 纳入合并范围子公司基本情况

纳入合并范围子公司基本情况								
单位：				年　月			金额单位：元	
序号	企业名称	投股比例(%)	享有表决权	注册资本	投资额	级次	审计意见类型	备注

492. 补充资料表

补充资料表	
单位：　　　　年　　　　金额单位：元	
指标名称	数值
一、效益指标：	
（一）主营业务收入增长率（%）	
（二）利润增长率（%）	
（三）净资产收益率（含少数股东权益）（%）	
（四）净资产收益率（不含少数股东权益）（%）	
（五）总资产报酬率（%）	
（六）已获利息倍数	
（七）主营业务利润率（%）	
（八）成本费用利润率（%）	
（九）成本费用总额占主营业务收入的比率（%）	
二、资产运行状况指标：	
（一）资产增长率（%）	
（二）应收账款增长率（%）	
（三）存货增长率（%）	
（四）固定资产增长率（%）	

续上表

（五）总资产周转率（次）	
（六）流动资产周转率（次）	
（七）资产负债率（%）	
（八）资本积累率（%）	
（九）国有资本保值增值率（%）	
（十）存货周转率（次）	
（十一）应收账款周转率（次）	
（十二）速动比率	
（十三）流动比率	
（十四）短期借款占全部借款的比率（%）	
（十五）平均固定资产折旧率（%）	
（十六）固定资产投资占主营业务收入的比率（%）	
三、人均指标：	
（一）从业人员人均利润（元/人）	
（二）从业人员人均资产（元/人）	
（三）职工人均利润（元/人）	
（四）职工人均资产（元/人）	
（五）全年职工人均工资（元/人）	
（六）全年在岗职工人均工资（元/人）	
（七）全员劳动生产率（元/人）	
（八）人均实际上交税金（元/人）	
（九）人均增加值（元/人）	
四、其他指标：	
（一）企业办社会费用占利润总额的比率（%）	
（二）实发工资占应发工资的比率（%）	
（三）企业办社会职工总数占全部职工的比率（%）	
（四）盈余现金保障倍数	
（五）现金流动负债比率（%）	
（六）技术投入比率（%）	
（七）账销案存资产处置率（%）	
（八）账销案存资产回收率（%）	

续上表

补充资料一：	
一、纳入决算范围二级子企业录入户数（户）	
二、纳入决算范围三级子企业录入户数（户）	
三、纳入决算范围企业录入总户数（户）	
四、纳入决算范围盈利企业户数（户）	
五、纳入决算范围亏损企业户数（户）	
六、纳入决算范围盈利企业盈利额	
七、纳入决算范围亏损企业亏损额	
补充资料二：	
一、抵押资产占总资产比率（%）	
二、长期股权投资占净资产比率（%）	
三、担保金额占净资产比率（%）	
四、人工成本占成本费用总额的比率（%）	
五、人工成本占主营业务收入的比率（%）	
六、人均人工成本（元/人）	
七、管理本部在岗职工人均人工成本（元/人）	
八、新产品产值率（%）	

（二）**税务报表系列**

税务部门是企业每月报告的报表系列，将它们列进企业的 ERP 管理体系里。

税务报表是每个企业必然的工作。在企业内部作好台账记录整理以后，每月初报税务机关企业的经营状况，按种类性质填报有关的报表资料。

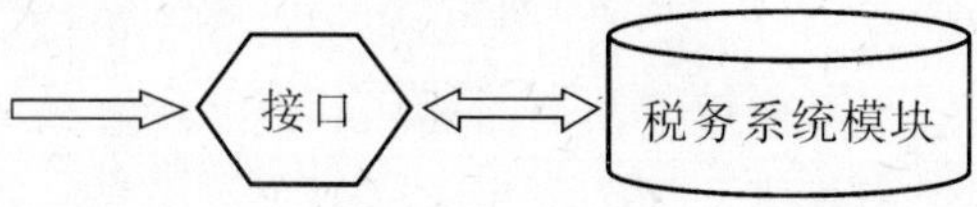

在此不再列举有关的报表格式，只将有关的目录整理出来。因为税务报表的格式相对简单，取数与计算比较容易。另外的原因是，许多省、市、地方的报表格式不太一样，只将必须的报表目录排列出来，请在设计的时候留下足够的使用空间。

1. 资产负债表。
2. 利润收益表。
3. 所得税清算表。
4. 地方税收纳税申报表。
5. 扣缴个人所得税汇总报告表。

6. 印花税应税凭证汇总报告表。
7. 土地使用税申报表。
8. 从值计征房产税纳税申报表。
9. 增值税纳税申报表。
10. 生产企业出口货物免抵退税申报汇总表。
11. 生产企业出口货物免抵退税申报明细表。
12. 生产企业出口货物退免税月度自查表。

（三）统计报表系列

统计是企业每月填报的报表系统，将它们列进企业的 ERP 管理体系里。

经济统计报表列入财务报表系列，避免数据的多重性。

在此不再列举有关的报表格式，只将有关的目录整理出来。因为统计报表的格式相对简单，取数与计算比较容易。再者，统计需要填报的管理部门非常多，报表格式内容不太一样。现将必须的报表目录排列，请在设计的时候留下足够的使用空间。

1. 产值统计表。
2. 合同签订情况月报表。
3. 产品品种统计表。
4. 质量指标统计月报表。
5. 生产增加值计算表。
6. 主要材料及能源消耗统计表。
7. 工时利用情况表。
8. 职工人数月报表。
9. 计划生育工作完成情况表。

十一、历史台账及汇总报表体系

上述设计的各种工作表格系列，作用于一个完整的核算单位，是发生的业务归集为一个利润表现的企业单位。一个法人企业单位会有若干个核算账套，将其汇总起来反映一个企业的全部经济情况。

同时，企业集团内部又有许多的法人企业和非法人企业单位，需要汇总管理。也有的企业集团内部实行统一缴纳所得税规定，更需要随时汇总统一核算管理的软件功能。

因此，汇总主要作用于企业总厂和企业大集团的报表信息掌握的统一对外功能。

企业设置汇总程序，有专业分工的汇总，反映工业、商业、事业部门不同性质的同类汇总。有管理性质决定的部门汇总，反映按不同的生产单位、经营单位、机关和其他不同的管理单位部门的汇总。有企业大汇总，一个法人资本集中的汇总。

集团公司的具体业务汇总，一般多为年度汇总，也有为分析经济现状的定期汇总。

（一）企业集团报表汇总系列

企业每月必须汇总的 5 个表是【278. 会计科目平衡表】、【281. 利润收益表】、【288. 生产成本表】、【272. 现金流量表】、【358. 所得税清算表】，是企业主要的经济信息，除此以外是管理需要的汇总。

企业集团报表汇总目录图表

- 会计科目汇总表
- 利润收益汇总表
- 成本费用汇总表
- 现金流量汇总表
- 所得税汇总清算表
- 年度部门汇总表
- 单位对比资料汇总

企业集团报表汇总系列有 7 个表格。

汇总报表需要设置量大而多。如果一个企业内部有 20 ～ 50 个核算单位，一个集团公司有上百个企业，每月固定的汇总报表会不少，需要固定下来，自动生成。

493. 会计科目汇总表

会计科目汇总表

单位：　　　　　　　　年　月　　　　　　　　计量单位：元

一级科目	部门		部门		部门		部门		合计	
	本期	累计	本期	累计	本期	累计	本期	累计	本期	累计
资产类										
现金										
银行存款										
其他货币资金										
存出保证金										
拆出资金										
货币合计										
交易性金融资产										
买入返售金融资产										
应收票据										
应收账款										
预付账款										
……										

494. 利润收益汇总表

利润收益汇总表

单位：　　　　　　　　　年　月　　　　　　　　金额单位：元

项目	部门		部门		部门		部门		合计	
	本期	累计	本期	累计	本期	累计	本期	累计	本期	累计
主营业务收入										
主营业务成本										
……										

495. 成本费用汇总表

成本费用汇总表

单位：　　　　　　　　　年　月　　　　　　　　金额单位：元

项目	部门		部门		部门		部门		合计	
	本期	累计	本期	累计	本期	累计	本期	累计	本期	累计
固定费用										
人工成本										
工资										
生产工人工资										
基本工资										
预提工资										
奖金										
管理人员工资										
基本工资										
预提工资										
奖金										
……										

496. 现金流量汇总表

现金流量汇总表

单位：　　　　　　　　　年　月　　　　　　　　金额单位：元

项目	部门		部门		部门		部门	
	本期	累计	本期	累计	本期	累计	本期	累计
经营活动产生的现金流量								
销售商品、提供劳务收到的现金								
收到的税费返还								
收到其他与经营活动有关的现金								

续上表

其中：债权活动情况								
经营活动现金流入小计								
购买商品、接受劳务支付的现金								
支付给职工以及为职工支付的现金								
支付各项税费								
……								

497. 所得税汇总清算表

所得税汇总清算表

单位： 年 月 金额单位：元

项目	合计	部门	部门	部门	部门	……
营业收入						
其中：工业产品收入						
……						

498. 年度部门汇总表

年度部门汇总表

汇总单位： 年度 金额单位：元（千元）

项目	单位	单位	单位	单位	单位	单位	单位	合计
资产类								
现金								
银行存款								
其他货币资金								
……								

499. 单位对比资料汇总表

单位对比资料汇总表

汇总单位： 年 月 金额单位：元（千元）

项目	单位			单位			单位			合计		
	上年度	本年度	对比（±%）	上年度	本年度	对比（±%）	上年度	本年度	对比（±%）	上年度	本年度	对比（±%）
资产类												
现金												
银行存款												
其他货币资金												
……												

（二）历史台账管理分析与汇总系列

企业的财务总负责人对企业发展的经济史必须有许多的记录，便于企业决策和各种情况下的管理与分析。

历史台账管理分析与汇总系列目录图表

历史台账汇总——工资情况

历史台账汇总——固定资产情况

历史台账汇总——费用情况

历史台账汇总——考核指标情况

历史台账汇总——成本情况

历史台账汇总——人员情况

历史台账汇总——利润收入情况

历史台账汇总——全部资本情况

历史台账管理分析与汇总系列有8个表格。

500. 历史台账汇总——全部资本情况

（单位）历史台账汇总——全部资本情况					
项目	年	年	年	……	合计
全部资产合计					
1. 资产占用					
货币					
存货					
债权					
固定资产					
长期资产					
其他					
2. 资本来源					
借款					
债务					
长期债务					
实收资本					
资本公积					
盈余公积					
其他					
3. 指标					

续上表

工业总产值（按不变价）					
流动资金全年平均余额					
全部流动资金周转天数					
每百元工业总产值占全部资金					
每百元销售收入占全部资金					

501. 历史台账汇总——利润收入情况

（单位）历史台账汇总——利润收入情况					
项目	年	年	年	……	合计
1. 销售收入					
累计销售收入					
2. 营业成本					
累计营业成本					
3. 营业税金及附加					
4. 管理费用					
累计管理费用					
5. 财务费用					
6. 营业利润					
7. 营业外收入					
8. 营业外支出					
9. 利润总额					
累计利润总额					
10. 所得税费用					
11. 净利润					
累计净利润					
12. 归属于母公司所有者的净利润					
13. 每股收益：					
基本每股收益					
稀释每股收益					
14. 利税合计					
15. 销售利润率（%）					
16. 利润增长率（%）					
17. 销售增长率（%）					
18. 人均销售收入					
19. 人均利润					

502. 历史台账汇总——成本情况

(单位)历史台账汇总——成本情况					
项目	年	年	年	……	合计
生产成本					
一、固定费用					
1. 人工成本					
2. 福利项目					
3. 折旧费					
4. 大修理费					
5. 修购基金					
6. 行为税费					
7. 公共保险					
8. 计提工会经费					
9. 计提教育经费					
10. 准备费					
11. 设计费					
12. 董事会费					
13. 筹建费用					
二、变动费用					
1. 原材料					
2. 外购商品					
3. 外购动力费					
4. 专用费用					
5. 办公费					
6. 经营业务活动费					
7. 劳动保护费					
8. 中小维修费					
9. 机动车费用					
10. 仓库经费					
11. 其他费用					
三、当年生产产品工厂成本					
四、直接生产工人实动工时					
五、工时单价					

503. 历史台账汇总——费用情况

（单位）历史台账汇总——费用情况					
项目	年	年	年	……	合计
一、销售费用					
1. 包装费					
2. 运输费					
3. 搬运装卸费					
4. 仓储保管费					
5. 保险费					
6. 展览费					
7. 广告费					
8. 销售服务费					
9. 职工薪酬					
10. 业务经费					
11. 委托代销手续费					
12. 折旧费					
13. 修理费					
14. 样品及产品损耗					
15. 其他					
二、管理费用					
1. 职工薪酬					
2. 保险费					
3. 折旧费					
4. 修理费					
5. 坏账准备					
6. 存货跌价准备					
7. 无形资产摊销					
8. 长期待摊费用摊销					
9. 低值易耗品摊销					
10. 存货盘亏					
11. 业务招待费					
12. 差旅费					
13. 办公费					
14. 水电费					
15. 税金					

续上表

16. 租赁费					
17. 诉讼费					
18. 聘请中介机构费					
19. 咨询费					
20. 研究与开发费用					
21. 技术转让费					
22. 董事会费					
23. 排污费					
24. 筹建费用					
25. 其他					

504. 历史台账汇总——工资情况

（单位）历史台账汇总——工资情况										
序号	项目	年度			年度			年度		
		人数	工资总额	人均水平	人数	工资总额	人均水平	人数	工资总额	人均水平
一	总厂合计									
1	直接生产工人									
2	辅助生产工人									
3	技术人员									
4	经营人员									
5	管理人员									
6	高管人员									
7	中层管理人员									
8	其他人员									
9	全年平均人数水平									
二	机关合计									
1	技术人员									
2	经营人员									
3	管理人员									
4	高管人员									
5	中层管理人员									
6	其他人员									
三	一分厂									
1	直接生产工人									
2	辅助生产工人									
3	技术人员									
4	经营人员									
5	管理人员									

续上表

6	中层管理人员									
7	其他人员									
四	二分厂									
1	直接生产工人									
2	辅助生产工人									
3	技术人员									
4	经营人员									
5	管理人员									
6	中层管理人员									
7	其他人员									
	……									

505. 历史台账汇总——固定资产情况

（单位）历史台账汇总——固定资产情况					
项目	年	年	年	……	合计
1. 增加					
其中：厂房办公室					
构筑物					
宿舍及福利设施					
机械设备					
运输工具					
仪器仪表					
土地					
2. 累计增加					
3. 减少					
（1）报废减少					
其中：厂房办公室					
构筑物					
宿舍及福利设施					
机械设备					
运输工具					
仪器仪表					
（2）调拨其他					
……					
4. 累计减少					
5. 期末余额					
其中：厂房办公室					

续上表

构筑物					
宿舍及福利设施					
机械设备					
运输工具					
仪器仪表					
土地					
6. 累计折旧					
本期折旧					
7. 期末资产净值					
8. 折旧率（%）					
9. 固定资产平均每年投资收益率（%）					
10. 固定资产平均每年内部回收率（%）					
11. 固定资产投资平均每年递增率（%）					
12. 每个职工平均每年为国家贡献（元）					

506. 历史台账汇总——考核指标情况

（单位）历史台账汇总——考核指标情况					
项目	年	年	年	……	合计
一、产值:					
1. 增加值（按现行价格计算）					
2. 工业总产值（按现行价格计算）					
3. 新产品产值					
二、效益指标:					
1. 销售利润率（%）					
2. 利润增长率（%）					
3. 销售增长率（%）					
4. 3年销售平均增长率（%）					
5. 主营业务利润率（%）					
6. 主营业务收入增长率（%）					
7. 净资产收益率（含少数股东权益）（%）					
8. 净资产收益率（不含少数股东权益）（%）					
9. 总资产报酬率（%）					
三、资产运行状况指标:					

续上表

1. 资产增长率（%）					
2. 资产负债率（%）					
3. 总资产周转率（次）					
4. 资本积累率（%）					
5. 资本保值增值率（%）					
6. 3 年资本平均增长率（%）					
7. 流动比率（%）					
8. 速动比率（%）					
9. 流动资产周转率（次）					
10. 应收账款增长率（%）					
11. 应收账款周转率（次）					
12. 存货周转率（次）					
13. 存货增长率（%）					
14. 长期股权投资占净资产比率（%）					
四、人均指标：					
1. 从业人员人均销售收入（元/人）					
2. 从业人员人均利润（元/人）					
3. 从业人员人均资产（元/人）					
4. 职工人均销售收入（元/人）					
5. 职工人均利润（元/人）					
6. 职工人均资产（元/人）					
7. 从业人员人均实际上交税金（元/人）					
8. 从业人员人均增加值（元/人）					
9. 全员劳动生产率（元/人）					
五、其他指标：					
1. 企业办社会费用占利润总额的比率（%）					
2. 技术投入比率（%）					
3. 新产品产值率（%）					
4. 不良资产比率（%）					
5. 账销案存资产处置率（%）					
6. 账销案存资产回收率（%）					

续上表

六、股份公司指标：					
1. 企业持股数（股）					
2. 基本每股收益（元）					
3. 稀释综合率（%）					
4. 稀释每股收益（元）					
5. 市价孰低法总资产					
6. 市价法总资产					

507. 历史台账汇总——人员情况

历史台账汇总——人员情况						
项目	年	年	年	年	年	年
一、性别						
男						
女						
二、年龄						
18 ~ 30						
31 ~ 40						
41 ~ 50						
51 ~ 55						
56 ~ 60						
60 以上						
三、就业情况						
在岗						
其他人员						
四、学历						
小学以下						
初中、中专						
大专以上						
五、技术职称						
高级以上						
中级以下						
六、全部工作日						

续上表

全勤率						
加班率						
实动工时						
七、人员分类						
管理人员						
技术人员						
直接生产工人						
其他人员						

十二、企业经济状况分析体系

企业生产经营的效益结果，最终通过财务报表反映出来。所谓分析，就是以一个参考值对发生数据的对比发现变化的规律。参考值的制定有参考国内外的同业值，有企业历史资料积累值，也有按现代管理要求的高数值。

分析系统在企业属于最高密级。企业分析的方法不需要全部以会议形式，当财务提供了有关数据以后，寻找企业中各种不同的人群研究数据所产生的框架结构，要求写出分析报告，然后选择比较有质量的报告召开企业各种专业与专题研究会，分析的结果更有时效性。

企业高级管理软件完整地设计了企业全面经济状况标准计算率数值分析项目，达到了企业最高行政长官与经营管理者所需要的财务管理数据和考核项目的各项指标数据。

企业经济状况分析体系表能在每月完整地体现分析，对企业的管理决策起到关键的作用。按管理的需要，企业可以在月度由系统自动生成小分析，在季度进行重点分析，在年度进行全面分析。全面分析就是包括书面资料的分析，为下一年经营生产作出可行的决定事项提供可靠的依据。

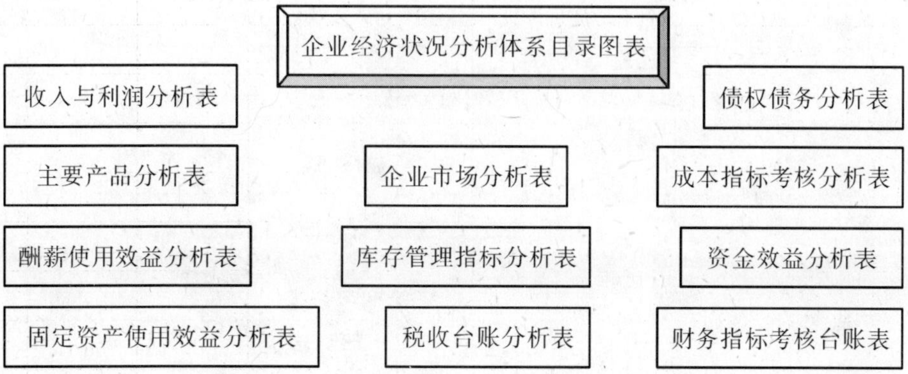

企业经济状况分析体系有 11 个表格。每个专业表格可以在上述专业项目里归类表述，将其集中起来表述是可以对比需求分析的项目。

（一）财务指标考核台账表

508. 财务指标考核台账表

财务指标考核台账表 单位：　　　　年　月　　　　财字分析表流水号：				
序号	项目	本期	上年同期	3 年同期
一	财务数据			
1	销售收入总额			
2	销售利润总额			
3	主营业务收入			
4	主营业务利润			
5	利润总额			
6	净利润			
7	所有者权益			
8	平均净资产			
9	平均净资产（不含少数股东权益）			
10	平均资产总额			
11	成本费用总额			
12	商品产品总成本			
13	利息支出			
14	应收账款			
15	流动资产			
16	存货平均余额			
17	流动负债			
18	负债总额			
19	税金			
20	长期股权投资			
21	企业办社会费用			
22	技术设计总费用			
23	平均在岗职工人数			
24	平均从业人员人数			
25	不良资产			
26	账销案存资产			
二	产值			

续上表

1	增加值（按现行价格计算）			
2	工业总产值（按现行价格计算）			
3	新产品产值			
三	效益指标			
1	销售利润率（%）			
2	利润增长率（%）			
3	销售增长率（%）			
4	3年销售平均增长率（%）			
5	主营业务利润率（%）			
6	主营业务收入增长率（%）			
7	净资产收益率（含少数股东权益）（%）			
8	净资产收益率（不含少数股东权益）（%）			
9	总资产报酬率（%）			
四	资产运行状况指标			
1	资产增长率（%）			
2	资产负债率（%）			
3	总资产周转率（次）			
4	资本积累率（%）			
5	资本保值增值率（%）			
6	3年资本平均增长率（%）			
7	流动比率（%）			
8	速动比率（%）			
9	流动资产周转率（次）			
10	应收账款增长率（%）			
11	应收账款周转率（次）			
12	存货周转率			
13	存货增长率			
14	长期股权投资占净资产比率（%）			
五	人均指标			
1	从业人员人均销售收入（元/人）			
2	从业人员人均利润（元/人）			
3	从业人员人均资产（元/人）			

续上表

4	职工人均销售收入（元/人）			
5	职工人均利润（元/人）			
6	职工人均资产（元/人）			
7	从业人员人均实际上交税金（元/人）			
8	从业人员人均增加值（元/人）			
9	全员劳动生产率（元/人）			
六	其他指标			
1	企业办社会费用占利润总额的比率（%）			
2	技术投入比率（%）			
3	新产品产值率（%）			
4	不良资产比率（%）			
5	账销案存资产处置率（%）			
6	账销案存资产回收率（%）			
七	股份公司指标			
1	企业持股数（股）			
2	基本每股收益（元）			
3	稀释综合率（%）			
4	稀释每股收益（元）			
5	市价孰低法总资产			
6	市价法总资产			
八	文字说明分析书编号	（有或无）	（有或无）	（有或无）
主管：		复核：		制表：

【508. 财务指标考核台账表】是财政部要求的考核企业系列的统一指标值。考核分析的目的与期望在许多的文件已经有所表述，在此不做其他的解释。

（二）收入与利润分析表

企业的生存靠创造销售收入后产生的利润。分析企业的收入与利润，是检验企业能否正常地、持续地发展，对基本数据的衡量检测。

509. 利润与收入分析表

利润与收入分析表				
单位：	年　月		收字分析表流水号：	
序号	项目内容	本期	上年同期	3 年同期
1	经营利润			
2	净利润			
3	全部总收入			

续上表

4	销售收入			
5	主营业务收入			
6	其他业务收入			
7	其他业务利润			
8	管理费用			
9	财务费用			
10	销售费用			
11	营业外收入			
12	营业外支出			
13	主营业务收入占全部收入（%）			
(1)	主营业务收入中工业占全部收入（%）			
(2)	主营业务收入中商业占全部收入（%）			
(3)	主营业务收入中房地产占全部收入（%）			
(4)	主营业务收入中……占全部收入（%）			
(5)	主营业务人均产值收入			
14	其他业务收入中劳务收入占比率（%）			
(1)	其他业务收入中物业收入占比率（%）			
(2)	其他业务收入中……收入占比率（%）			
(3)	其他业务人均产值收入比率			
15	资本利息收入占全部收入（%）			
16	出口退税收入占全部收入（%）			
17	企业办社会收入占全部收入（%）			
18	净利润占经营利润（%）			
19	经营收入利润率			
(1)	主营业务利润中工业占经营利润或亏损（%）			
(2)	主营业务利润中商业占经营利润或亏损（%）			
(3)	主营业务利润中房地产占经营利润或亏损（%）			
(4)	主营业务利润中……占经营利润或亏损（%）			
20	其他业务收入利润率			
(1)	其他业务利润中劳务占其他业务利润或亏损（%）			
(2)	其他业务利润中物业占其他业务利润或亏损（%）			
(3)	其他业务利润中……占其他业务利润或亏损（%）			
21	管理费用占经营利润（%）			

续上表

22	财务费用占经营利润（%）			
23	销售费用占经营利润（%）			
24	营业外收入增加经营利润（%）			
(1)	营业外收入中财产变价收入占比率（%）			
(2)	营业外收入中政府补助占比率（%）			
(3)	营业外收入中……占比率（%）			
(4)	政府补助是净利润（%）			
25	营业外支出占经营利润（%）			
(1)	营业外支出中财产处理占经营利润（%）			
(2)	营业外支出中债务重组占经营利润（%）			
(3)	营业外支出中……占经营利润（%）			
(4)	企业办社会占经营利润（%）			
26	新产品利润或亏损占全部收入（%）			
27	离退休人员费用占经营利润（%）			
28	科研经费占经营利润（%）			
29	财务费用中汇兑损益占（%）			
30	文字说明分析书编号	（有或无）	（有或无）	（有或无）
主管：		复核：		制表：

在【509. 收入与利润分析表】系列项目中所需要表达的分析目的，是企业研究具体问题的课题，以此考虑分析企业的发展状况。

1. 全部销售收入中，各项收入所占比重。确立企业有发展前景的主营产品收入的具体构成情况。

2. 全部销售收入中，对主营产品的比重分析。如果认为主营产品是企业可持续发展的拳头产品，比重小了需要找出变化的原因。

3. 非主营产品的其他业务收入各占比重。其他业务收入中的项目可否发展成为企业的主营产品。

4. 有资本营运项目的企业，资本利息收入所占比重对企业资本的影响。

5. 主要以产品进出口的企业，出口退税收入所占比重对企业利润的影响。

6. 企业办社会收入是企业对其他带有福利形式的单位，规范管理统一计算收入的反映情况，主要测算自给自足的比例，还需要企业定期拨款的比率，对企业利润的影响。

7. 企业取得的经营利润中，各个利润项目或亏损项目占经营利润的比重，特别是主营业务利润的比重，如果是非主营业务的利润为主，企业的发展就会没有坚实的基础，非主营业务利润带有偶然性的因素多。

8. 在经营利润中，3 项费用（管理费用、财务费用、销售费用）的比重需要多少利润负担消化，对比各年 3 项费用的变化情况。

9. 分析营业外收入与支出，偶然性的利润与亏损对企业的影响。

10. 汇兑损益过多过大，是外币与本位币的差异过甚，说明外币存储的风险性，需要对外币的存储调整或者其他需要管理的措施。

11. 新产品开发、科研经费、离退休费用也是在利润中需要研究的项目。

12. 重点分析许多偶然性的项目在今后发展的可能性。分析必然性的项目中大起大落的变化，对企业发展的新增收益的可能性，或者在今后大亏损的苗头需要应对措施。

（三）主要产品市场分析表

企业的主要产品都视为拳头产品，需要保护和发展，需要改革和创新，需要研究应该在哪个阶段及时调整产品的技术结构与销售心态，密切注视与分析主要产品的生命力是企业持续发展的动力。

510. 主要产品分析表

主要产品分析表

单位： 年 月 产字分析表流水号：

1. 国家目录编码		11. 当期成本	
2. 产品名称		计划最高限成本	
规格型号		计划最低限成本	
3. 产品代码		同业成本对比约占（%）	
4. 研发时间		12. 当期销售价格	
研发成本		可销售最高价格	
5. 投产时间		可销售保本价格	
6. 当年主要销售地区市场		同业价格对比约占（%）	
当年主要地区销售量		13. 最高毛利率	
平均单价		最低毛利率	
销售总额		14. 产品生命力预测	年
当年该地区市场份额		市场生命力周期分析合计	年
7. 本期年度销售总量		其中：高潮	年
本期年销售数量		低潮	年
平均单价		等待	年
销售总额		15. 预测市场未来占有率选择	
本期该地区市场份额		优势含量（%）	
8. 技术含量等级选择		劣势含量（%）	
特殊化含量（%）		16. 市场占据分析选择	
特点化含量（%）		国内市场占（%）	
一般化含量（%）		国外市场占（%）	

续上表

末势化含量（%）		17. 销售手段对比分析	
9. 产品评价等级选择		优秀占比率（%）	
拳头产品含量（%）		一般占比率（%）	
大众产品含量（%）		退化占比率（%）	
一般产品含量（%）		18. 是否需要技术性能继续开发	
末势产品含量（%）		技术继续开发状况选择	
10. 产品外观等级		难度较大占比率（%）	
可观含量（%）		一般可以占比率（%）	
一般含量（%）		19. 开发团队负责人	
劣势含量（%）		20. 文字说明分析书编号	（有或无）
主管：		复核：	制表：

在【510. 主要产品市场分析表】系列项目中所需要表达的分析目的，是企业研究具体问题的课题，以此考虑分析企业的发展状况。

1. 经常定期分析企业主打产品的优势与劣势，从产品的技术设计和外观设计，到产品的市场生命力设计。

2. 总结在某个市场上主打产品投标不成功的原因所在，占领不了市场的问题总结。

3. 主动与同业市场对比，找出本企业的产品特点与市场的特殊变化。

4. 分析企业产品的不适应性，及时调整生产线和资本的流向，防止产品的积压与可能导致破产的危险信号。

5. 分析产品开拓市场需要在成本上的降价策略。与同业对比价格优势与劣势在该地区的市场策略。

6. 对新产品开发研究的难度与成功推进的预测。

7. 对该产品主要开发团队负责人的留守待遇与未来前景估计。

（四）企业市场分析表

企业需要定期对已经开发的市场和有待开发的市场作全面的分析，及时调整企业的经营策略。

511. 企业市场分析表

企业市场分析表

单位：　　　　年　月　　　　市字分析表流水号：

序号	项目	本期	上年同期	3 年同期
一	全部产品分布			
1	其中：产品名称			
(1)	规格型号			
(2)	销售量			

续上表

(3)	销售金额			
2	其中：产品名称			
(1)	规格型号			
(2)	销售量			
(3)	销售金额			
(4)	……			
二	销售量地区分布			
1	国外市场			
(1)	（国家名）			
(2)	……			
(3)	销售总额			
(4)	市场份额（%）			
(5)	估计可持续份额（%）			
(6)	估计市场生命力	年	年	年
(7)	比上年同期增长或者减少（%）			
2	国内市场			
(1)	（地区名）			
(2)	……			
(3)	销售总额			
(4)	市场份额			
(5)	估计可持续份额（%）			
(6)	估计市场生命力	年	年	年
(7)	比上年同期增长或者减少（%）			
三	当年签订市场合同	个	个	个
1	当年签订市场合同金额			
2	当年完成签订市场合同金额（%）			
3	上年转入市场合同金额			
4	转入明年合同金额			
5	明年以后已在手市场合同金额			
6	计划可继续签订合同金额			
7	增长或者减少（%）			
8	合作伙伴企业数量	家	家	家
9	合作伙伴企业评估（书面资料编号）			
四	经营市场不稳定因素选择			
1	技术占比（%）			

续上表

2	质量占比率（%）			
3	人才占比率（%）			
五	当年毛利总额			
1	其中人工成本占毛利（%）	个	个	个
2	工时费用总额占毛利（%）			
3	产品销售毛利率（%）			
六	新产品研究开发在手项目			
1	计划开发项目名称			
2	……			
3	新产品科研经费计划			
4	已使用科研经费			
七	全部技术人员人数	人	人	人
1	经营人员中工程师所占比例（%）			
2	专设科研机构占工程技术人员（%）			
3	技术人员学历分布	人	人	人
(1)	中级	人	人	人
(2)	高级以上	人	人	人
4	技术人员岗位分布	人	人	人
(1)	科室	人	人	人
(2)	车间	人	人	人
(3)	其他			
八	文字说明分析书编号	（有或无）	（有或无）	（有或无）
主管：		复核：		制表：

在【511. 企业市场分析表】系列项目中所需要表达的分析目的，是企业研究具体问题的课题，以此考虑分析企业的发展状况。

1. 分析企业在市场销售的手段与艺术，对企业销售办法的评价与评估。实行【022. 经营计划毛利测算表】的研究，开展经营人员的考核业绩奖励，提高企业经营工作质量。

2. 定期分析企业产品在某个地区进入不了市场的原因，以真实的案例分析评估企业的管理能力。

3. 分析成功销售量不减的产品在市场上可取的经验。对深入客户了解调查的问题之谈，总结成功的案例分析，评估该市场的生命力及可能预测的未来产值。

4. 对已签订的合同与商品定单分析主要产品的动向，分析合同定单的价值取向，今后市场可持续能力。

5. 对已经签订的合同定单安排生产的能力进度估计，即毛利预测是否保本，或者已经饱和程度，需要承受的合同定单是否还有扩大再生产产能余地。

6. 合作伙伴企业的动向，加工能力配合情况，企业相互信誉等级。

7. 新产品对市场的需求是否满足，估计新产品对企业当年效益的影响。

8. 技术队伍人才情况分析。开发人员的变动状况不稳定，是市场产品不稳定的主要因素。流动是交流，不流动是一潭死水，过多的流动是资本的损失。常言说，人的进程是“一年培养，两年提高，三年才能讲管理”。稳定技术人才管理队伍，是保证企业不断发展的健康基因，企业需要拿出加强管理的办法。

（五）资金效益分析表

企业能持续发展的关键资本是货币现金。充分利用好每一分钱，投入到企业生产能力的周转资金做到不能让活资金变成死现金。

512. 资金效益分析表

资金效益分析表

单位：　　　　年　月　　　　资字分析表流水号：

序号	项目	本期	上年同期	3 年同期
1	销售收入总额			
2	销售利润总额			
3	期末现金总流量			
4	销售总额中当期实际收到现款			
5	销售总额现金实现率			
6	销售总额中以前年度收款			
7	销售总额加以前现金实现率（%）			
8	销售总额中挂应收款			
9	销售总额中挂应收款率（%）			
10	发出商品占当期销售收入（%）			
11	发出商品占期末存款总额（%）			
12	本期银行存款总进项（除借款）			
13	本期现金总进项			
14	合计总进项			
15	货币进项占当期销售总额（%）			
16	资金收入周转率（%）			
17	本期银行存款总支出（除借款）			
18	本期现金总支出			
19	合计总支出			
20	货币支出占当期销售总额（%）			
21	当年固定资产计划投资总额			
22	上一年折旧变现额			
23	计划当年折旧沉淀资金额			

续上表

24	短期借款			
25	短期借款占全部借款的比率（%）			
26	长期借款			
27	长期借款占全部借款的比率（%）			
28	全部借款占所有者权益（%）			
29	全部借款占当期销售总额（%）			
30	借款中财产抵押借款			
31	借款中产品质压借款			
32	借款中信用借款			
33	借款中其他性质借款			
34	全部借款总额			
35	平均利息率（%）			
36	利息支出			
37	借款利息占总费用（%）			
38	期末存款总额			
39	存款总额占借款总额率（%）			
40	存款中外汇存款占比率（%）			
41	外汇存款估计风险率（%）（±）			
42	息税前利润			
43	已获利息倍数			
44	盈余现金保障倍数			
45	现金流动负债比率（%）			
46	文字说明分析书编号	（有或无）	（有或无）	（有或无）
主管：		复核：		制表：

在【512. 资金效益分析表】系列项目中所需要表达的分析目的，是企业研究具体问题的课题，以此考虑分析企业的发展状况。

1. 资金的管理首先要重视商品产品交出去即时收到款项的动态。结算销售收入有4种情况：一是即时收款；二是以前年度收款，现在结算先使用未来钱；三是开了发票的赊账；四是卖方贷款结账。后3种是影响资金周转的具体因素，需要企业随时分析应对。

2. 没有开发票不挂账的产品外流现象需重视〔发出商品〕管理。对发出商品超过2个月不开发票的问题必须加以重视，做到资金及时回笼，建立安全的收款措施。

3. 自我核定检验企业的流动资金需求量，一般的方法是：①在产品加仓库存货全年平均占有值的2个半月合计值；②按全年平均销售额2个月的合计值。少于这个数值的需要加紧追收产品款，或者收取产品进度款。预测销售收款因产品生产没有问题的、出现资金缺口的，求助银行借款补充流动资金的预测。

4. 期末货币存款总额小于企业自我核定应有货币存款数额的流动资金，应检查在近期可回收的产品款项是否停滞，检查债权债务的滞账问题，检查库存商品产品超出承受能力的资金问题。

5. 期末货币存款总额大于企业自我核定应有货币存款数额的流动资金，不要急于还款银行的借款，需要分析下一阶段资金可能出现的缺口，检查材料暂估入库的在途情况，检查除银行借款以外必须随时付款的债务情况，检查预提费用中的债务内容欠债情况。一切都证实了的确是效益留成取得的流动货币以后，才考虑投资行为的增加，理财产品的运用等。

6. 流动资金需求量原理：一般企业流动资金的安排是从生产到产品款回收周期预测在3个月，超过3个月是资金链条随时会断裂的危险期。即使有雄厚的自有资金，也不会让成本费用无限制地填补进去，不考虑资金的回收问题。按一个资本持有人的心理学来说，3个月是必须看到资金回报的极限。因此，设定3个月资金周转期是有一定理论原则的。所以，在签订大型产品与工程合同的时候超过3个月周期的，应提出有产品进度款的条款。因某种因素没有进度款条件的，企业则以合同质押或者以其他方式向银行借款作为生产启动资金。因而企业需要定期研究资金的运作措施，重视资金的管理。

7. 举债经营虽然说是理论上的科学之躯。但是举债的基础是企业的管理实力。企业在生产流动资金不足的情况下向银行借款，适合的时间是在生产准备的开始。生产准备在一般的企业是采购原材料的开始，大型产品企业是在设计工艺的开始为启动时间。银行借款需要适时，以免到期资金压库，付出利息增加成本开支。提供产品生产准备的信息是生产经营管理部门配合资金管理的工作职责。

8. 银行借款有不同的信用手续与性质，财产抵押、产品质压、信用指标借款。企业需要采取不同的管理方式，在有关的教科书已有说明。企业需保持对金融机构的合作信誉，对企业的未来发展极有帮助意义。

9. 注意固定资产投资资金的管理。对于已经有一定投资规模的企业，应该建立投资发展计划的措施制度。原则上，已经使用的固定资产以折旧费回收的1/3或者1/2形成的流动资金，作为再投入更新改造资金。扩大再生产或者新产品投入，按预测计划先使用另一半折旧回收资金，不足部分再考虑已经筹措资金的来源，原则上还是以产品成本可以承受的折旧资金归还。企业财务总负责人应随时准确地提供分析更新改造资金的来源情况，不能让无谓的投资将生产保障资金变为封闭的水渠。

10. 一般企业获取利润产生的流动资金，应该先满足生产周转金及扩大再生产的准备金，然后才建议考虑研究其他的投资项目。

11. 企业对每一个投资项目，要做到计划预测资金的来源保证措施与投向进度准备方案，以免强行投入带来的恶性结果。

12. 有关每一个资金考核指标都代表了一个管理意义，需要认真地对比分析，找出差异规律，也就是资金管理的变化规律，及时调整资金流向的差异。

13. 以上的管理概念是企业管家人（财务总负责人）的基本素质，告知企业经营者更是管家人的智慧。

（六）成本指标考核分析表

企业管理是企业成本控制管理的过程。成本的分析过程，就是企业科学管理近一步深化的过程。成功在于过程的管理，成本管理过程的成功，就是企业管理成功的典范。

513. 成本指标考核分析表

成本指标考核分析表

单位： 年 月 成字分析表流水号：

序号	项目	本期	上年同期	3年同期
一	财务数据			
1	销售收入总额			
2	销售利润总额			
3	主营业务收入			
4	商品产品总成本			
5	成本费用总额			
6	固定费用			
7	期间费用			
8	人工成本			
9	工时费用			
10	直接生产工人数			
11	平均从业人员人数			
12	实动工时			
13	直接生产工人制度工作工时			
14	销售费用			
15	管理费用			
16	财务费用			
17	物耗成本			
18	成本费用总额中主要材料			
19	成本费用总额中直接费用			
20	商品产品总成本中直接费用			
21	销售毛利额			
二	考核指标			
1	成本费用利润率（%）			
2	成本费用总额占主营业务收入的比率（%）			
3	成本费用总额占销售收入的比率（%）			

续上表

4	直接生产工人人均负担成本费用（元）			
5	收入成本率（%）			
6	收入费用率（%）			
7	人均成本费用（元）			
8	人工成本占成本费用总额比率（%）			
9	人工成本占收入的比率（%）			
10	人均人工成本（元）			
11	固定费用占成本费用总额比率（%）			
12	工时费用单价（元）			
13	直接生产工人制度工作工时费用单价（元）			
14	生产任务饱和率（%）			
15	按制度工作日 80% 的工时单价			
16	按制度工作日 100% 的工时单价			
17	管理费用商品产品总成本比率（%）			
18	销售费用商品产品总成本比率（%）			
19	财务费用商品产品总成本比率（%）			
20	物耗成本占成本费用总额比率（%）			
21	成本费用总额中主要材料占成本费用总额比率（%）			
22	成本费用总额中直接费用占成本费用总额比率（%）			
23	商品产品总成本中直接费用占总成本（%）			
24	销售毛利率（%）			
三	文字说明分析书编号	（有或无）	（有或无）	（有或无）
主管：		复核：		制表：

在【513. 成本指标考核分析表】系列项目中所需要表达的分析目的，是企业研究具体问题的课题，以此考虑分析企业的发展状况。

1. 阶段性分析研究企业由技术部门牵头的【038. 工厂成本设计表】工作，检验经营生产进度与【038. 工厂成本设计表】预算的匹配性，研究当期经营计划毛利测算是否已经满足企业固定费用的弥补进度。

2. 定期检验企业产品价格设计工作的准确性，及时总结财务真实成本与企业价格库的差异所在，为继续开拓经营铺垫良好的基础管理。

3. 分析企业经营毛利预测工作，确定毛利项目的范围，考核检验企业内各部门的毛利成本项目的预算管理执行情况。

4. 分析产品经营项目的目标成本管理情况，提高经营管理人员的经营水平。

5. 确定企业固定费用的标准项目及阶段性的预算指标，发挥固定费用原理，确保保本目标、边际收益、边际成本在经营者心中的成本分析水平达到既定目标。

6. 确定企业期间费用的标准项目及阶段性的预算指标，是企业机关管理层配备层次部门的主要参考依据，对于企业经济体制架构的影响分析做出决策性意见的重要数据。

7. 〔固定费用〕原理新解：固定费用在一些课程里形象地说是"开门七件事"比较笼统。在这里，实践经验的公式是：设备生产能力 + 基本队伍 = 固定费用。

按企业的初始设计和企业具有一定规模以后，市场经济形式的影响规定了企业的发展轨道。企业在一个计算截止日所装备的固定资产，决定了设备生产能力的武装程度，确定了企业必须按设备生产能力规定的方向发展。在周而复始的下一个生产年度里，必须寻找到这些设备所需要生产的产品，以弥补设备投资所产生的〔固定费用〕。因此，设备生产能力标准 = 固定资产折旧费 + 维护大修理费用。

第二是基本队伍费用。基本队伍的设定必然是围绕着设备生产能力所必须具备的劳动生产力：①工程技术设计人员；②直接生产工人；③专业管理人员；④必要的辅助生产人员。

也就是说，企业在没有生产任务或者当年生产任务不足的情况下也必须供养开支的人员费用。基本队伍就是企业的技术骨干和业务骨干，是不能随便遣散的人员，除非是决定停止生产破产的时刻。基本队伍费用是固定费用的根本。

有时候，为了等到经济复苏，企业有一定资本的时候，保基本队伍费用就不计算设备生产能力费用。折旧费用在考核企业效益的时候，有时候属于政策性亏损费用指标。

基本队伍的费用标准计算是，确定人员费用的基础上加 80%～100%，是按企业产品专业性质决定的其他费用开支。产品专业性质指复杂工艺与简单工艺之分。比如工程技术人员平均人工成本 5 000 元 + 其他费用 100% 的 5 000 元，直接生产工人人工成本 2 000 元 + 其他费用 80% 的 1 600 元，如此测算类推。

企业根据历史数据变化情况，可以参照计算企业的〔固定费用〕。〔固定费用〕以外随生产产品的增加而增加的人员费用不计算在〔固定费用〕里。但是，如果企业在一个阶段中比如 5 年内生产产品任务是满足的，〔固定费用〕的变化就应该包括全部人员费用。所以〔固定费用〕的测定也是决策层需要掌握关心的费用标准之一。

〔期间费用〕在各个企业不同，可以计算在〔固定费用〕中，也可以单独列支。

〔固定费用〕在经营手段上的利用，在工厂成本预算的作用，在工时费用的计算都是非常重要的。

8. 分析〔工时费用〕的变化规律，按制度工作日的负荷值，对比〔实动工时〕发生确定的企业生产负荷能力，对保本生产、对扩大再生产、工时费用的变化预示着企业的发展方向。

9. 各个成本项目的真实，才能准确计算成本考核的指标率。经常分析指标率的同比变化情况，确定开展项目成本的控制办法与措施。

（七）债权债务分析表

企业债权债务的情况反映了企业营运能力的实力。收款的不及时、付款的拖欠，都会影响企业的经营形象。债权债务不及时地清理，容易造成企业在不知不觉中产生经济危机。债权债务是需要时刻警惕的经济指标。

514. 债权债务分析表

债权债务分析表

单位：　　　　　　　　　　　　年　月　　　　　　　　债字分析表流水号：

序号	项目内容	本期	上年同期	3 年同期
1	全部资产总额			
2	所有者权益			
3	金融借款			
(1)	金融借款中长期借款占全部借款比率（%）			
(2)	金融借款中 1 年内借款占全部借款比率（%）			
4	其他全部债务			
(1)	其他全部债务占总资产比率（%）			
(2)	外部单位债务占总资产比率（%）			
(3)	内部单位往来债务占全部债务比率（%）			
(4)	应付职工费用与股金占全部债务比率（%）			
(5)	2 年以上未动债务			
(6)	估计不用偿还的债务率			
(7)	估计不用偿还的债务率：原因选择			
	账务处理原因占比率（%）			
	没有债权人占比率（%）			
	其他争议占比率（%）			
5	资产负债率			
(1)	资产负债率中金融负债占比率（%）			
(2)	资产负债率中外部负债占比率（%）			
(3)	资产负债率中其他负债占比率（%）			
6	全部债权			
(1)	全部债权占总资产比率（%）			
(2)	外部单位债权占总资产比率（%）			
(3)	内部单位债权占全部债权比率（%）			
(4)	私人欠款占全部债权比率（%）			
(5)	2 年以上未动债权			
(6)	估计未动债权损失率			
(7)	估计可能损失笔数			

续上表

(8)	估计损失金额			
(9)	估计损失原因选择			
	质量问题占比率（%）			
	没有债务人占比率（%）			
	其他争议占比率（%）			
7	债权与债务相抵后差额			
(1)	已有坏账准备			
(2)	计划损失占坏账准备（%）			
8	预提费用			
(1)	预提费用中的债务率（%）			
(2)	预提费用中的可能不需用率（%）			
9	待摊费用			
(1)	待摊费用中的债权率（%）			
(2)	待摊费用中计提的应付未付的费用率（%）			
10	年末货币资金			
11	企业偿债能力			
12	文字说明分析书编号	（有或无）	（有或无）	（有或无）
主管：		复核：		制表：

在【514. 债权债务分析表】系列项目中所需要表达的分析目的，是企业研究具体问题的课题，以此考虑分析企业的发展状况。

1. 及时总结分析应收应付款的各个项目，检查核对财务报表所反映的账龄及账务滞留情况的原因。

2. 对长期合作赊账的客户，密切注意该客户的发展情况，一般赊账不能超过总销售额的10%，企业总资本的5%。一旦超出范围，必须组织专人追收债权债务处理问题。

3. 对金融借款到期以后偿还能力估计，拖欠会影响企业的经营信誉。

4. 外部单位债务占总资产的比例需要注意，资产负债率的变化规律。一旦对方追要存款，对货币资金偿还能力的估计。

5. 对债权中可能收不回的损失估计，企业弥补承受能力。

6. 对隐藏了债权债务性质的〔预提费用〕、〔待摊费用〕需要定期梳理，估计对企业效益的影响。

7. 企业时刻注意财务报表反映出来的综合指标偿债能力。企业偿债能力是综合平衡了许多因素以后总结出来的。公式是：货币现金 + 债权 + 内部往来 − 预计损失 + 坏账准备 − 债务 + 内部债务 − 金融借款 + 存货的20%。测定企业偿债能力水平的变化规律，制定企业偿债能力的应急措施。

8. 研究坏账准备对债权债务的作用分析。

9. 对债权债务超过总资产的注意分析，求得制定企业债权债务合适程度标准，需要有关的管理者应知应会，一旦超过范围，加紧追究管理原因。

（八）薪酬使用效益分析表

企业诸多的管理工作，人才管理是第一，以人为本。

对薪酬的研究，更重要的是关心人才发展的分析。企业人才的分布，企业技术工种的需求，企业技术人才的发展方向，都决定了企业未来的前途因素。

薪酬的使用情况是否合理，考核是否得体，在系列的指标排比中，能衡量企业对激励机制的制定是否科学，对企业的发展是否产生应有的效应。

515. 薪酬使用效益分析表

薪酬使用效益分析表				
单位：	年　月	薪字分析表流水号：		
序号	项目	本期	上年同期	3年同期
一	职工人数情况（人）			
1	（全年）从业人员人数			
2	（全年）平均从业人员人数			
3	（年末）职工人数			
4	其中：在岗职工人数			
5	（全年）平均职工人数			
6	其中：平均在岗职工人数			
7	（年末）离休人数			
8	（年末）退休人数			
9	企业人才库人数			
10	企业人才占全部职工比率（%）			
11	管理人员人数			
12	管理人员占全部职工比率（%）			
13	技术人员人数			
14	技术人员占全部职工比率（%）			
15	直接生产工人人数			
16	直接生产工人占全部职工比率（%）			
17	其中：技术工人人数			
18	技术工人占全部职工比率（%）			
二	参加社会保险职工人数			
1	参加补充养老保险（年金）职工人数			
2	参加补充医疗保险职工人数			

续上表

3	参加社会保险外来工人数			
4	参加补充养老保险（年金）外来工人数			
5	参加补充医疗保险外来工人数			
三	接收军队转业、复员退伍人员总数			
1	其中：当年接收军队转业、复员退伍人员数			
2	接收下岗再就业职工人数			
3	企业不在岗职工及劳动关系处理情况：			
4	（年初）不在岗职工人数（人）			
5	其中：内退人数（人）			
6	（年末）不在岗职工人数（人）			
7	其中：内退人数（人）			
8	本年累计解除劳动关系人数（人）			
9	本年累计支付经济补偿金额			
10	其中：财政负担部分			
四	本年支付的职工培训费用			
1	应计提教育经费总额			
2	（全年）使用教育经费			
五	工资情况			
1	（全年）应发工资总额			
2	（全年）实际发放工资总额			
3	其中：实际发放职工工资总额			
4	其中：实际发放在岗职工工资总额			
5	企业提取的工资总额			
6	其中：非工挂企业工资总额			
7	核定的工挂企业工资总额基数			
8	工挂企业提取的新增效益工资			
9	全年人均工资（元/人）			
10	全年在岗职工人均工资（元/人）			
11	比前一年（±%）			
12	其中：管理人员工资			
13	人数			
14	管理人员占工资总额（%）			
15	人均平均工资收入			
16	比前一年（±%）			

续上表

17	其中：技术人员工资			
18	人数			
19	技术人员占工资总额（%）			
20	人均平均工资收入			
21	比前一年（±%）			
22	其中：直接生产工人工资			
23	人数			
24	直接生产工人占工资总额（%）			
25	人均平均工资收入			
26	比前一年（±%）			
27	其中：辅助生产人员工资			
28	人数			
29	辅助生产人员占工资总额（%）			
30	人均平均工资收入			
31	比前一年（±%）			
32	其中：企业办社会人员工资			
33	人数			
34	企业办社会人员占工资总额（%）			
35	人均平均工资收入			
36	企业办社会职工总数占全部职工比率（%）			
六	人工成本			
1	管理本部人工成本			
2	人均水平（元/人）			
3	技术人员人工成本			
4	人均水平（元/人）			
5	直接生产工人人工成本			
6	人均水平（元/人）			
7	辅助生产人员人工成本			
8	人均水平（元/人）			
七	福利及附加费情况			
1	离退休人员养老金及福利性补助			
2	本年列支的职工福利费			
3	本年支付的医药费			

续上表

4	其中：离退休人员医药费			
5	本年支付的职工住房费用			
6	其中：本年提取的住房公积金			
7	本年一次性支付的住房补贴			
8	本年按月发放的住房补贴			
9	本年支付的养老保险基金（1）			
10	人均养老保险			
11	本年支付的医疗保险基金（2）			
12	人均失业保险			
13	本年支付的失业保险基金（3）			
14	人均医疗保险			
15	本年支付的工伤保险基金（4）			
16	人均工伤保险			
17	本年支付的生育保险基金（5）			
18	人均生育保险			
19	本年支付的重病基金基金（6）			
20	人均重病基金			
21	6 项基金合计			
22	6 项基金人均水平			
23	6 项基金占工资总额（%）			
24	6 项基金占当年全部商品产品成本（%）			
25	6 项基金占当年销售收入（%）			
八	文字说明分析书编号	（有或无）	（有或无）	（有或无）
主管：		复核：		制表：

在【515. 薪酬使用效益分析表】系列项目中所需要表达的分析目的，是企业研究具体问题的课题，以此考虑分析企业的发展状况。

1. 随时提供企业最高行政长官等管理层了解企业人员分布情况，企业对各种人员的负担情况，对国家责任到位情况，对各种人员发展情况的分析对比。

2. 企业人员流动是劣汰优胜自然规律。测定业务骨干的人员范围，注意变化规律与动态，制定企业人才库的具体管理措施。关键是企业的业务骨干的流动变化情况，业务骨干和技术骨干分布情况，骨干力量的水平极限、稳定因素、报酬水平，制定合理的对骨干力量的科学管理办法。

3. 分析人才现状，人员配备比例，产品适宜工种人群，企业目前定位需求人员情况。

分析企业内各个工种的变化情况，劳动负荷情况，复合工种的技术专业性情况，复合工种的技术专业性可能产生不太专业而造成的产品安全隐患等。

4. 企业工资报酬的使用情况与效应，各种人员工资水平情况，各种人员工资所占比例，工资效应与企业收益的比例发展，正比同升与反差升降的影响舆论心理。

5. 分析工资水平的变故原因，选择分析个人收入比例，分析个人收入增长比例，个人的工资效应对某个阶层、某个团队产生的影响与效应。

6. 分析企业发展规模预计，评估估计在一定的年度内企业工资计划升幅对企业产品的影响，对企业成本的承受能力，对企业整体经济效益的影响。

7. 企业福利是人才趋向的自然口碑，福利代表了对人关心的标志词句，用人不关心人留不住人。这里没有列举建房费的开支情况对比指标，有条件的企业应该有住房指标是企业全面发展的要求。

8. 企业需要测定人工成本的影响反映，考虑退职费、退休费、报销学费、托费等对企业的产品影响和信誉建立的反差要求，科学地建立企业人员管理体制的制度与需求。

（九）固定资产使用效益分析表

企业固定资产的分析，不仅时刻要对固定资产的管理心中有数，对固定资产的管理必须科学实用性，也就是检验企业资本自身的价值所在，企业资本所能创造的价值所在。

如果企业资本陈旧难以更新，或者价值高使用效率不高，再或者与企业发展的技术方向不匹配，会严重影响企业的经济效益，对企业的生存与发展是严峻的管理问题。

516. 固定资产使用效益分析表

固定资产使用效益分析表

单位：　　　　年　月　　　　固字分析表流水号：

序号	项目	本期	上年同期	3年同期
一	固定资产总额情况			
1	按使用情况划分（原价）			
（1）	其中：在用固定资产			
（2）	未使用固定资产			
（3）	不需用固定资产			
2	按类别划分固定资产（原价）			
（1）	其中：厂房办公室			
（2）	构筑物			
（3）	宿舍及福利设施			
（4）	机械设备			
（5）	运输工具			
（6）	仪器仪表			
（7）	土地			
3	固定资产净值情况			

续上表

(1)	其中：厂房办公室			
(2)	构筑物			
(3)	宿舍及福利设施			
(4)	机械设备			
(5)	运输工具			
(6)	仪器仪表			
(7)	土地			
4	累计折旧			
(1)	其中：厂房办公室			
(2)	构筑物			
(3)	宿舍及福利设施			
(4)	机械设备			
(5)	运输工具			
(6)	仪器仪表			
5	当年计提的固定资产折旧总额			
(1)	其中：厂房办公室			
(2)	构筑物			
(3)	宿舍及福利设施			
(4)	机械设备			
(5)	运输工具			
(6)	仪器仪表			
6	当年计提折旧的平均固定资产原值			
7	当年计提平均固定资产折旧率（%）			
8	当年固定资产投资总额			
(1)	其中：购置固定资产			
(2)	基建投资			
(3)	其他投资			
9	报废留用资产总额			
10	报废留用资产占全部资产（%）			
11	按市场公允价自评资产价值			
12	中介机构评估公允价值			
13	公允价与资产总额对比浮动率（%）			
二	固定资产抵押情况			

续上表

1	抵押资产			
(1)	其中：土地资产			
(2)	房屋、建筑物			
(3)	机器设备			
(4)	运输工具			
2	资产评估值			
(1)	其中：土地资产			
(2)	房屋、建筑物			
(3)	机器设备			
(4)	运输工具			
3	评估增长率（%）			
4	抵押资产占总资产比率（%）			
5	抵押资产占净资产比率（%）			
三	担保资产			
1	其中：土地资产			
2	房屋、建筑物			
3	机器设备			
4	运输工具			
5	担保资产占净资产比率（%）			
6	担保资产占总资产比率（%）			
四	固定资产维修情况			
1	维修总额			
(1)	其中：大修			
(2)	中修			
(3)	小修			
2	资产维修率（%）			
五	使用效果情况			
1	计划使用额			
2	实际使用额			
3	资产使用率（%）			
六	固定资产减值准备情况			
1	减值项目（个）			
2	固定资产减值准备总额			

续上表

(1)	其中：房屋、建筑物			
(2)	机器设备			
(3)	运输工具			
3	本期增减值准备总额			
4	减值准备总额占固定资产总额比率（%）			
5	减值准备总额占总资产比率（%）			
6	减值准备总额占净资产比率（%）			
七	考核指标			
1	（全年）平均从业人员人数			
2	总资产			
3	净资产			
4	主营业务收入			
5	固定资产增长率（%）			
6	资产成新率			
7	资产原值占当年收入			
8	资产净值占当年收入			
9	资产回报率			
10	人均固定资产原值装备率			
11	人均固定资产净值装备率			
12	固定资产投资占主营业务收入的比率（%）			
13	当年固定资产折旧占全部生产成本（%）			
14	固定资产净值占总资产			
15	固定资产原值占总资产			
八	文字说明分析书编号	（有或无）	（有或无）	（有或无）
主管：		复核：		制表：

在【516. 固定资产使用效益分析表】系列项目中所需要表达的分析目的，是企业研究具体问题的课题，以此考虑分析企业的发展状况。

1. 报告分析企业固定资产的全部情况，分析动产与不动产的基本质量与真实价值，对各种类别资产产生经济效益的直接影响与间接影响评估，及时调整固定资产管理的策略与方针，制定相应的管理制度。

2. 评估当年固定资产折旧占全部生产成本的影响，制定企业固定资产折旧程度标准，分析折旧费用对企业产品的影响政策与策略，考虑投资的发展实际轨道变化规律。

3. 固定资产折旧程度标准解释：国家历来财经政策对固定资产的管理有一定的标准和要求，折旧费的提取现在有综合法、年限法、加速法等，都是需要企业选择决定以后报税务机关备案，作为对企业所得税的稽核标准。因此，企业需选择折旧的办法是经营企业的基本要求。

举例说，在一般企业成本核算费用分解的主要五要素中，各项目占比例上下浮动的基本情况是，材料费为50%、工资及附加费为15%、动力费为5%、折旧与大修为5%、其他费用为25%。这样一般企业的折旧费不会超过企业产品附加值的10%。如果企业产品附加值比较高，决定加速固定资产的折旧造成的亏损可以理解为政策性亏损。但是在没有变动折旧办法的时候，企业折旧费超过了附加值的15%以上是危险信号。一种可能是生产产值不足，另一种可能是投资过大造成的负担。分析了原因以后，投资脚步必须放慢。同时检查研究再投资对企业的还本能力，扩大再生产设备的消化能力，产品和设备同时承担能力负荷的百分比对比数值进行分析。

在纯劳务企业，比如服务行业的旅业宾馆、饭店，一般3年需要重新装修发生费用，折旧率至少是30%的情况下，投资回报策略更需要企业有持久的固定资产折旧程度标准预测，这个预测是经济可行性研究的大范围研究考察评定的方式。否则，企业的持续性将会受到严重的影响。

4. 重点分析固定资产投资在企业流动资金不够的情况下，或者吃掉企业一部分流动资金的时候，靠银行借贷资金的投资必须计算银行利息还本付息的能力，3年以后必须增加一定分量的维修和维护费情况下，必须研究投资回报率的风险对企业产生的经营风险，可能产生的严重后果，并随时准备政策策略以及所具备挽救措施的研究方案。

5. 固定资产净值与原值占企业总资产的合理化价值杠杆是否平衡，评估财产的真实新旧程度，分析现有固定资产能否满足近期产品的生产需要，分析固定资产对人的影响。比如办公场所的翻新，车间设备对安全的系数值等。

6. 分析研究固定资产使用值，制定企业使用率的计算方法。对使用效果不理想的资产评估分析，加强经营产品的趋向利用是否可以完全承受，可以不再增加新配套的要求；对超负荷运转的资产评估分析，是否继续购置新的设备以备不时之需；对封存资产的评估，今后可否继续使用的预测，如果现阶段处理与不处理的后果评估。

7. 评估报废留用资产总额的真实新旧程度，可以产生的经济效益与维修和维护费用的成本对比价值分析。

8. 分析评估大修理费、中、小修理费的发生情况，对一些特殊的修理费与其固定资产净值的对比，评估继续维护的净值分析。对有些仪器设备的维护更新不亚于重新购入一台新的仪器更换与否进行分析。

9. 研究开发新产品的需要投资取向，及早做好经济可行性研究报告，分析研究旧设备与购置新设备对企业现有效益的影响。

10. 抵押资产的比例是破产的前景预计，需要重视发展情况。

11. 对担保资产的对象研究，关注担保对象的发展情况及时调整应付政策与办法。

12. 注意对资产考核指标的浮动变化，及时调整企业管理资产的决策方向。

（十）库存管理指标分析表

库存管理的分析，对企业的生产效益有着直接的关系。库存过高，导致仓管费用过大，占用资金过多，场地和人员的占用与管理，对生产成本的是不小的影响。

如果造成物资积压，轻易地吃掉企业仅有的利润在所难免。关注库存的管理，在诸多的管理事项中是必须要重视不可小觑的日程。

517. 库存管理指标分析表

库存管理指标分析表

单位：　　　　　　　　　　　　　　年　月　　　　　　　　　　库字分析表流水号：

序号	项目	本期	上年同期	3年同期
1	销售总额			
2	材料成本总额			
3	毛利额			
4	毛利率（%）			
5	当年商品产品总成本中原材料所占（%）			
6	材料商品库存总量（元）			
7	库存物资品种总量（项）			
8	材料商品库存增长率（%）			
9	材料商品库存周转率（次）			
10	质量到期货物总额			
11	核定储存最高上限			
12	核定储存最低下限			
13	平均储存			
14	流动量（%）			
15	流通最佳流动量额			
16	流通最佳流动量（%）			
17	最高存储天数（天）			
18	3个月未动的积压物资			
19	积压物资占总库存（%）			
20	主要流通物资销售比例：			
21	五金库收入（元）			
22	五金库占销售收入（%）			
23	机械库收入（元）			
24	机械库占销售收入（%）			
25	食品库收入（元）			
26	食品库占销售收入（%）			
27	供应商合作伙伴			
28	供应商合作伙伴评估分析（书面资料编号）			
29	文字说明分析书编号	（有或无）	（有或无）	（有或无）

主管：　　　　　　　　　　　　　　复核：　　　　　　　　　　　　　制表：

在【517. 库存管理指标分析表】系列项目中所需要表达的分析目的，是企业研究具体问题的课题，以此考虑分析企业的发展状况。

1. 研究核定企业的库存储备资金额度，加强仓库库存管理。一般千万元以上产值的企业，特别是大型企业，储存与分类管理的仓库不会少，分门别类制定仓库管理的参考值非常重要。大型物资的钢材、设备类，小型物资的小五金、非金属棉纱制品类，食品、药品类，核定库存储备额的指标工作不能轻视。

2. 库存一旦超过储备额度，应细致地检查分析企业的生产需要库存量，检查可以立刻进入生产成本所占的百分比，检查通用性质的原材料所占百分比，检查已经造成积压和过期商品所占比例的百分比，检查企业产成品库销不出去所占百分比。企业对什么原因造成积压的处罚应该有严格的管理制度检验核对条款，对可能是人为造成损失的物质，及时做出处理的决定与方法。

3. 企业自我测定储备资金的原理：我国目前生产资料的物资市场，丰富多彩，许多商品产品已经是供大于求的状况不少。企业需要做物资库存的生产准备应该趋向零库存的管理。因此，核定库存储备资金的标准，用企业商品产品总成本作数据基础，综合考核率在10%左右。其中通用性质的原材料比如螺丝、法兰、水泵等，应该不会超过3%；特定不属于市场标准件采购的原材料到货以后，应该按生产进度时间即刻进入生产成本；因检验不合格等原因暂时滞在仓库的，可以直接考察到原因的超指标暂且不算。对人为或者各种原因造成的浪费，必须追究责任后及时处理，如果储备资金超过生产总成本5%以上的，会严重影响企业的经济效益。

所以，核定了的一个储备资金标准，在不超过的时候可以按正常分析，一旦超过核定的标准，需要企业重视管理，加强企业物资管理的手段与考核制度。

4. 按我国现阶段市场的专业分工已经形成了应有的市场经济格局，生产企业应与流通企业形成合作与分工的利益集团。原材料管理应该建立供销合作伙伴实行战略采购的方针，及时采购进货，及时提供现场托盘供应生产。因此，建立供应商合作伙伴，建立企业原材料价格库资料，既对企业原材料的监督管理，又通过供应商的竞争机制的监督管理，实现企业采购系统内部控制制度的完善管理。

5. 加强原材料的管理，一切要求以定额材料管理的方式执行仓库管理程序。采购入库的原材料不应超过2个月必须进入生产成本，即使是专用订货，或者是非标准目录的原材料订货，先期付订货保证金也不应该超过订货价格的30%。

6. 对商品流通企业的库存管理可以核定为当年销售总额的20%左右，力求以〔代销商品〕的方式加强管理。商品流通企业的库存储备资金的核定，是考虑到毛利额一般在20%左右的借鉴，超过销售总额的20%应注意商品积压的危险信号。

7. 小流通企业以“借鸡下蛋”的经营方式，即用下一批商品结算上一批商品的办法。大商品流通企业，以企业的信誉建立合作伙伴的供应商制度，建立“供货条款谅解备忘录”，即按双方预测的市场供应量决定生产销售量。定期汇报考察长期合作伙伴供应商的基本情况，建立完善企业价格库的基本资料，以信誉与诚信的发展，让企业实现零库存的理想。

8. 为了创造企业更多的推销渠道，作为生产企业，应建立商品产品的担保制度，以保证赊账管理的安全，方法是：①有实力的合作伙伴担保；②货主的自身财产公证；③业务员自身的担保。生产企业的商品赊账管理，以每个商品产品“两件制度化”管理的方式，即每个样品的商品产品以两件（捆、个、套）的数量控制代销商品产品赊账出货量，销售实现以后一批结算上一批的商品产品，避免管理混乱与损失。

9. 认真归集仓管费用，计算仓管费在商品毛利额所占比例，调整毛利率对价格影响的政策问题。

10. 分析对比研究所有物资管理的有关考核指标，研究管理方法规律，提高企业物资管理的质量，保证企业的经济效益。

（十一）税收台账分析表

税收分析需要对企业产品是否能在市场站住脚的影响因素之一，合法经营又需要企业有一定的对策方法。关注税收成本，关注国家对企业发展的优惠政策，注意税收政策的变化影响，对企业决策层管理是重要的课题之一。

所谓关注，是现阶段税收政策的改革对企业管理体制不配套引起的是与非的问题。

518. 税收台账分析表

税收台账分析表				
单位：	年　月	固税字分析表流水号：		
序号	项目	本期	上年同期	3年同期
1	销售收入总额			
2	主营业务收入			
3	成本费用总额			
4	增值税			
	其中：销项税			
	进项税			
	增值税占销售收入总额（%）			
	增值税占主营业务收入（%）			
	进项税占成本费用总额（%）			
5	营业税			
	其中：产品税			
	其他营业税			
	营业税占销售收入总额（%）			
	营业税占主营业务收入（%）			
6	附加税费			
	其中：城建税			
	教育附加			
	附加税费占销售收入总额（%）			
7	行为税			

续上表

	其中：防洪堤围费			
	印花税			
	房产税			
	车船使用税			
	土地使用税			
8	全部房产总额			
	应交房产税总额			
	房产税占全部房产总额（%）			
9	全部机动车船台数（台）			
	平均每台税收费用			
10	全部土地面积（平方米）			
	应交土地税面积（平方米）			
	平均每平方米税收费用			
11	个人所得税			
	（全年）从业人员人数			
	应税工资总额			
	平均每人税收费用			
	个人所得税占应税工资总额（%）			
12	利润总额			
	企业所得税			
	应交未交企业所得税额			
13	全部应交税收合计			
	全部应交税占销售收入总额（%）			
14	文字说明分析书编号	（有或无）	（有或无）	（有或无）
主管：		复核：		制表：

在【518. 税收台账分析表】系列项目中所需要表达的分析目的，是企业研究具体问题的课题，以此考虑分析企业的发展状况。

1. 了解分析全部纳税项目总额对企业产品毛利的影响，确定企业产品价格的趋向。

2. 注意企业增值税税负的变化，评估浮动规律，加强对进项税发票的管理。

3. 注意商品税负政策，理顺营业税与增值税之间的账务处理关系，计算是增值税还是营业税差额对商品销售的影响，争取税收优惠政策的符合性管理。

4. 研究新产品的税收政策，争取税收优惠的符合性管理。

5. 研究企业科研机构的建制与经费开支的方法，争取税收优惠的符合性管理。

6. 关注研究企业办社会的税收政策，理顺政策与生产企业的关系对税收政策的利用。

7. 分析注意固定资产投资税收的利用，降低投资风险措施。

8. 经常了解研究国家对企业的各项扶持性政策，发展符合企业强项的产品。

十三、会计资料档案管理体系

企业的各种文件档案累积不少，标志着企业的发展历程，也记录了企业的管理心血。保管这些档案资料，有助于企业的管理不断地攀登科学高峰。

一个企业应该建立的档案库有：①企业文件档案；②技术设计档案；③人事档案；④投资档案；⑤财务档案。

一般物业档案归集在投资档案。如果投资档案不够规模的也归集在财务档案系列。

“经济合同档案”与“统计档案”归集在“财务档案”系列。

会计档案已经有比较规范的制度，现在需要进一步向计算机化完善设计，向文字档案记载化的完善设计。在建立财务文档制度时需要明确起来。

财务文档的建设需要规范化，不仅是会计凭证等档案资料的归集，尤其是经济档案比较重要。企业已经有办公自动化系统的，需要连接财务文档系统。

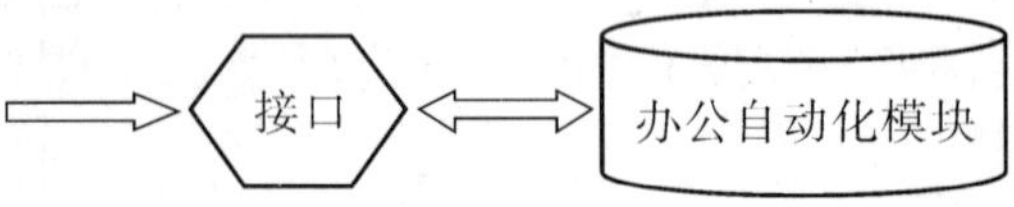

企业所有经济往来及财务资料有纸质文件的，全部按规定要求保存。实行办公自动化可以不需要纸质文件的，对于历史记载有影响的，都应该有一份纸质文件与计算机文件一起存档保管。

（一）财务文档

企业财务文档是经济工作政策性文字的归集，主要是工作稿的存储。一个标准的企业财务管理人员，是需要经常查阅有关的管理文件与资料，帮助企业作出正确的判断与决策。

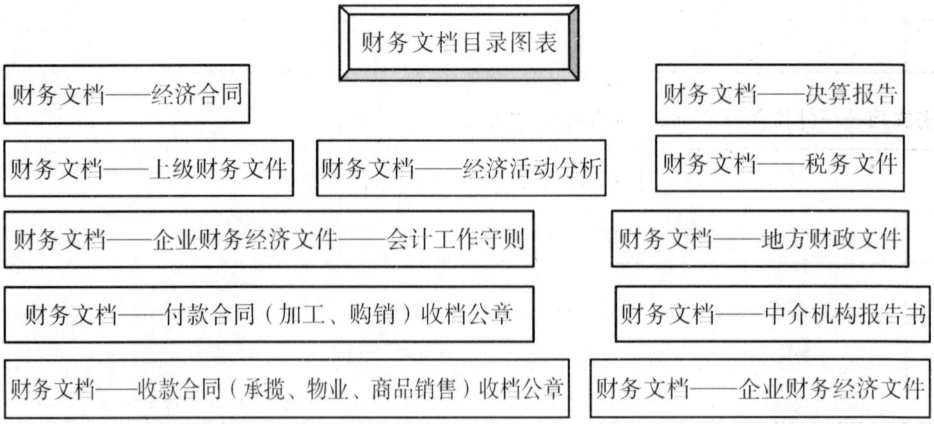

财务文档有11个表格。

企业内所有的经济合同原版应该全部在【519. 财务文档】统一归档，特别是投资档案应作为长期档案保管留存。

519. 财务文档——经济合同

财务文档——经济合同																						
序号	年度	文件类别	纸质文件名称	文件号	页	册/本	总页数	保密级别	主要内容介绍	制定文件单位	扫描号	归档时间	档案编号	规定保存时间	销毁时间	置放地点位置编号	服务器存储位置编号	删除时间	硬盘存储编号	删除时间	管理馆员

经济合同包括生产承揽合同、加工合同、投资合同、物业合同、购销合同等，人事劳动合同列入人事档案系列，不列在财务档案中。

企业签订经济合同原件一般一式 3 份，财务部门存一份原件，对所有的经济合同贴印花税，进行成本核算管理。

合同的经济使命是否完成，最后的判断是在合同的右下角签字，统一盖上收档公章。收档公章应该有统一规范的格式。

520. 财务文档——收款合同（承揽、物业、商品销售）收档公章

收款合同（承揽、物业、商品销售）收档公章					
时间	收款时间	实际收款金额	合同主管	会计凭证号	主管会计签字

521. 财务文档——付款合同（加工、购销）收档公章

付款合同（加工、购销）收档公章					
时间	付款时间	实际付款金额	合同主管	会计凭证号	主管会计签字

〔合同主管〕一般为项目经理人，为或有事项做好记录。合同以收款和付款完成以后为一个文件的终结，统一归到财务档案。

522. 财务文档——决算报告

财务文档——决算报告																					
序号	年度	文件类别	纸质文件名称	文件号	页	册/本	总页数	保密级别	主要内容介绍	制定文件单位	扫描号	归档时间	档案编号	规定保存时间	销毁时间	置放地点位置编号	服务器存储位置编号	删除时间	硬盘存储编号	删除时间	管理员

523. 财务文档——上级财务文件

财务文档——上级财务文件																					
序号	年度	文件类别	纸质文件名称	文件号	页	册/本	总页数	保密级别	主要内容介绍	制定文件单位	扫描号	归档时间	档案编号	规定保存时间	销毁时间	置放地点位置编号	服务器存储位置编号	删除时间	硬盘存储编号	删除时间	管理员

524. 财务文档——地方财政文件

财务文档——地方财政文件																					
序号	年度	文件类别	纸质文件名称	文件号	页	册/本	总页数	保密级别	主要内容介绍	制定文件单位	扫描号	归档时间	档案编号	规定保存时间	销毁时间	置放地点位置编号	服务器存储位置编号	删除时间	硬盘存储编号	删除时间	管理员

525. 财务文档——税务文件

财务文档——税务文件																					
序号	年度	文件类别	纸质文件名称	文件号	页	册/本	总页数	保密级别	主要内容介绍	制定文件单位	扫描号	归档时间	档案编号	规定保存时间	销毁时间	置放地点位置编号	服务器存储位置编号	删除时间	硬盘存储编号	删除时间	管理员

526. **财务文档——中介机构报告书**

财务文档——中介机构报告书																					
序号	年度	文件类别	纸质文件名称	文件号	页	册/本	总页数	保密级别	主要内容介绍	制定文件单位	扫描号	归档时间	档案编号	规定保存时间	销毁时间	置放地点位置编号	服务器存储位置编号	删除时间	硬盘存储编号	删除时间	管理馆员

【526. 中介机构报告书】是企业重要的历史文件证明。报告书有决算审计，评估审计，任期审计，重大工程项目审计，财产抵押评估等。

527. **财务文档——企业经济活动分析**

财务文档——企业经济活动分析																					
序号	年度	文件类别	纸质文件名称	文件号	页	册/本	总页数	保密级别	主要内容介绍	制定文件单位	扫描号	归档时间	档案编号	规定保存时间	销毁时间	置放地点位置编号	服务器存储位置编号	删除时间	硬盘存储编号	删除时间	管理馆员

【527. 企业经济活动分析】包括工厂成本设计、价格资料，每一个阶段的企业财务状况分析、生产计划分析等。

528. **财务文档——企业财务经济文件**

财务文档——企业财务经济文件																					
序号	年度	文件类别	纸质文件名称	文件号	页	册/本	总页数	保密级别	主要内容介绍	制定文件单位	扫描号	归档时间	档案编号	规定保存时间	销毁时间	置放地点位置编号	服务器存储位置编号	删除时间	硬盘存储编号	删除时间	管理馆员

529. 企业财务经济文件——会计工作守则目录

会计工作守则目录					
序号	文件名称	文件编号	制定文件时间	页码	备注
1	企业会计职业道德				
2	会计工作考核提纲标准				
3	财务部劳动纪律				
4	财务人员岗位责任制				
5	现金管理规定流程				
6	资金申请使用管理程序				
7	材料采购核算办法				
8	固定资产核算管理规定				
9	成本核算方法				
10	成本项目管理细则规定制度				
11	销售收入管理规定				
12	厂内银行管理方法				
13	内部账号及管理权限				
14	经济责任承包制管理规定				
15	各级领导分工管理及签字权限				
16	……				

将【529. 会计工作守则目录】归集在财务经济文件系列。【529. 会计工作守则目录】在规范化的企业里都应该编制整理，经常对财务人员工作方法指导、行为准则与制度规定进行检验。

在企业制度的建设里，每个专业会制定许多的管理文件。在这些文件中，应该分原则性的大文件，即需要整个企业有关人员知道的管理制度与规定，比如“固定资产管理制度”的同时必须制定实施性较强的小文件，即财务人员在整个制度中可以具体操作的流程与细则，比如〔固定资产核算管理规定〕。

内部控制制度的可行性检验出企业的管理水平。

【529. 会计工作守则目录】对新入职人员了解和读懂企业的管理与制度，规范在企业的行为操守，对从事企业管理工作的开始必须进行的入门教育课程之一。

企业工作守则不仅是财务部门，而应该在所有的管理部门推行工作守则制度。企业是经济建设组织，所有的工作守则都必须与经济管理挂钩，实行经济效益的考核。

（二）会计档案

会计档案是财务工作业务资料的归集。会计档案的保管与管理，需要的是计算机渗透以后的规范化管理与完善制度的执行措施。

会计档案目录图表

- 会计档案——会计凭证
- 会计档案——会计报表
- 会计档案——工资簿
- 会计档案——账簿
- 会计档案——统计资料
- 会计档案——会计其他资料
- 会计档案——发票
- 查阅会计档案管理登记

会计档案有 8 个表格。《会计档案》分类基本按保管年限与内容，〔工资簿〕目前在会计档案制度里没有专门的管理规定，应该与会计决算报表一样作为长期保管资料。

会计报表也应该有保管分类，对一般的工作稿需要加以区别，可以在计算机存储中长期保留，纸质文件需作一个规定。

目前在企业将决算报表列作办公类文件，应规定列入会计档案长期保留。

530. 会计档案——会计凭证

会计档案——会计凭证

序号	年度	纸质档案	册/本	总页数	保密级别	归档部门	归档时间	档案编号	扫描号	规定保管时间	销毁时间	置放地点位置编号	服务器存储位置编号	删除时间	硬盘存储编号	删除时间	管理馆员
		现金															
		银行															
		转账															
		……															

531. 会计档案——账簿

会计档案——账簿

序号	年度	纸质档案	册/本	总页数	保密级别	归档部门	归档时间	档案编号	扫描号	规定保管时间	销毁时间	置放地点位置编号	服务器存储位置编号	删除时间	硬盘存储编号	删除时间	管理馆员

532. 会计档案——会计报表

会计档案——会计报表																	
序号	年度	纸质档案	册/本	总页数	保密级别	归档部门	归档时间	档案编号	扫描号	规定保管时间	销毁时间	置放地点位置编号	服务器存储位置编号	删除时间	硬盘存储编号	删除时间	管理馆员
		月报															
		季报															
		……															

533. 会计档案——工资簿

会计档案——工资簿																	
序号	年度	纸质档案	册/本	总页数	保密级别	归档部门	归档时间	档案编号	扫描号	规定保管时间	销毁时间	置放地点位置编号	服务器存储位置编号	删除时间	硬盘存储编号	删除时间	管理馆员

534. 会计档案——发票

会计档案——发票																	
序号	年度	纸质档案	册/本	总页数	保密级别	归档部门	归档时间	档案编号	扫描号	规定保管时间	销毁时间	置放地点位置编号	服务器存储位置编号	删除时间	硬盘存储编号	删除时间	管理馆员

535. 会计档案——会计其他资料

会计档案——会计其他资料																	
序号	年度	纸质档案	册/本	总页数	保密级别	归档部门	归档时间	档案编号	扫描号	规定保管时间	销毁时间	置放地点位置编号	服务器存储位置编号	删除时间	硬盘存储编号	删除时间	管理馆员
		对账表															
		入库单															
		……															

【535. 会计其他资料】是上述分类没有的，如银行对账单、进出库单等，所有的会计资料都应该归档后，统一在档案登记完善的情况下，按保存的时间有销毁去处的记录。

536. 会计档案——统计资料

会计档案——统计资料																	
序号	年度	纸质档案	册/本	总页数	保密级别	归档部门	归档时间	档案编号	扫描号	规定保管时间	销毁时间	置放地点位置编号	服务器存储位置编号	删除时间	硬盘存储编号	删除时间	管理馆员
		报表															
		台账															
		……															

统计属于会计系列之一，统一归档在会计数据档案里。

537. 查阅会计档案管理登记

查阅会计档案管理登记　　　　第　页共　　页										
序号	时间	查阅人姓名	查阅档案名称	档案编号	总页数	查阅时间	借出时间	借出用途	归还时间	借阅批准人

第三章
企业经济管理体制论述

《企业高级管理软件》将ERP的具体管理方式作了全面的设计说明，表明了企业管理的一种体制模式。因此会有企业产生认为ERP不符合本企业的管理流程，不适合本企业生产经营体制的管理方法。所以需要在此对经济体制论述说明。

企业经济管理体制的变化代表了一个时代的进步。

企业管理的体制方法无非是“中央集权制”和“分散管理型”。不论是大、小企业都是麻雀原理——五脏俱全，关键是管理体制的问题。

“分散管理型”是现在说的事业部制、分厂制的管理模式，即将资金权、经营权、技术设计管理和采购权全部放在了一个由原来的“大而全”变成了“小而权”。实际上是将企业法人的法律责任权分解分散，但是在法律面前，“小而全”的部门却没有法律责任，法律不会允许这些“小而全”的存在，可是企业的发展又需要这种经济管理形式的并存。

因此，按我国的管理体制从上至下而言，只能是“中央集权制”的情况下，怎样实行“分散管理型”并存发展的问题。

“中央集权制”在一个国家里是一个大政策，地方只可以按大纲制定具体的实施细则。对企业具体而言，是在一个法人资本的权力范围下，所有权利必须集中，即财务、经营、技术、采购的关键管理权力的集中。

相对而言的非中央集权制是地方可以立法自治，地方和一个团体可以决定一个大政策。比如在英国和美国，对会计准则的制定，以会计团体决定后承认政策的存在与执行标准。但是非中央集权制对一个企业而言，不论是国有资本还是私有资本都必须是中央集权的管理方式，法人负有一切的法律责任。企业资本理论说明，企业的管理方式无论发展变化如何，最后的资本责任都归集在出资者的法律权威和权力之中的集权制度里。

然而出资者采取一个什么样的管理方式，自然是需要围绕着一个法律管理责任的延伸去思考管理体制所需要的管理方法。

改革的今天已经否认了在计划经济时代的中央集权制的管理方法，“按部就班”是最大的弊端。市场经济只有一个精神一个名词解释就是“决策不容缓慢”。在市场经济下的中央集权制管理的企业，需要探讨的是管理的办法。

在这个新的理论与实践经验交替的时代，诸多的理论困扰着企业，有人提出“在企业外实行市场经济体制，在企业内实行计划经济体制”，理论研究是非常经典且贴切实际了。然而，讨论不断地陷入管理体制变革的争论，而不是研究经济基础决定上层建筑管理方法的实质。

实质就是确立在成本控制全方位的前提下，分清企业内部各级主管领导的工作职责与权力，明确经济责任的权力与义务，以此确定管理的方法。

企业经济管理干部分工实质是两大类别：

1. 生产管理干部。生产单位的主要工作目标是生产系列管理，具体包括经营产品进度管理、现场技术工艺管理、安全生产管理、产品质量管理、产品售后服务的管理。还有所属生产人员的思想管理、福利事业建设管理、产品成本控制管理、承包指标效益管理、库存物资减少积压管理。一个人的精力是有限的，生产管理本身不是一件容易的事，特别是安全管理责任一票否决的责任重大。在生产经济管理中确定经济责任的范围，确保生产必须圆满完成的商品产品。

2. 职能管理干部。凡是职能管理都应该集中在职能管理部门，具体包括经营市场、资金筹措、财务会计职能、产品技术工艺设计、物资采购供应、基本建设、人事管理，人事又包括技术力量储备、计划生育等。企业职能管理是一门工作艺术，讲究专业知识与业务水平。特别复杂的还是财务的职能工作管理，税务、工商、统计、审计是需要花费企业最高领导者不少的管理精力。同样需要企业在职能管理中确定经济责任范围，一切管理围绕确保企业必须有利润。

全球经济发展要求划分专业市场，企业内部管理的自然规律，也要求必须划分专业管理的分工方式。两大分工职能决定了管理体制性质。经济管理分工与经济权力的分配，实际上是企业成本费用划分的责任范围，按成本控制方法的说法是“一级核算管理，二级职能管理”，采取“八爪鱼式”的管理方式。

“八爪鱼式”的管理方式决定了所有部门一把手即经济体制决定的第一责任人直接面对企业最高行政长官，直接签订经济责任承包书，直接对所赋予的经济责任范围负法律责任。所有的部门都是一个经济体核算单位，按职能分工决定核算管理体制，由此产生企业“四集中”的新说法，减少管理层次，加强具体管理方法措施的制定。

总结起来是，采用“分散管理型”的责任理念，实行“中央集权制”的管理手段。这个管理理论应该是现阶段企业管理理论的升华，应该是探讨企业管理体制的终止符了。

经济管理责任与信息的层次越直接越畅通。《中国企业 ERP 模式与应用》的设计理论与目的概念原于此。

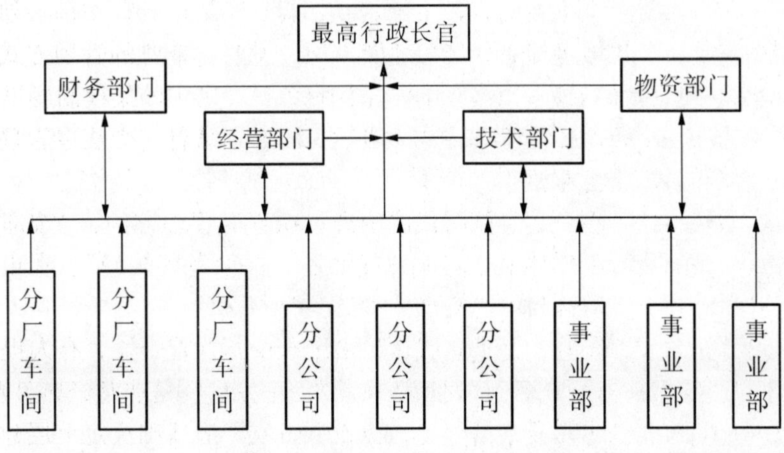

分散型指的是自然生产与经营组织的编制，有地理位置决定的，有不同的专业环境决定的，也有是管理决策的办法需要的。然而企业资本是绝对集中的。不管是哪一种方法，都必须集中所有的信息到资本管理的最高决策权力层。企业高级管理软件是利用计算机的功能，实施 ERP 的模式，将权、责、利分解到每个层次、各个岗位，使企业的管理信息畅通与实施。

“中央集权制”和“分散管理型”在词句上是一个矛盾的两个方面。在此需要说明“四集中”代表的管理模式与具体的方法。其他行政与政工系统的管理体制不在此讨论范围。

一、关于财务集中模式

财务集中的重点是企业资本的集中，是所有核算管理体制怎样延伸管理的关键。简言之，财务集中代表了资本集中是非常明确的，实质内容体现的是一个资金口的往来与终止。

然而，生产经营单位又必须要求财务会计“近身”服务，保证市场决策不容缓慢产生的、自然的、强制性的理论必须存在。这个理论在发展的管理体制争论中反复地决定了企业的管理矛盾，实际上也是财权在谁手里更方便的权力再分配的角斗。从来一个理论的确定决定体制的改变，实质是财务体制与核算方法的变化，对所有形成自然体单位的存在不会有太大的变化，除非是不适应市场生存时候的变革。所以，研究财务集中的方法是现在体制理论的关键。

财务会计在那里办公，不存在地理位置决定财务权力的变化，财务会计集中或者分散办公也不会影响决定财权的性质。决定财权的管理办法是财务会计的核算制度与方法。

20 世纪 90 年代，在邯钢的经验中，提到集中财务管理的体制问题。表面上是财务机构的变化，实际上是代表着大中型企业经济体制改革的一个窗口。财务管理是一个什么样的体制，对企业的发展能起到至关重要的作用。

20 世纪 80 年代初，大中型企业面临着文化大革命后的第一次改革，对过分集中的财权，不能核算出内部各自然形成的生产车间，要独立“找米下锅”的经济成果，从而探索出“厂内银行”的核算方法以及产生的管理体制。即将财务人员分配到各车间形成的分厂去，成为二级核算管理的体制。有的企业干脆不要“厂内银行”，将资金划出银行独立设置账户。

将一个整体化小，当时也是搞活的象征。多年来，这种体制在实践中已众说纷纭。

1. 整体化小的利益有：

（1）基本能核算出小单位的经营成果。

（2）财务人员在基层能了解生产经营情况，急生产所急——这是指素质高的财务人员。

2. 整体化小的弊端有：

（1）资金分散，难以调动，浪费闲散了许多资金，不利于企业“关键资本”的利用，小敲小打，成不了大气候。

（2）会计的“各为其主”在各行各业中显得尤为突出，不仅是个人利益（受薪制）所决定的，也是市场经济规律决定企业经济利益为第一位所决定的。会计的“监督职能”并不是一般财务人员能具备的，因为企业法人是代表国家利益的当权者，财务职能必须服从以“厂长（经理）为中心”的经营方式。“监督”只能对下不能对上。会计研究应重新明确这种理论。所以在二级核算单位中的财务人员是很难处理好整体利益与局部利益的关系。

（3）企业在不违反国家法律的前提下，总会有自己的方针政策、制度和方法，形成一定的企业秘密。分散的核算体制，难以处理好企业整体利益的控制与调整。

（4）会计数据形成的会计信息是企业的第一信息。分散的会计凭证和会计职业道德“保密性”决定财务人员自然形成会计信息的局部封锁，无形中对企业的经营决策有所影响。

（5）不可否认，大中型企业的会计素质、业务水平比小单位要好。但是分散的会计组织机构对会计的业务素质和工作能力难以提高。

“厂内银行”是适应改革形势的产物。以上的说法不是否认厂内银行的作法。笔者认为，目前的形势更要发扬光大厂内银行的核算方法，找出利弊进行改革完善它。

上述说明了财务分散型的不可取，必须实行财务集中合并的管理体制。合并不等于拆散已经形成的一个个经济实体，还有专业要求重组的生产单位。其中有为寻找出路自由组合的实体，各种原因今天起来明天解散的单位，财务都会为其独立设账。独立的资产负债情况，销售和利润情况，费用和成本情况，能反映资金借贷情况，能反映指标考核情况，能进行成本分析，最后都能实行离任审计。实际上“模拟法人”实行公司制的管理，在整体大账里面的小账，通过厂内银行结算反映，可使各级部门第一责任人体会到了自己的责任与权力。

讲到内部调控在整体大账里才能自如，有根有据。比如交际业务费，税务有规定比例，企业之间已认为不公平，内部则可定原则调剂平衡。商业、劳务单位无生产基地，每一项任务必须去寻找，业务费比例则高，而工业单位比例则低。职能部门以上领导都下指标考核，职权对等，也是一种信任感的体现。许多一系列需要调控平衡的经济政策和奖励机制，往往会互相攀比，所谓的不公平往往会抵消许多积极的因素。

各经济单位主管财务是双重职能。平常在各基层承包单位，月末回来财务机构结账、凭证审查、交流情况、互相学习，这种体制能使会计成为一种超脱的行为。因为财务管理深入到各行各业，要求顾及到方方面面，职业道德要求会计不参与是是非非，行为的制约是很重要的。

财务是信息中心，也是是非中心。局部利益与整体利益永远是个矛盾，其之间的传媒关系处理的好与不好，除了政策问题，往往与财务有着重要的关系。至少会计的解释工作做得不好，与会计的理解与执行政策水平也有极大的关系。这时候需要既懂政策与业务又灵活会道理的会计是企业的渴求。

任何一种经济考核方法能否执行，财务部门是关键。经济政策制定以后推行与考核的基础工作关键也在财务部门。化小核算，甚至核算到个人是企业今后发展的趋势。

改革开放以后的实践证明，资金的调控使用，财务管理等一系列的高度要求，凡是一个法人单位的整体利益，必须建立高度集中的财务体制，一个法人控制不住体现在财务部门的经济形势，则失去了第一权力——财权。

但是，集中财务人员不等于财权的集中，实行一级核算不等于所有的收支要财务负责人批准。财务是执行部门，所有信息的反馈部门，是协调整体利益与局部利益的主要纽带。集中核算与化小核算、分级管理并不矛盾，甚至到“模拟法人”、实行公司制核算，有异曲同工的作用。

财务集中不仅是时代发展的需要，更是企业经济管理成熟以后需要发展的理论与进步。

财务集中是企业第一行政长官的指挥魔棒，财权的凝聚相应比任何权力之比带有更强烈的工作艺术。中央集权制的财务实际就是企业的经营权不能乱，企业的效率决定在权力机制，财权是维护一切权利的基础。

财务集中的管理方法是：

1. 对于代表出资人的企业集团的财权管理。企业集团应与所属各个企业的财务总负责人签订经济责任、法律责任、业务责任承包书，明确各种具体专业处理流程所延伸的规章制度与行为标准。

规定企业一起实行在 ERP 规范的软件流程里，集团随时可以调阅审查企业经济状况，监督企业内部控制制度的执行情况。资金的管理可以实行企业集团建立的财务公司制度在此不多说。

2. 对于企业的财权管理。

（1）首先明确企业是委托人身份，遵守中央集权制的财务制度。执行维护“厂长负责制”的管理办法。执行对股东机制的第一责任经营者负责制的管理办法。

（2）建立各部门委派主管会计制度，实行主管会计为分厂负责制的管理方法，维护企业整体利益与局部利益的协调机制，当好各部门第一责任人的参谋与助手。

（3）实行企业在财务总负责人领导下的“输单中心”体制，建立输单流程规定制度。具体是，按规模分设专业输单组，如会计组、仓库组、固定资产组、生产流程组、文秘组等。

规定交单流程的程序。比如业务员报销，请有关人员在发票背面签字认可后，到仓库组签单交资料。仓库组启动在企业内的报销系统，输入资料点击业务员所属部门，各领导在电子印章上同意签批，才可以实行下一步的流程。

企业实行每天下午 5 点停止一切输入工作，启动数据库整理所有流向归类，要求在每天上班第一刻按规定的信息，指导相关人员的工作。比如，今天的采购任务，今天的生产进度，今天的资金情况等。

财务集中是可以解决任何一种企业管理的矛盾，关键是需要具有专业知识水平很强的财务人员懂得配合企业最高行政长官，将企业管理所发生的权、责、利关系合理地配置到各个岗位的工作程序上。

二、关于经营集中模式

经营的集中重点在于企业经营资源的集中。经营集中是所有企业集团寻求的生存之路，关键是在具体实施上的权利分配、责任分解、利益共享的原则一定要到位。

寻找产品市场是艰难困苦的工作，不靠经营人员去寻找市场，企业是没有生命的。经营人员的努力和奉献不是与生俱来的，有集体的智慧，还必须承认个人的价值。这个价值则体现在企业的经济政策上。

经营的集中是每一个权力掌握者必须重视的特殊权力，小企业甚至掌握在自己手里。

集中经营是市场信息掌握的专业化，是加强资金库存周转快速的保证，是人力资源的高素质培养，仅仅 3 项理由就是经营必须集中的真理。

问题是上规模的企业，经营权力中的利益分配问题是经营集中搞不好的绊脚石，集中的问题是在权、责、利不配套的管理下，不应该产生的缺点是销售收入全部集中在经营部门，而生产部门的利益不保证，因此会挫伤其他部门的积极性。

在此举出版界的例子说明理论实践课题，需要解决权、责、利分配的方法问题。前提是经营部门与分厂一样都是经济体的自负盈亏核算部门。

1. 权利的分配：集中发行也就是集中经营的模式。首先以企业 ERP 管理核算模式制定“厂内价格”。出版界称为“业内价格”。

业内价格是出版集团的内部价格。价格按字数、包装不同制定在一个范围内为每一本书籍区别于市场销售价格的“内部销售”价格。

内部销售价格的制定，按掌握的百分比范围内分出版社负责的成本费用，包括稿费、印刷费、编辑费用、一次性仓租费用与资金利息、出版社的管理费用等，统一称为“出版社成本”。集团直接管理的经营部门负责产品的税收，集团本部的管理费用、经营推销费用等，称为“集团收益”。

集团核定每个出版社一定有偿使用的流动资金，按月收取利息。一旦出书，推向市场，集团应该立即拨付出版社成本给出版社。因为选题的当初应该有集团与出版社之间商定的，资金何时回笼是经营推销机构的职责。

2. 责任的分解：出版社社长是控制出版社成本的第一责任人，与集团签订经济责任承包书，规定社长在成本范围内的开支审批权。社长按责任书的管理精神有权决定成本开支的标准范围。

集团经营推销机构，按市场价进行高销与低销价格与出版社无关。经营推销机构对经营销售人员的考核方法在下面章程会表述。

集团按比例留下的税收额，如果能办到免税也与出版社无关，归属集团的利益。再比如，仓租费用与利息在计算成本责任时归出版社，比例不应过大，可能该书籍一上市在顷刻间大卖，利益归经营推销机构为运气好，也与出版社无关。如此相当的经济政策需要在各自的责任书中说明清楚。

社长会以此制定内部管理各个岗位的责任制，比如节约的印刷费等其他开支，与集团核定的内部价格无关，权属出版社的利益。各自的责任在经济责任承包说明，促使各自的责任到位。

3. 利益的共享：经济责任书按百分比给出版社的成本价格，形成的内部利润或者亏损，应该有奖惩制度与方法。比如，在规定可以提成百分比奖励额之中，50% 归社长所有，其他的由社长在内部进行论功行赏的奖励。奖励必须有依据，执行的办法在集团的政策中有灵活合理的决定权。比如超过 10 万元以 10 万元封顶等。奖励有力度，惩罚也才有信用。

经济责任书还可以规定，编辑们自己找到发行出书，销售收入应给编辑一定的比例提成，以促使产品的推销。

责任书规定的政策越细致，执行的积极性越有力。再比如，该书籍放了 3 年推销不了，按库存量准备降价等处理方式的损失额，按曾经规定的奖罚办法扣除编辑一定的奖励额，以促使编辑在出书的时候注意产品的市场效应与质量，不是出书以后万事大吉，不管产品内容的不可取、不可信，在市场机制下自动生成废弃的垃圾。出版社内部管理设置对编辑们的考核条款也是需要考究深奥的管理机制。利益的共享，责任必须共担，是需要建立一个互相制约、上下利益相结合的办法与制度。

举例原理是共性的，各行各业都会有自己的管理特点，需要寻找切合实际的权、责、利的考核方法。在复杂生产产品的企业，必须强制实行内部核算制度，是自然解决各级、各岗位责任的有力法宝。解决了内部核算的矛盾，就是解决了责任的明确标准。

例如一个企业经营部门人员的设置全部归属经营部门，管理设置二级经营责任。方法是按事业部、分厂的经营规模派出经营人员驻守，责任是当经营部找到任务分配给分厂时，由驻守经营人员代表分厂核定产品价格的合理性。或者分厂任务负荷已经太重，签订意见同意由经营部门发给合作企业生产。经营驻守人员的基本工资由经营部门支付，奖金由分厂支付，奖金额的高低由分厂第一责任人决定，经营部无权干涉。

厂内价格的制定可以是固定的，也可以按市场价浮动的两种管理办法。

一是固定的价格管理。在产品基本固定形状的企业比较适宜。无论经营部门承接的价格是高或低，给分厂的价格不变。经营部门承受市场的策略与分厂无关，可能会价格很高，可能需要开拓市场价格不保本，由企业商管层决定对经营部门的考核政策计算与分厂无关。分厂的任务是保质保量地出产品，控制自己的成本费用，取得自己的利润目标。

二是浮动价格的管理。在签订分厂与经营部门的经济责任承包合同时，规定所有产品的毛利率值，毛利率的最高与最低差额值。经营驻守人员代表分厂核定合同的价格情况，有异议的报告分厂第一责任人，与经营部门协商，协商不成统一意见的，由总厂设置的权威机构比如总工程师决定结果。如果同样遇到经营部门的价格策略问题，由在经济责任承包书规定的审批人追认分厂的差额利润，协调好企业的整体利益。

集中与分散的责任，是必须重视解决整体利益与局部利益的矛盾。经济政策越细致，解决经营生产中的障碍越容易。

再举例一些细节说明：

1. 分厂可能会有客户找上门直接谈判承接的生产任务，在经济责任承包书规定按浮动比例的1/2或者1/3给经营部门，因为经营部门需要职能管理的费用，比如售后服务归经营部门管，上门征求意见、平衡整个企业的生产功能等。

2. 一般仓库费用和产品交货运输费由分厂成本负责支付。如果某产品交不出去造成仓库积压，按经济责任承包书规定，2个月后的费用计算资金利息和一定比例的仓库管理费用，在经营部门的账上划入分厂的核算账上，以促使经营部门加快推销结账时间。

3. 新产品的生产与销售，总厂应该有专门的政策。保证局部利益的合理积极共同开发，完成企业的产品更新换代。

4. 在生产过程中，技术部门或者经营部门造成的失误，应按失误损失，由经济责任承包书规定的审批人追认分厂的差额利润。如果是分厂自己失误造成的则自己负责。

5. 一些共同费用也需要总厂统一规定。比如业务活动费，不能各自为政，以经营部门为主，分厂如有自主活动的必要，需与经营部门沟通，可独立执行，也可联合活动。

细节决定成功。各个企业需要在各自管理的特点中详细规定部门双方的责任与利益，有合作愉快的心境，是在权利的合理分配中建立及巩固起来的。

市场发展的专业分工越来越明确，提高经营人员的素质尤其重要。对于经营人员的考核采取“毛利配给制”，也称“边际利润考核制”。

在《企业高级管理软件》ERP的设计里【022. 经营计划毛利测算表】，是对企业加强经营管理的重要手段。为了说明【022. 经营计划毛利测算表】的作用功能，以实务举例。

538. 经营计划毛利测算表

（单位）年度经营计划毛利测算表

年计划工时 80 万个
全年预测固定费用 5 200 万元
计划工时单价 65.00 元

单位：万元

序号	项目工号	合同价	材料成本	专用费用	工时	工时单价	工时（固定）费用			毛利润		
1	☆	2 000	900	300	15		1 393	1 086	869	-593	-286	-69
2	☆	2 500	1 000	400	18		1 671	1 304	1 042	-571	-204	58
3	☆	3 200	1 500	500	29		2 136	1 666	1 332	-936	-466	-132
A 点合计		**7 700**	**3 400**	**1 200**	**62**	**83.8**	**5 200**	**4 056**	**3 234**	**-2 100**		
4	◇	100	3	10	0.8			58	46		29	41
5	◇	400	30	20	2			145	116		205	234
6	◇	900	77	70	5			362	290		391	463
7	◇	1 000	120	100	8			579	463		201	317
B 点合计		**10 100**	**3 630**	**1 400**	**77.8**	**66.8**		**5 200**	**4 158**		**-130**	
8	△	1 500	150	340	15				359			615
9	△	1 600	757	160	12.2				683			-127
C 点合计		**13 200**	**4 537**	**1 900**	**105**	**49.5**			**5 200**			**1 563**

企业的固定费用是企业生产能力的标准预测指标。企业有 380 个直接生产工人，全年可动用的计划劳动工时 80 万个，预测当年固定费用 5 200 万元，计算工时单价为 65.00 元。

企业在不断地承接生产任务，在什么状态分配固定费用为最佳期，请看分析：

1. 当任务达到 A 点时，饱和度 77.5%（62/80），工时单价为 83.80 元，是计划单价的 129%（83.80/65.00），只完成固定费用的 59%（5 200 - 2 100/5 200），利润亏损2 100 万元。

2. 当任务达到 B 点时，饱和度 90%（77.8/80），工时单价为 66.80 元，是计划单价的 102%（66.80/65.00），只完成固定费用的 98%（5 200 - 130/5 200），利润亏损 130 万元。

3. 当任务达到 C 点时，饱和度 131%（105/80），工时单价为 49.50 元，是计划单价的 76%（49.50/65.00），即完成毛利 6 763 万元（13 200 - 4 537 - 1 900），利润 1 563 万元（6 763 - 5 200）。

对有的合同项目亏损的原因，经过分析，很容易解释明白的。如果是：①毛利任务已经完成，生产场地可以继续承受新的生产任务，接下的任务是可以分薄固定成本而产生的亏损。②新产品推出市场，需要观察成本而产生的亏损。③为了占领某个市场，需要“低价政策”而产生的亏损。④在谈判中成本计算失误。⑤工程日期计算失误。⑥其他原因。

前3项是企业的经营手段和策略，后3项是工作失误，找出原因，鼓励或者处罚。科学程序的设计运用，使利润和亏损是可以掌握在自己的手中可确定的。

企业有经营管理的详细资料，对经营考核的具体办法则非常有力。举例的办法有：

1. 高薪聘请固定工。高薪的含义包括交际业务费、车船费、分配企业固定费用，签订经济责任承包书。例如企业测算当年固定费用5 000万元，一共5个业务员，每人1 000万元任务。不限制上班时间，完成1 000万元任务，拿高薪，完不成则按比例扣罚。超额完成按规定的比率提成奖励。企业的亏损与经营人员无关，只要完成企业制定的毛利指标。

2. 聘请合同工。不给薪水，不受单位的劳动纪律限制，按每一项工程边际利润提成。不封顶不保底。签订个人聘用合同的同时签订经济责任承包合同。

经营承包条款需要细致。比如目标成本、责任配合、质量要求、进度收款等。

财务部门必须核算到每一个经营人员业绩，分清成本构成因素，确保考核“毛利条款”的真实性。用政策来保障经营人员收入的合法性。

经营人员的利益膨胀也是企业生命利益的壮大与强大。

考核的表格方案在“第五章科学考核权、责、利管理论述”中设计表达。

三、关于技术集中模式

技术的集中是企业管理龙头资源的集中。

提出技术管理是龙头，是企业在市场经济发展中的深刻体会。提出技术的集中自然也是有历史的发展原因，为了技术发展的尖端，为了技术秘密的管理等。

对集中的产品工艺，对设计人员技术的管理，也需要解决整体利益与局部利益的关系，需要建立以经济责任制的承包方法，解决单纯设计图纸是否符合企业技术利益的矛盾，需要合理的竞争机制解决以经济责任划分的技术范畴与生产管理的矛盾。

在计划经济时代的分工，新产品及科研一般在设计院一类的机构，企业基本是现场工艺技术的管理。现场工艺是生产产品图纸具体的工艺设计，设计现场施工方案，设计工时定额，设计产品原材料需求，参与产品交货的检验、保修等。

企业发展到今天，需要技术部门进行最高境界管理是“工厂成本设计”、“产品成本设计”，企业管理的龙头之称是要求成本控制的龙头作用。

成本控制必须在技术部门自身需要开展“设计成本”的控制。在这里说的“设计成本”与“成本设计”是两个概念。“成本设计”是要求技术部门开展参与企业管理的设计任务，“设计成本”是技术部门自身的开支费用。

说技术集中的管理，同样需要利用经济手段自负盈亏，落实权、责、利的配套机制，充分发挥技术力量在企业建设中的中坚作用。

现代企业的发展，技术队伍基本分成三大块。一是新产品及科研技术的研究，二是产品技术设计，三是现场工艺。现场工艺包括在经营部门进行商品产品竞争中的技术设计谈判等。企业管理概念的划分，使技术队伍分成3个组合管理的层次。

科研和新产品开发部门考核的方法是需要他们提出研究项目，组织科研项目组，由项目组提出费用标准，报企业总工程师级审核意见后通过企业批准程序。工资水平原则是，项目工程师是企业人均水平的1.5～2倍，配备助手是1.2～1.5倍，保证奇才的稳定性。

现场工艺人员可以集中技术部门统一考核管理，也可以参照经营集中管理的办法，在其他生产部门另行制定考核机制。

企业产品工艺设计人员相对集中，考核的方式是多样性的。考核需要建立在内部模拟法人独立核算的基础上。

首先要确定技术部门的收入来源。每个产品合同都具备设计费的内涵。有的合同直接注明设计费，常规合同不会注明设计费的时候，企业可以测定设计规模，决定每个合同设计费在3%～15%范围之内。

技术部门与生产分厂之间的考核与权利问题，与经营集中一样，需要在经济责任承包书明确各自的责任与利益，在此举例其中的条款说明：

1. 允许设计产生废品率百分比，产生返工率百分比。一旦发生，查清造成的原因，是技术设计失误造成的，按技术部与分厂之间的成本各负担50%，根据是部门第一责任人的管理制度完善问题，互相的监督检查与协调合作的因素肯定存在问题。超过核定百分比之外的，应当制定追究个人责任的百分比，是新手造成的，需要有制度规定放宽政策条款，重大原因造成的认真查找总结，首先追究部门第一责任人。

2. 不是技术设计造成的损失，由生产分厂自行承担全部责任与成本费用。但是应该由技术部门监督检查造成的原因，及时总结改进，积累真实的产品价格资料。企业往往没有严格的管理程序，会追究不到出现废品及事故的责任问题，难以防范错误的继续，以及计算产品的废品与成本浪费。

3. 技术部门与各分厂事业部有明确的分工责任，自然包括费用的开支项目。如果分厂要求技术部门参与分厂要求的项目，应另行计算费用给技术部门。

其他责任条款与经营管理责任的条款基本一样。

技术部门与分厂事业部生产的紧密联系非常多，经济责任产生在自然的追究中，可以起到互相监督的作用。技术承包章程中规定的考核条款，对企业成本控制管理起着重要的纽带功能，对技术部门发展建设也是有力的良药。

技术部门集中以后的考核管理办法设计有：

1. 以竞争机制实行企业内各部门的生产经营服务。当企业接到一个产品工程或者是常规产品的管理，由设计人员自由组合竞争小组，包括第一主审、第二主审、设计组负责人组合，由总工程师办公室或者其他技术权威在各组投标中选定该项目设计管理组。

竞争条款必须制定设计目标，包括时间、质量、价格、现场工艺设计及管理等设计方案。其中强调设计错误造成的返工责任措施以及扣罚条款、设计费用预算、设计需要新增设备仪器、设计人员个人报酬标准、设计利润等。

奖罚条款中，比如个人报酬在进程中只能拿80%，没有造成任何经济损失和对生产单位服务中没有异议的，完工后按合同全部归在该项目组的利益指标里。企业管理层对具有的利益指标一定要兑现，管理的办法是在经济责任合同里可以有灵活的措施条款。比如一个阶段的封顶政策，可以丰年保欠年的政策，可以通过其他方式发放的政策，给房子、给汽车等。激励政策包括预算设备和原材料节约部分给予奖励。如有损失，查清责任，按条款扣除。如有重大贡献，企业给予另行嘉奖。

在所有技术人员中，长期不受到组合的，只给生活费，一定时候自然淘汰。

技术储备人员暂时不算人才队伍，目的是通过合理的考核消化在竞争机制的组合里。企业需要有一定的扶持政策，比如在组合中另外拨付费用，作为奖励新人的培养组合。

通过“责任组合”会造就人的价值，人的积极性，一代新人的辈出。

2. 以技术设计工分制做到急生产所急的服务。设计工分制这个考核办法是在一些设计院实践中产生的。设计工分的计算是需要在长时间基础资料的积累中形成的考核机制。

实行设计工分制办法的考核主要是针对大型产品，如飞机、船舶、高楼大厦等。这些工程产品不会在一个阶段永远千篇一律，一般 3 ～ 5 个批量以后，会有新的设计理念，自然是在一定的原理之下的创造设计。

可是这个时候的设计任务非常重，业务骨干加班加点，新入职人员挑不了担子，“有事没人干，有人没事干”的局面在技术队伍并不奇怪。技术人员的培养需要一个过程，不是每一个人从学校出来就是人才。设计工分制可以解决这个问题。

一个形成了自己产品的单位，设计图纸有基本的原理，比如 A 图纸计分 12 点，设计出来以后，第一审核减掉 2 分，第二审核过关，总审核也过关，这个技术人员在此次得 10 点。如果有新的技术创意，还可以加分 3 点。

每个人都有自尊心，工分制考验、激励新人并会创造强出头的机会。第一次做设计的时间可能是业务骨干的 3 ～ 4 倍，有了第一次的认真，必然会有以后的成果。

技术设计需要技术人员的责任心与企业管理的基本知识，企业产品生产所带来的管理起源一切都在设计的图纸里。技术全心全意为生产经营服务，需要技术人员在科学的管理机制中产生并且实施发扬。

考核的表格方案在“第五章科学考核权、责、利管理论述”中设计表达。

四、关于采购集中模式

物资采购的集中，是产品成本管理环节所必须重点控制的关键方法。

原材料成本一般是产品成本的 40% ～ 65% 或 65% 以上。材料成本松一松，会吃掉整个产品的利润。控制物耗成本是降低整个生产成本的关键。而对物耗成本的管理，采购成本是第一。

企业的采购有几种形式，一是按生产计划按部就班的采购，二是生产现场维修维护的急需采购，三是特殊项目的采购。

许多企业物资部门几乎只是采购，按生产进度交货是唯一的工作目标。仓库唯一的控制考核是不加大储备资金，在没有全面控制环节的情况下，往往稍一不慎，带来的多余积压物资，则硬转出生产成本，减少产品利润。等于没有控制。

在企业，没有哪一位生产经营者不希望手里抓住物资采购权。“急生产所急”是分散采购权的基本理论，以使采购方式五花八门，企业成本控制不住。在改革的进程中，才会有集中采购的理论重新说法。

集中采购的目的肯定是不允许“东边彩云西边雨”的管理现象，防止一个分厂采购，另一个分厂积压浪费成本的情况。大中型企业重新回归物资集中，也就是仓库管理的集中，采购领料出货必然会再次出现混乱状态。必然给解决急生产所需者唱出集中采购的反调。

因此，集中采购的行为宗旨不仅是在思想意识上的强调，更需要利用经济手段去管理企业目标的实现。物资部门应有高度的专业管理性，即物资部门自己管理自己、自己控制自己。

在企业，可以设置产品销售部门，物资采购推销部门，也可以利用等待下岗的职工组织商业网点，全部实行自负盈亏、自主经营。企业的采购方式可决定企业的管理方法：

1. 物资部门与分厂事业部仓库管理关系：

（1）物资部门与分厂、事业部签订经济管理责任承包书，各自核算，自负盈亏。经济管理责任承包书应详细规定所有的管理细节，奖罚条款等。

（2）规定所有的产品物资必须在企业物资部门的仓库统一领用发放管理。分厂设置一个按规模决定的专职或兼职采购员，紧急情况不实行库存的采购程序，即立刻进入产品成本的物资。但必须遵守企业的采购管理程序。

（3）物资部门对分厂实行加收管理费，费用的开支明确是采购费用的分摊。企业规定统一的价格附加率。分厂可以计算是配备专职采购员及所设置的费用与产品产值比率，按不同的分厂采购值决定采购费用额计收管理附加费。

举例说：

二分厂年产值 5 000 万元，原材料成本占 2 800 万元，按采购工作量配备 5 个采购员，测定或者根据原来历史资料，年计划全部人工、仓库、运输等费用 58 万元，对二分厂按采购物资量应计收 3.5% 的管理附加费。

一旦决定，一年签承包合同时才能协商调整一次，政策的权威性是决定生产持续的稳定性。不能有物资部门任意决定收取费用的情况，让承包者各自的利益有保障。

（4）服从企业为物资部门规定的管理程序。分厂业务员职责是为分厂的业务做采购计划，审核物资部采购申请表，核对采购价格，提供物资采购进度的要求，总结物资采购进度情况，包括文字的说明。

（5）分厂自行采购急需物资后，同样在事后提供采购申请表备案，接受物资部门的监督检查程序。

（6）分厂有权监督物资部门的采购渠道与价格质疑，对已经按生产计划做出的进度要求而延误生产进度的应当有追究的权力，造成一定经济损失的应当有处罚的规定。分厂对按计划进度采购回来的物资不及时领用出库的，也应当有处罚的规定。

（7）因采购造成的损失，比如规格型号不符，在运输过程损坏等原因，产生的失误，由物资部门内部追究原因，做出及时处理的方法。接受总厂对物资部门的考核处罚。

（8）因生产计划改变和生产计划取消的，已经造成物资积压的，追究原因以后，按企业制定的总厂、分厂、物资部三方共同商定或者按政策规定原则的条款处理。

（9）每月公布超过 1 个月未动的物资，或者计划外物资库存情况，要求技术设计部门充分利用在其他产品时，也应当有一定的奖励机制。

（10）物资部门是采购价格的管理者。利用 ERP 软件系统，及时在企业内公布采购价格，是维护物资管理采购纪律的保证，是防腐败保证企业效益必然要求的基础工作。

对物资的管理，各个企业有不同的要求和特点，需要在经济管理责任承包书上完整地设置各自的管理方法和要求，在企业形成长久性的管理文件，加强企业物耗成本管理制度的建设。

2. 产品销售部门的管理：企业产品的销售渠道需要企业自己建立，可直销、代销，需要由产品销售部门代表企业开展市场的营销管理。

产品销售部门按企业产品管理的需要，可由经营部门与物资部门双重管理，同样与企业签订经济责任承包书。

基本原则大致是，不核定库存资金，企业随时提供商品产品供应量；按销售额考核业务员的方法；售后服务保证；市场纪律要求等。

3. 物资采购推销部门的管理：职能是按正常的市场采购，包括网上定购，推销企业积压物资，与物资部门签订经济责任承包书。

基本原则大致是，不核定库存资金；企业按积压物质情况制定推销价格，优惠的推销奖励条件；按销售额考核业务员的方法；市场纪律要求等。

4. 企业组织的商业网点管理：按一个经营承包组织管理，自筹资金，可以向企业借款担保等方法，可以一物一货即扣款还借款的方式，缴纳场租，明确是借用企业名称形成的无形资产价值计算的管理费缴交额，服从上缴规定的利润额等。可以参与企业内部物资部门的竞争，遵守企业一切管理纪律的要求。

5. 建立考核业务采购员的管理制度：市场机制的竞争是什么手段都砍杀不了的。佣金与回扣是市场经济的必然产物，需要加以引导，变成市场经济正常的运行机制，使竞争的合理化、常规化，是企业优良产品在市场生存的法则。

业务采购员发展到今天，已经不仅是跑街的、敞开衣裳抹汗的，企业选择需要的采购员已经进入到高素质的人才行列。业务采购员是市场繁荣的推动者，业务采购员是信用机制的建设者，业务采购员是企业之间合作的彩色纽带，业务采购员还是抵制市场腐败的战斗者。

因此，建立业务采购员完善的管理制度是企业发展的需要，不能继续用非经济的管理手段来强制市场的发展。

礼尚往来是人之常情，感恩与感谢是道德品质。业务员一旦与一个企业单位挂钩，酬劳是必然的，不管是在价格范围或非价格范围，作为被采购企业都会为自己企业被选中而需要维护形式确定的必然开支。受益者自然避免不了业务采购员。既然是避免不了的，企业就应该将权益掌控在自己的手里，充分利用。

目前对佣金与回扣是有一些不切实际的政策，让企业单位执行不了。法律责任不到位就是犯罪的源头。在此设想一些政策的管理方法：

（1）选择精英人才，签订经济责任承包书。业务采购员是生产成本环节监督的控制者，规定业务员是企业寻找合作伙伴的考察评估员，建立企业之间信用的商谈维护者，发展企业壮大的市场佼佼者。

比如按专业分工，一些流通企业的商品产品需要固定的生产合作企业。经过考察分析，合作双方认为可以作为固定采购点和供应储备生产资料性的商品而形成的供应链单位。企业间的生存需要企业的分工合作是做强做大的发展趋势。然而，长期的合作需要质量保证、价格合理、供货及时等基本的信誉条件，是由业务员的水平与素质所产生的作用。

（2）报酬方式有几种选择，一是上下不封顶不保底，按采购工作量提成。二是给最低工资，按采购量3%～5%提成。三是给基本工资，按采购量1%～2%提成，按价格节约的幅度1.5%之内提成。不再参与企业的利益分成，原则比一般业务干部工资总额要低。

不追究在市场所得，自觉督促对方帮助缴纳个人所得税。让佣金与回扣在阳光下发展，遏制非法人员的侵占行为。

上述设计提成的比例是举例，采购员的业务负荷量应按商品的分类价格来决定提成比例。采购业务员需要激励机制，是保质、保量、保生产进度、保证成本控制的关键人物。

（3）规定价格是在网上公布的，是企业储备之中的目录。如果采购价格提高了，必须有基本的资料说明原因，如是否技术改进或整个市场发展了，或是其他可以证明的原因才可。如果进货比储备资料低，应该对业务员有奖励的机制。

企业间的发展合作正常化是杜绝腐败的基础保证。国外企业老板允许服务生收小费的道理，其实是市场经济发展的基本原理。何不发展为我所用！

在此论述的经济体制，是为了在设计企业管理 ERP 模式的时候，需要确定管理模式数据流，集中与分散是两个不同的数据流模式。因而需要企业确定管理的模式，继而确定 ERP 的设计模式。

本企业高级管理软件设计模式的科学性，因此需要企业确定改变、适应、发展应有的管理方式，采用本设计为所有企业有效地科学利用。

第四章

理想的经济责任承包制方法论述

在我国步入全球经济发展的时代，必须伴随有科学的、合理的经济政策，而经济政策的可行性又在于经济条件的许可性。理想的经济政策自然阐述了权力与责任，自然会配套经济利益的方法。在企业，需要一个经济责任的管理方法，而且必须强调“经济”为重点。曾经以包代管、以包代行，包括行政权力的下放，企业财权不集中而造成一切不应该有的结果，并不是经济责任的合理方法。继续提出“经济责任承包制”方法，实际上是想总结曾经出现的问题，需要进一步探讨完善的、具体的，在经济“责任”二字下工夫的管理责任制方法。所谓的“经济责任承包制”，可以理解为实际上是领导者权力的分配与运用，是合理配置各级经营者在权力、责任、利益上的责任手段。

企业细化管理的目的，是为了对劳动生产力的提高寻求切实可行的经济政策。内部实行经济责任承包制方法是中央集权制对分散型管理的手段。因此，在强调分散经营权力的责任下，实行财权集权制的经济责任承包制的考核管理方法。对任何一个单位部门，必须有利润目标是生存发展的唯一总方针。通过 ERP 软件设计的全套财务运行管理方法去操作，管理才有意义。企业高级管理软件是基于经济责任承包制理论方式设计的基本管理方法。

第一节　原则

经济责任承包制经过多年的实践，是能够实现企业目标上下集约的管理方法。然而承包制必须有一个基本原则，各个企业可以按自己的特点，建立健全更多必要的管理原则。在此提出一些共同的原则。

一、确定法律管理原则与位置

每年初，确定各部门第一责任人以后，企业最高行政长官以委托书形式，授权委托各部门第一责任人的责任与权利范围。其中包括企业经营权的责任范围，安全生产的责任范围，计划生育的责任范围，更重要的是财务签字权的责任范围。诸如规定没有财产处置权，规定没有公款私借权，规定造成债权债务失误损失的标准和处理办法，规定所有应该和不应该的签字权利责任等。

二、建立厂长（经理）负责制的原则

首先体现对经济的管理问题。企业的利润和收入是企业第一秘密，企业的财务总负责人实行对企业最高行政长官负责制，所有的报告文件签署批准必须是最高行政长官。同时，同样需要处理好对各级承包者为第一责任人的负责制，在会计凭证上是各部门第一责

任人的签名负责制，负责全部范围内的经济责任和法律责任。

原则既坚定也不能死板教条，给各级第一责任人自主灵活的分配权，把话说在前可以衡量自己的决定权，让第一责任人在信任的环境中激励自觉的管理方法，是体现企业财务负责人帮助企业制定政策措施的水平。

三、明确各级第一责任人的经营行为

在制定第一责任人承包制的时候需要重视的几项政策原则：

1. 企业经营的方针政策是：厂长负责制的形式是自负盈亏，自主经营。按3个有利于企业发展的目标：①有利于生产、经营工作的开展；②有利于增加集体积累和提高效益；③有利于提高员工的经济收入的方针政策。方针是“三个有利于”，政策是厂长负责制。

2. 企业当年的经济总目标与责任。硬性的目标责任是有收入和利润，它囊括了企业管理的全部目标，哪一方面出现问题都会牵涉企业的经济损失。销售收入、上缴管理费、下拨经费、拨付资本金、核定流动资金和综合考核指标都是保证必须有利润的责任配套指标。

3. 企业宗旨和行为规范标准。保证国家和集体财产安全负责的经营管理行为，符合国家和企业利益的政治行为。贯彻按劳分配、多劳多得、奖勤罚懒的原则，不搞平均主义、大锅饭。加强预算管理，加强国有资产保值增值，建立厂长基金搞活内部的分配，建立健全请示汇报制度。这些都是企业宗旨要求达到的行为规范。

4. 企业经济管理的直接责任。承包书规定遵守颁布的有关规章制度，诸如包括《发票管理规定》、《空白支票管理规定》、《现金管理规定》等履行职责，确保遵纪守法全面完成本部门所承包的各项指标。

四、对班子的考核方法

对各部门第一责任人实行利润考核，对班子其他成员实行销售收入指标考核的方法。销售收入可以在一定的场合公开，全体工作中心围绕着怎样获取更多的收入实现企业的目标。以销售规模核定对班子成员的工资基础与奖金，可以在月度固定、年终浮动兑现。也可以在每月兑现不封顶，由第一责任人决定支付的标准。目的是造成一个团体只有一个工作目标的氛围。

五、实行一级考核一级工资标准的办法

实行总厂规定各分厂、事业部门第一责任人的工资，同时规定不能在本部门开支任何个人的费用，除上面指定的项目以外，比如差旅费。任何加班等个人增加的收入，不能在自己管辖的分厂、事业部的账务里决定对自己的开支标准。第一责任人决定班子副手以下的工资奖金，基数不能超过自己的标准。以此借题控制整个企业工资额度发放的办法。

六、各部门报备工资考核方法

工资的发放是一门管理艺术。各部门、各专业都有各自专业的考核方法与标准，包括

计件工资、计时工资、分类标准工资等，实行在核定的工资总额内分配的方法。原则是在有承受能力的、能完成利润指标的情况下，总厂尊重分厂的决定。当年用不完的承认指标，转入下一年继续使用。指标太多的，由总厂按一个时期取消收回。

考核方法是检验每一个单位的管理水平。

七、超额完成利润指标鼓励方法

承包指标最终的结果是利润"提成奖励"，有时候会在条款中测算失误和意想不到的情况，但不论是什么情况都必须兑现。不兑现必将失去领导者的权威。权威是建立在说话算数的信任基础上。

财务参谋部需要提供几种可能的方案，可以在承包书中明确行使最高行政长官灵活审批的权利条款。保证合同条款修改的权力只有企业最高行政长官的绝对权威。

凡是提成条款，需要做出留有余地的补充条款。比如，当年的提成超过了企业预计的水平，按封顶兑现的方法支付奖励额，可以承诺留待以后兑现使用，可以丰年补欠年的继续补充使用的方法，也可以按超过部分指标没收。关键是，合同条款在签订的时候，双方需要承认合同条款的合理同意性。

举例说，按15%的提成，总额超过50 000元以上的不计，按50 000元一次性支付，指标没收，以后不计。

再比如，在合同条款中说明，超额利润提成超过20万元以上的，按15万元奖励，第一责任人占50%，副手合计占10%～30%奖励。结余的或者给一部汽车，或者规定百分比以下的房子，剩下的指标没收，以后不计。

八、配套的政策措施

在经济承包书中有目标、有行为宗旨、有奖有罚、有管理的细则、有灵活的机制，同时应该强调企业规章制度文件出处。配套的政策是指在常规的正常文件以外的执行指导细则，比如《工资奖金发放办法》、《规范企业管理行为奖罚条例》、《集资经营管理规定》、《经理基金管理办法规定》、《佣金回扣管理细则》等。

政策制度制定的条款，需要保证上下的利益一致，不允许出现因为是承包者的利益而抵制整个企业的发展目标，也不能不关注承包者的利益，常常使用压制的办法是企业管理的偏激，效果不言而喻。

经济责任承包制再强调的是，现代企业管理要求财务部门必须服从企业最高行政长官的管理意志，是经济责任承包制畅通执行的基本保证。

第二节　方法

经济责任承包制在生产部门需要明确主要经济指标和主要合同条款，辅助指标和管理规定的方法。机关管理部门需要签订费用承包指标的方法进行全面控制管理。

一、承包制经济指标的方法

539. 主要经济指标和主要合同条款

主要经济指标和主要合同条款		
序号	指标	承包数据
1	利润	
2	销售收入	
3	拨入生产流动资金	
4	工资总额	
5	管理费用	
6	安全生产条例指标	
7	第一责任人（承包者）的责任义务与权利范围	
8	财务管理相关的纪律与解释	
9	人事管理规定	

1.〔利润〕是硬指标为第一。第一责任人（班子一把手）的工资奖励与利润挂钩，设完成利润奖和超额完成利润部分提成奖。

2.〔销售收入〕也是硬指标，没有收入则没有利润。考核班子的工资与奖金，设置销售增长或者负增长的奖励与扣罚条款。

3.〔拨入生产流动资金〕按产值规模，或按利润规模，核定拨入流动资金额不收利息，分厂在总厂的存款应该计算存款利息给分厂。

4.〔工资总额〕要有年度总指标，提取挂钩的方法按企业规定或者按商定的办法。指标可以在当年全用完，不可超支，结余留用。转入下一年是否继续，也可以重新商定。

5.〔管理费用〕是需要基层分摊承担企业上面的管理费用，可以按“占用资产分派”，也可以按“人头分派”，还可以按其他的办法分派。目的是让基层知道上面的管理责任，反过来监督上层的管理实效。

6.〔安全生产条例指标〕是按照国家有关的规定强行贯彻的目标值，处罚的严重性必须在承包条款上明确下来。

7.〔第一责任人（承包者）的责任义务与权利范围〕在其他篇章已有表述。在承包合同条款中以契约式明确下来，重点强调局部利益与整体利益的关系，强调服从企业大局的经营责任。

8.〔财务管理相关的纪律与解释〕是必须说明和强调的财经纪律，以及国家和企业的基本核算规定与要求、违约的责任与处罚。

9.〔人事管理规定〕是承包者都希望给基层的权利。包括领导人的安排，基层组织结构，职工内部调动，招工与辞退等管理权利。但是承包书也需要明确的条款是，服从企业整体的安排，不能随便没有足够理由辞退裁减员工，保护老职工的措施，技术人才的培养和储备，招工指标在总厂统一安排下，机构变动的请示，领导变动需在总厂一级报告审批程序等。

比如，保护老职工可以给基本工资养起来，培训好以后再上岗。如果是上面安排的人员就业，本单位可要可不要的，合同条款可以规定上面负责基本工资，承包者负责奖金。

再比如，技术力量储备，基层不同意招收太多的毕业生，总厂也可以条款规定各负一半劳动报酬的办法。因为新来者也在工作，定期重新分配以后再议。

凡是涉及承包者利益的，可能影响利润等一系列指标问题，不能强行压制，表面的服从历来是适得其反，需要承包者明白兼顾企业利益和个人价值作用是企业资本赋予的，团结合作事半功倍。

主要经济指标和主要合同条款是所有承包单位必须具备的，完善企业的不同形式、不同的管理方式，还应配套其他的经济管理措施。

二、承包制辅助指标的方法

经济责任承包制的配套措施，按不同专业制定不同的政策，延伸包括以下辅助指标和其他的管理规定。

540. 辅助指标和管理规定

辅助指标和管理规定		
序号	指标	承包数据
1	经济业务活动费	
2	厂长（经理）基金	
3	经营基金	
4	流动资金借款额	
5	固定资产新增计划	
6	固定资产维修费计划	
7	新产品开发计划	
8	佣金与回扣规定	
9	员工旅游活动费	

1.〔经济业务活动费〕指标与销售收入挂钩，按税务机关规定的比例核定，也可以固定指标。每月由财务部门报告提取、使用、结余情况，超支需要专门报告，提请最高行政长官批准追加，没有批准的不能报账。

2.〔厂长（经理）基金〕是工资总额的一部分，管理办法在其他章节有论述。

3.〔经营基金〕是工资总额的一部分，用于经营项目奖励、开拓新客户、安全生产、科技进步等对内部员工的奖励和鼓励。使用的方法在企业应该制定正式的文件，规范开支项目与操作。

4.〔流动资金借款额〕是生产储备借款，拨付生产流动资金后不足部分允许内部经营借款定额，按银行利率收取利息，超借款定额部分加收20%～50%的利率。目的是保证生产资金周转，不能积压产品库存，及时收回产品款项，增加有偿使用资金的概念。

5.〔固定资产新增计划〕是企业更新改造计划的一部分，扩大再生产的一部分，科技进步新添加的一部分。为了对固定资金使用的重视管理与价值观念，总厂可以按前一年折旧额部分无偿拨付使用，也可以按借款利率计算固定资产价值有偿使用。承包条款需要说明计算利息的公式，上交折旧费以后按递减额免利息。目的让所有经营者了解资本价值的来源与政策所在。

6.〔固定资产维修费计划〕是总厂对承包者的要求，以免拼搏机械设备的短期行为，会影响承包者的利益，必须要求执行的条款采取的强硬措施。

7.〔新产品开发计划〕是总厂对承包者的要求。承包条款可以灵活，新产品创造的利润全部归分厂利益，如果亏损由总厂承担。也可以按计划拨付另外的款项，给承包者没有负担，强调在完成生产任务的同时，以维持企业持续发展为目的的经济手段。

8.〔佣金与回扣规定〕是谈虎色变的项目，按市场经济规律的使用发生，必须有严格规定的管理制度。在其他的章节里有所表述。

9.〔员工旅游活动费〕在现代管理需要的是减压行为，需要有考核指标控制，与经济效益挂钩，防止无休止地乱花钱。也可以规定亏损单位停止这个项目的执行。

三、机关各职能部门实行费用承包指标的方法

上述的方法是对生产经营部门的承包管理方法。企业机关各职能管理部门应实行费用指标的管理方法。

541. 费用承包指标

费用承包指标					
序号	指标内容	承包数据	序号	指标内容	承包数据
1	办公费		5	机动车费用	
2	水电费		6	劳保费	
3	差旅费		7	员工旅游活动费	
4	业务活动费		8	其他	

机关不可控的指标全部集中在办公室，比如董事会费、广告费等。对于可控费用需要机关职能部门一起努力，结果也应该有奖罚条例。

这样，企业的利润与成本费用的预测通过承包责任制分解到各个单位部门，基本做到胸中有数，预算的基础扎扎实实、伸缩自如、控制有方。

第三节　监督

经济承包经营需要给足够力量的经营权，自负盈亏，自主管理。但不是放任自由，以包代管。经济承包经营的设计是一张管理的网络，是在集权制管理下的分散经营方式，监

督方式也在这个设计网络里。

监督者按常理不应在承包者的行列里。监督者必须是各个专业各行的专家人士。监督机制是建立在专业化分工合作互相制约的体制里，不是上级部门的走过场，也不是一两次的运动式打击、整顿、宣传。

经济承包经营的监督机制需要在企业建立起规范的管理行为。

一、建立我国职业经理人制度

在企业的最高行政长官应该被委托为资本代表的管理人，也应该是职业经理人。

在此希望讨论一些对资本管理的实践理论，用经济范畴去衡量管理的责任。资本出资人代表的应该是超脱的管理行为，是所属企业上缴管理费用，用于开支负担的费用是资本监督管理人。

而职业经理人是在企业拿报酬的人，是捆绑在企业经济利益和法律行为的第一责任人。如果出资代表人在企业拿报酬会有直接的利益，就不会具备监督管理的职能。如果出资代表人在企业参与经营决策，就应该负起全部法律经济责任，直接指挥企业日常的生产与经营，行使职业经理人的行为。基于这个观念与理论，希望考察一下董事长、监事长、总经理在企业的责任定位问题。所以，企业最高行政长官是职业经理人。

企业有集团公司管理所属性质的，企业最高行政长官就应该接受集团公司明确实行经济管理责任承包书上的第一责任人。

集团公司对企业最高行政长官赋予高风险、高责任、高待遇所决定的特权。这个特权必须是完整地明确个人责任法律的特权，包括给企业发展的特许经营权。①特许经营权是在法律完整建制下的，由各个专家形成的外部监督权行使下的经营权，监督不是外行的摆设，也不是某个颐指的间谍性行为。②特许经营权必须保证最高行政长官的经营指挥流畅、政通、体通、令行禁止，符合市场效率的、条款合同明确的、详细规则说明的、行为准则性规章制度保证的。因而就应该有的《资本管理代表者最高行政长官管理条例》。

管理条例所具有的内容是：经营规范，专业能力，企业发展方针，未来目标方向，资本处理守则，国有资产保障条款，财产处置范围，职业道德，个人酬薪条款，个人行为准则，组织关系，家庭关系，亲戚关系，社会责任，承包的法律法规，责任与义务等。

管理条例还详细制定对出资人的管理保证，包括具体损害了出资人利益应承担的法律责任，包括在什么情况下诉讼法律的具体行为意识的直接责任。

管理条例对具体掌握着公共事业资本的企业，一旦发生各种危机，对国家紧急机制中包括财政拨款的法律责任。

最高行政长官具有维护国家利益的法律责任为头款头条，代表出资人维护企业利益是“跳楼”的责任。所谓跳楼责任是说对责任的极端责任，得过且过不是职业经理人应该有的职业道德，应该不具备职业经理人的资格。

国有资本和私有资本的民营企业管理的方式是一致的，特别是上了一定规模的民营企业完全可以参照国有资本的管理方式。

因此，建立完善各种规章制度、法律责任、形象标准去使用中国职业经理人对企业的发展势在必行。

二、总会计师的监督者职能

企业的总会计师（财务总负责人）是企业管理的总设计师，是企业决策的总参谋，是企业经济事故的消防总指挥。具备了以上的职责，总设计师不是经济事宜的执行者，不给自己直接付款的权利和行为。总设计师是专业监督者，有全部情况知情权，是建立企业经济权利分工的直接责任者。

总会计师必须建立健全财务会计人员严格执行以最高行政长官“手谕”说话的秩序，不能谁说如何如何，而随便改变企业的经济秩序与纪律。

总会计师力主推荐维护企业 ERP 管理软件，在规范的运行中起到自然常规的监督作用。

三、财务集中管理

坚持财务集中核算管理，坚持派出会计职能管理的方针办法。集中是所有会计资料集中在厂一级，信息监督的作用自然会在正常的会计工作中产生与维护。

实行财务机构以外的审计稽核体制，有规模的企业设专职制度，小企业的总稽核员设在办公室，直接属于最高行政长官领导。

四、实行专家治厂的真正功能

对企业的监督，必须是专家治厂的方针。实行企业集团委托社会专业人士的监督，由企业支付检查监督费给专家个人，专家付终身的法律责任。专家有权自主组织检查团组，所有检查组成员在检查终审报告中签名负责。签名排列需有说明，分主要责任人、项目责任人、辅助人员等。报告应有详细的检查涉及目录，包括粗检项目与细检项目过程的说明等。

企业备案各种专业的职业核查报告，以备事件中的追究责任。

比如，固定资产管理的检查。目的是不允许在承包期打拼消耗企业资本的行为，规定对固定资产管理规范操作的执行条例，定期必须实施大修理的保证行为。专家组检查企业在年初制定的目标，检查执行过程中的细则情况，是得过且过，还是认真负责。抽查个别设备样板，详细记录在案抽查的细节，包括设备名称、企业编号、影像资料，没有详检的另有说明目录。报告有企业专业人员的汇报书，有个人签名的报告资料稿，一旦出现问题，企业专业人员的报告书同样负有真实性的法律责任。

专家治厂的社会监督项目包括：财务审计、经营销售方法与规定检验、生产安全检查、产品质量检查、企业统计检查、技术发展检查、固定资产检查、资本投资核查、库存物资管理检查、厂容厂貌评估等。

对于各种报告，最高行政长官需有阅读记录和个人意见，对报告中的不同意见应有肯定和否定的记录，可以不予理睬，一起作为备案存查档案。

五、规定企业切实可行的监督办法

企业内部的检查监督制度需要建立可用、可行性机制，制定具体的检查条款。比如资本变动、员工收入、基本建设、福利事业等。定期由企业内部专家提出评估报告。

企业内部专家的组成，除了财务设置专业的审计部门，需要看大量的会计凭证与报表，其他的专家不需要专职设置等待。企业每年初指定的专家组成员，平常在每个职能管理科室，在工作中产生评估的意见。专家组成员可3年任期轮换。

专家报告可以公开，也可以不公开，决定权在最高行政长官。专家报告存在企业保密档案，报告不负任何法律责任，只是一个建议与个人看法，给最高行政长官提个醒。

群众监督，比如职工代表、工会等，实行企业大纲上的监督。

经济监督需要权威，需要负有法律责任的人。群众监督是舆论效果，没有责任，上面监督下面才是权威的纪律责任。

例如企业建立了经理基金，在管理文件上说明可以由第一责任人使用个人白头单方式决定支付奖励给某员工，交由财务人员执行。年末收集在财务部门指定的管理人，一般是财务领导人，汇总整理后统一交个人所得税，再交给企业监督人员检查，例如党委书记和工会主席组成的检查组，核查后专门存档。

建立经理基金，目的是用于维护领导者管理艺术的基金。在正常情况下，工资的奖励已经起到一定的作用，可是隐蔽的作用是不可忽视的。比如一件紧急突发任务，同样是业务骨干，有的会说8小时之外是自己的权利，有的业务骨干会不顾一切马上到位，奖励这些业务骨干中的骨干需要一定的基金。奖励不一定达到可能的全部价值，奖励是对自然人行为的评价，奖励的是精神，是领导者需要有劳动者对自己的理解和支持。

企业高管层看过经理基金后，会了解到骨干队伍的建设，看到基层领导的工作作风，还会看到许多意想不到的事物，需要谈话监督、指导，包括指责，会有实际的、有影响的效果。

经济监督需要专业权利的支持。

六、内部制约控制机制的可行性

内部制约控制机制需要在实际的工作程序中建立且不断完善，切实可行。

实行各级任期内定期审计，实行一级审一级工资发放，实行专家参加评估制度等，企业的监督管理行为需要在各个环节中落实。

比如，专家参加评估有组织部门人员参加，有工程技术人员参加，同样实行全体成员签名制度。评估报告必须详细，负有道德品质责任。

对于评估道德品质的条款，企业应有具体的规定。包括工作方法、员工情绪、奖励批评程序、鼓励指导的案例。评估的意见可以不与被检查者本人见面，也可以建立其他的方式交换意见，并需要企业有明细的规定作保护。

再比如，规定必须利用ERP软件管理程序，如果没有建立内网外网价格参考体系制度的不能有经营行为。科技时代的发展，需要建立实施价格参考制的内部控制管理制度作保证。

经济责任承包制是企业管理的理想制度。

实现经济责任承包制的目标，是科学的权、责、利配套的考核方法。设计符合企业实际操作，符合企业目标利益，符合承包者心理目标的方法非常重要，是完成经济责任目标的基本保证。

第五章

科学考核权、责、利管理方法论述

经济实效考核其实是工资报酬与企业管理目标挂钩的办法。

考核离不开利益、权利、责任的配套。所谓权、责、利的管理就是考核制度科学配套的管理艺术。考核是对人类经济活动行为的制约。

改革开放初期，有关部门组织许多企业领导去参观学习广东一个服装企业，学到了一个方法是发放年终奖。大概从那个时候开始企业发放年终奖和双粮的习惯成为一种时尚与制度。

当时不清楚许多人有没有学习到服装企业持续发展的精华。他们不是为发年终奖而发奖，他们执行的是一种考核制度，一个以人为本的科学行为。

这个服装企业具体的做法是，年终前在一定的场合公布一个标准。比如优秀奖励10 000元，合格奖励3 000元，不满意奖是1 000元。按着分配永远是没有公平的理论，通过一定的保密方法发到了每个人的手里。当员工们拿到奖金以后，没有不想自己今后应该走的路。那些拿到1 000元的人，痛苦的时候必须作出一个选择，要么堂皇地找理由辞职，要么找相关决定命运的领导表决心，要求给机会、给出路。这种效应毋庸置疑是科学合理的。

这个方法可以冠以“年终奖警告制”或者“年终奖衡量制”，以利用、完善、提高企业的管理水平，这个方法就是在权、责、利铺垫下的制度里产生的。

“年终奖警告制”不排除人为的偏见。给人评价的同时给机会更重要，在发放年终奖的同时宣布岗位的协调方法和可能招收人员与精减人员岗位的方案，给每一个人选择一下可能适合岗位的要求，换一个专业环境或者就是人才的诞生。

企业管理的目的是获取最大的利润，而企业管理的成就是对劳动生产力的成功管理。企业需要科学的经济管理政策，留住人才是企业长治久安的根本。

考核是对人的使用与评价。研究一个企业科学合理的考核方法，对企业的生存发展有着绝对重要的意义。

考核有整体考核方法与个体考核方法。所有考核方法的准确与公正，是建立在完整的、有基础资料真实的财务核算管理机制里，化小核算单位的小账套工作是烦琐的，反映的却是真实完整的成本效益结果。以前的方法是企业一个大账簿，考核在账外做台账的办法，对考核的数据绝对是不完整的，人为错误因素所造成的涣散心理根本避免不了。认真地做好每一个可以直接考核利用的小账套，借助计算机ERP管理软件的设计，必然会起到人工操作所不能及的功能与效果。

一、工资酬薪的考核

首先，工资报酬永远没有公平所言，只要做到基本符合一个企业、一个团体的情理环境，就能催生报酬价值的作用。经济承包制的最终目的是实现劳动生产力的分配利益相对的合理。

工资报酬的发放形式现在基本分为3种：计时工资、计件工资、分类标准工资。劳动力的负荷是生产力水平决定的，生产力水平是企业产品服务对象所决定的。企业选择哪一种工资管理方式，是企业的管理水平所决定的。

对于工资的管理有一个基本原则。

1. 档案工资：不论任何一种工资考核方式，都应该有一个基本工资，基本工资也就是档案工资。基本工资可以作为保底工资标准，也需要作为发生某原因纠纷时候参考的依据。

基本工资一定要有基数加企业工龄去体现基本原则，基数以政府颁布的最低工资标准。法律是尊重历史规律的。比如某人在8年后退职，浮动的工资不好计算，按最后1个月的报酬作为计算依据也不太合理。因此，在签订劳动关系合同的时候，应该有一个合理的标准，基数加每年的升值幅度作为标准支付，免去各自的不同意见所产生的矛盾。升值幅度在企业应该有一个历史记录基本标准公布值。人才的流动对于市场经济是自然的规律，口碑对企业极具杀伤力、影响力。

基本标准在尊重符合税法的前提下，在《企业会计准则》的环境中作出服从的大局。《企业会计准则》已经明确了在不违背国家法律的规定中，企业的内部管理政策可以自己制定，报财政与税务部门备案即可。

2. 计时工资：计时工资一般是管理岗位。管理岗位是自觉工作标准的人群，计时工资代表了人生的旅途资格。

计时岗位可以有24级与36个级别，是根据人的发展心理设计决定的。一个人的工作资历按30年左右计算，决定了工资的标准依据。

比如，入职级别3级，中专生1 500元，大专生1 800元，本科生2 000元。然后是一般科员6级，资历科员6级，主任科员6级，资深科员6级。每年升一级，物价升的时候全体调整物价升级。按在企业工作到35～40年的计算，在工作人群里需要中间人物与配合岗位，不能因为没有特殊表现不升级。每年有工资升级，符合管理心理素质的轨迹。

骨干领导型的人物在提拔时跳跃升级，是能力的表现，可能中专生在3年后赶上了本科生工资也不奇怪。设置领导工资级别岗位由企业根据各自的特点决定，毕竟领导是少数人，自由度比较强，带有协商工资的权利。

3. 计件工资：计件工资在劳动力队伍中一定要实行。

企业要有固定计件工资级别的档案工资。辅助生产人员的工资在固定工资的基础上加计件工人工资的百分比浮动，让后勤人员积极为第一线的工人悉心服务。

计件工资计算的基础需要企业管理层的水平，暴升暴跌工资计算基础，随便更改工资计算标准，对生产必然有一定的影响。

计件工资的办法：①小件产品比较好计算工资定额量；②大型产品靠定额工时计算工资定额量，经常对比实动工时及时调整定额工时；③一个整体产品由几个人承包，完工检验合格后支付工资，由承包人自己分配。

第三种办法在规范管理的企业里是放任自流一般不可取。

充分利用ERP管理软件做好基础计算资料，求得企业基础工作的完善。

4. 工资考核为经营者的法宝：企业的工资总额有一定的管理额度，是产品成本能够负担，是企业发展稳步变动，是税务管理要求核定的基础指标。企业通过承包政策对每一个部门测算工资总额标准，用以控制成本项目执行的标准。

工资总额预测的基础标准首先是人均水平与销售总量挂钩。销售产值是一个单位劳动量负荷值的范围，预测需要掌握可能增加了产量而增加的工资总额，必须计算控制在成本可承担的预测范围内，在经济承包责任书条款有所说明及预测的管理方法。

预测估计如果当年浮动的可能较大，规定每月发放工资值在80%～90%，每月有总厂的审核批准，实质还是由总厂控制管理工资总额的方法。分厂、事业部使用工资总额也需要有科学合理的控制方法。

对于经营管理者，工资总额的控制使用需要艺术的管理方式。一般采用3∶7比例或者2∶8比例分类比例法比较合适。分类比例法是，70%是公开的工资计算考核方案范围，30%是第一责任人的利剑。

其中30%用于鼓励、奖励、领导科学管理行为。具体用于可能一些工段、班组当年遇到经营困难补充工资总额的不足，用于基础工资的协调，用于骨干的项目奖励等。还有是亏损不允许使用的工资总额。

另外70%是公开的考核工资方案总额。工人出产品了，不管企业有什么困难，必须兑现的劳动报酬。

比如，计件工资详细说明每一个部件的劳动所得，公开基本考核细则，让所有员工掌握自己的报酬尺寸是对企业的信任。另外报酬的补充是30%开支的项目，是产品质量的奖励，劳动态度的奖励，给人鼓励的感觉，以此发挥积极的效应。

工资与效益挂钩，与岗位挂钩，在不同的人群，不同的组织形式，不同的收入水平，不同的管理方法，不同的生产模式，都会有不同的考核计算工资的方法。但是工资总额的使用比例分配，最少2∶8比例，20%是掌握在第一责任人手里的秘密武器。

用ERP管理计算工资报酬的全部数据，企业迫切需要而且举足轻重。

5. 考核方法总结

在不断的实践中，许多企业总结了不少的考核方法：①销售收入与工资挂钩的方法；②利润提成与工资挂钩的方法；③定额工资加利润提成与工资挂钩的方法；④股份制方法；⑤集资分红方法；⑥毛利考核方法。

毛利考核方法是比较科学成功的管理形式，它是向最高管理方式——边际利润管理迈进的一个里程碑，边际利润管理是一个系统工程，高理论、高素质、高管理基础的企业最佳管理方式。

毛利考核方法是保证企业有利润的基础。采取任何一种考核方法，需要制度细则的严格性、完整性，需要财务核算基础可执行性、可操作性。考核管理是一门心理科学的运用。考核需要有人性化、艺术化、尊重人的个性化，不能简单的格式化、强行化。以理服人，以道取心，以则取胜。

考核方法按企业的不同、产品的不同、服务对象的不同，可以采取多种不同的考核方法。下面是不同专业与行业的主要考核管理方法。

二、工业单位考核系列

对工业企业的业绩考核能做到毛利考核方法是管理的最高境界。企业能获取多少毛利是企业利润的关键。采取“产值考核”在企业开拓的初期为了开拓市场可以作为考核的目标，进入正常经营生产以后，很难防止高买高卖、高买低卖的现象，是企业管理效果的大忌。

实行产值法考核也是企业的基础管理不到位的原因之一，是企业成本控制没有达到预期管理目标的时候，实行粗放型的管理方法。而要做到毛利考核法，基础管理非常重要。基础管理必须靠 ERP 软件设置的系列工程，使企业管理必须达到一定的水平才可实施毛利考核法。

实行工业毛利方法考核对企业的管理建设是极大的促进。

1. 工业毛利方法：

542. 部门效益工资挂钩考核台账——工业毛利法

部门效益工资挂钩考核台账——工业毛利法					
项目	本月	累计	项目	本月	累计
1. 部门			3. 考核时间	年　月	×
2. 销售收入			4. 班子工资		
物耗成本			浮动比率		×
其中：原材料			班子奖金		
辅助材料			5. 班长工资		
燃料			利润		
动力费			计提率		×
毛利			班长奖金		
计提率		×	6. 经理基金		
应有工资总额			计提率		×
上月已使用			应有额		
本月使用			已使用		
总额节余			节余		

注：“×”为不用填写数字。下同。

（1）属于效益工资的考核范围包括第一责任人（班长）的工资、班子人员工资、经理基金。

（2）〔毛利〕的计算标准，需要企业制定出项目原则方案。比如铸锻行业的动力费是消耗大户，不能计算在毛利之内，应该计算在物耗成本里。各行各业有不同的考核成本要求，需要公平合理地明确下来。〔计提率〕是企业按人员的标准、劳动负荷的标准、工资水平的标准、成本利润承受的标准决定的。

（3）考核领导班子的指标是销售收入。分工管生产的，管技术的，管行政事务的，一切围绕企业有更多的产品销售收入而努力。班子的工资可以固定下来，不随业绩浮动。奖金随业绩浮动也可以不浮动，方法可以采取多样式：一是每月按完成销售额固定发放；二是在年终完成销售额固定发放；三是每月随销售额浮动发放，最高封顶到120%～150%，最低保底到60%～80%；四是不管是固定还是浮动，每月都只能发放指标内的50%，节余的在年终一次发放。以此促进班子成员在各个管理环节注意一切为了经营销售收入而努力。

（4）第一责任人（班长）考核的是利润，控制成本关键在一把手。第一责任人的发放办法由总厂最高行政长官决定。原则是保证第一责任人的正常收入。因为企业不管有没有足够的生产经营任务，一把手是没有休息喘气的时候。一把手真正的价值在完成经济责任承包的时候，体现在利润考核指标的实现。

（5）〔经理基金〕提取的标准，可以按利润基数，可以按核定的工资总额，可以固定一个指标，提取以后纳入工资总额考核范围，统一计算应纳个人所得税。

（6）工资总额不够的情况下，可以在政策规定允许几个基金合并使用，再不够的时候可以制定向总厂借工资的办法。如果是考核指标有问题，也必须坚持到下一年度再调整。调整的政策其中包括“决定特殊原因借工资的指标”可以不归还，以维护政策的完整性和权威性。如果工资节余指标太多，也应该有政策办法回收上交，防止乱发工资的现象产生没有控制的理由。

2. 固定工资法：

543. 部门效益与工资挂钩考核台账——固定工资法

部门效益工资挂钩考核台账——固定工资法					
项目	本月	累计	项目	本月	累计
考核时间	年　月	×	5. 班子工资		
部门			浮动比率		
1. 销售收入			班子奖金		×
2. 实现利润			6. 班长工资		
3. 核定固定工资			计提率		
4. 利润计提率			班长奖金		×
应有工资总额			7. 经理基金		
上月已使用			计提率		
本月使用		×	应有额		×
总额节余			已使用		
			节余		

（1）【543. 部门效益工资挂钩考核台账——固定工资法】是纯劳务收入或者主要是销售收入中原材料不多的服务业单位的考核方法。为了确保企业的资本，不允许分光吃光的原则，核定一个工资基数＋浮动的办法。

（2）〔核定固定工资〕需要与销售收入挂钩，按上一年的人均产值收入对比核定人均收入水平，以此核定保底的固定工资额。

（3）浮动工资是确保利润指标，激励创造更多的利润，以利润额作基数提取工资总额的办法。〔利润计提率〕保证部门必须有利润行为才可获取收益的回报。

其他项目的解释与【542. 部门效益工资挂钩考核台账——工业毛利法】一致。

三、商业单位考核系列

商业机构在企业有产品销售部门，有物资部门分出的销售采购机构，有企业下岗人员组织的商业店面。

这些部门是利用总厂企业名字形成无形资产的效应下，创造了部门的效益，必须是企业管理体制的一部分，遵守企业的管理制度与政策制约。

这些部门有直接使用企业所提供的资本资金，有为了扶持政策提供免费商业铺位。凡是占有企业资本的必须纳入企业管理的轨道，不存在抓大放小，放任自流的管理方法。

管理的方法是接受经济承包制度的考核。因此考核的方法多式多样，机动灵活，只要达到企业资本保值增值的目的。

1. 商业毛利法：在提出商业毛利法以前，一般企业按销售收入法考核流通企业业务人员业绩的方法。

按销售收入法的企业准备了一定的“资本赔付准备金”，准备金到一定限度还打不开市场生存渠道时，就必须改变经营策略。用销售收入法志在打开市场的时候，经营考核的办法就有可能在没有毛利的情况下，有可能毛利不够支付采购运输费的情况下，高买低卖、平买平卖、微利即甩，但是必须承认经营人员的业绩奖励。

所以，销售收入法在流通企业进入正常运行以后是不提倡的考核办法，实行毛利法考核是科学的，合乎企业发展的考核办法。

544. 部门效益工资挂钩考核台账——商业毛利法

部门效益工资挂钩考核台账——商业毛利法					
部门			考核时间	年　月	
项目	本月	累计	项目	本月	累计
1. 销售收入			3. 班子工资		
进货成本			浮动比率		×
毛利额			班子奖金		
计提率		×	4. 班长工资		
应有工资总额			利润		
上月已使用			计提率		×
本月使用			班长奖金		
总额节余			5. 经理基金		
2. 经营基金			计提率		×
计提率		×	应有额		
应有额			已使用		
已使用			节余		
节余					

（1）按毛利计提工资总额的办法，需要有历史水平作依据进行测定，原则是不低于上

一年的水平，保持企业能够持续发展的象征。

（2）〔经营基金〕是流通企业需要建立的一项基金。商业设置〔经营基金〕的作用，指标需要有制度规定，可以按销售收入、按利润、按工资总额作为提取基数。提取后的使用也应该有章程规定，比如用在员工开拓新市场、新客户的奖励，在经营过程中的佣金回扣办法的支付，其中由企业代扣个人所得税的办法都应该有所规定。

其他项目的解释与【542. 部门效益工资挂钩考核台账——工业毛利法】一致。

2. 商业股份制法：企业需要组织员工成立销售部门，按商业经济规律进行管理。为此制定需要的约束机制，防止“卖大包”现象，高进低出，或者高进高出，使企业没有毛利。防止进货没有制约，造成商品积压。防止乱花经营费用，造成效益亏损。

商业的考核需要多方面的。对于由员工自行组织的商业机构采取股份制形式比较好。

545. 部门效益工资挂钩考核台账——商业股份制

部门效益工资挂钩考核台账——商业股份制					
部门			考核时间	年　月	
项目	本月	累计	项目	本月	累计
1. 销售收入			3. 利息分配		
进货成本			上月已使用		
毛利			本月使用		
计提率			总额节余		
应有工资总额			4. 商品库存		
2. 利润分配			确定损失		
扣 33% 所得税			扣款额		
利润股份总额			上月已扣		
其中：集体股			本月应扣		
个人股			总额待扣		
上月已使用			5. 经营基金		
本月使用			计提率		
总额节余			上月已使用		
			本月使用		
			总额节余		

（1）【545. 部门效益工资挂钩考核台账——商业股份制】的考核方法目的是将所有的员工捆绑在一起。这个方法适合 30 人以下组合的商业流通部门，用各种经济考核方法，调动所有人的经营积极性。

（2）实行的办法是，企业拨付一定的资金作为 50% 的股份，以此表示大股东的管理权威。个人按层次规定必须出资额各占百分比额度，合计也是占 50%。规定可以集体占 70% 左右，比例按商店购销商品的性质决定，附加值大的商品，一般集体（企业）应占大头，最少也不能 <50%。企业股份可以用商铺作为投资资本。

（3）工资提取方法还是以毛利原则法是基本。有毛利才有利润。对员工个别的考核必须有毛利指标。

（4）采取〔利润分配〕方法。股份制以后，员工有权知道利润形成的处理，企业扣除所得税后再进行利益分配。分配的原则可以按大家和企业商定承包经济责任的办法，一部分按个人投资股份作基数，一部分按职务作基数，还有按贡献大小作基数等大家商量决定的办法。因为利润的获取是多方面因素决定的，如果一个人有钱投多一些股份而不努力工作，分配的利润提成较多是不合理的。

（5）〔利息分配〕是个人集资股份在每月的成本中支付按银行利率形成的利息给集资者，以示公平。

（6）〔商品库存〕的管理方法在实行股份制的章程条款中应该有一个管理办法，其中很重要的是采购商品形成库存的监督管理办法。包括如果过期或者已经证明形成的积压，再或者积压太多形成的借款利息，损失的金额应当相应抵扣应支付员工的集资利息等，有经济制裁的办法等。目的是让所有的员工自觉监督所有的管理环境，股份制的目的则在于此。

（7）因此而产生的股份制员工的工资报酬需要新方法的体现。

546. 商业股份制——月份工资发放表

商业股份制——月份工资发放表									
姓名	工资	股份额	股份比率	基金额	利息分配	商品损失	经营奖励	合计	签名
合计									

股份制员工的工资报酬应该由几个方面组成，〔经营奖励〕是第一责任人对特别贡献的员工奖励。这个制度在企业里应有统一的规定。

3. 业务员业绩考核表：在流通企业的业务员是一个重要的基本队伍，怎样考核他们权、责、利的方法需要既兼顾企业利益，又不挫伤个人积极性。

547. 业务员业绩考核台账表

业务员业绩考核台账表					
姓名		工号		考核时间	年　月
项目	本月	累计	项目	本月	累计
1. 销售收入			7. 核定业务活动费（%）		
税金			上月已使用		
进货成本			本月使用		
毛利额			节余		
毛利率（%）			8. 经营节余		
2. 配合成本（%）			计提工资率（%）		
3. 仓管费（%）			应有工资额		
4. 管理费（%）			上月已使用		

续上表

5. 利息（%）			本月使用		
6. 核定差旅费（%）			节余		
上月已使用			9. 奖励		
本月使用			上月已使用		
节余			本月使用		

（1）对于业务员应该给一个自由度的空间，即需要创造销售收入，也需要配套应花费的费用，核定费用指标必须匹配销售收入比例，需要科学的测定方法。

（2）一般一个月结算一次〔配合成本〕。〔配合成本〕指司机、售货员、记账员等需要承担的费用，与其他成本项目明确分配比例。

（3）〔核定差旅费〕需要给业务员自己掌握的指标，花费在什么地方不去追究，可能是自己的机动车，可能是其他交通工具，需要制度章程规定。按销售收入完成以后匹配的指标允许激励提成，业务员会自觉地节约成本开支，对企业有利。比如，送一个商品可以有理由派车，因为承包费用，业务员会想更合理的办法既达到目的，也可以节约成本。合理的成本控制办法往往产生在权、责、利相结合的制度中。

（4）〔核定业务活动费〕原理与〔核定差旅费〕一样。

（5）〔节余〕指〔毛利额〕减除成本项目以后的余额才可提取〔应有工资额〕。工资额有指标后也应该有一定的发放规定，有最高封顶与最低保利的考核条款。一般有封顶就应该配套保底，公平合理。需要建立最高封顶的理论依据是，可能对毛利的估计不足所制定的提取利率不合适，配套的激励条款表明可以超毛利额另有奖励，或者可以在当年结余的工资计算额，留在下一年统筹安排。

比如，计划一个业务员的经营能力可以获取 100 万元的毛利，按 15% 提取工资额，年计划 15 万元，保底计划 2 万元，目标值计划 18 万元工资额封顶。结果超过 150 万元毛利额，给足封顶 18 万元，另外奖励 3 万元。

企业给个人的支付以后还是占利益大头，所以激励机制制定的必须合理，又有灵活机动的余地，企业管理方法守信用是企业发展的根本。

（6）考核需要企业与个人之间的承诺守信用，基础工作必须认真，按业务员的考核范围汇总清楚每一笔业务情况，使考核的结果产生自然的目的与效果。

548. 商品销售业务员业绩汇总表

商品销售业务员业绩汇总表

总库单位：　　X 库单位：　　截止时间：　年　月　日～　月　日

出库流水号	物质代码	物质名称	规格型号	客户单位名称	计量单位	单价	数量	销售金额	税金	仓库单价	仓库总价	差额
合计												

负责人：　　会计：　　录入：　　制表时间：

【548. 商品销售业务员业绩汇总表】本应在商品材料会计核算管理体系里反映，暂时放在考核系统里说明业务流程的使用方法。

四、技术设计考核系列

技术设计部门一般被认为是“管理软指标”部门，靠人员的自觉工作。因而产生了“有事没人干，有人没事干”的尴尬管理局面。

现代企业“技术是第一生产力”，在管理意识上，将技术管理提升为企业成本控制管理的源头第一位，要求技术人员会做工厂成本设计，会做产品价格设计，表示了工程技术人员的高度素质。然而，企业对技术部门的管理本身更需要高度的科学性，充分认识研究管理考核的方法对技术队伍的建设意义，是企业能持续发展的保证。

1. 技术项目组合的考核：在关于技术集中模式里有说明组合的方法与考核的意义。

549. 技术设计项目考核

技术设计项目考核			
单位	……	流水号	……
技术设计组名称		时间	
项目编号		设计组人数	
项目名称		要求完工时间	
合同价		设计特殊要求	
设计费		设计要点	
计划开支项目		其中：1.	
其中：仪器		2.	
设备		3.	
软件		主任工程师	
管理费		主管总工	
人工费		考核评分	
计提比例		其中：1. 废返率	
应计金额		2.	
实得金额		附件说明编号	

（1）〔人工费〕的〔应计金额〕是按考核章程中是否应扣分的项目后〔实得金额〕。

（2）〔设计特殊要求〕是根据产品设计合同的提示。

（3）〔设计要点〕是规定产品的理论重量、材料成本总价、废返率、质量要求、返工率等，〔设计要点〕是考核设计水平的依据。

（4）〔考核评分〕中的〔废返率〕等是考核生产过程的失误还是技术设计的失误等服

务指标。

（5）产品完工以后，或者经济责任合同规定一个阶段需要计算考核结果，累计为技术设计组的劳动报酬：

550. 技术设计考核

技术设计考核 单位：　　　　年　月　　　　技术设计组：										
序号	项目编号	项目名称	合同价	设计费	计提比例	应计金额	设计组人数	完工时间	考核评分	实得金额

2. 技术设计队伍的工分制考核：在关于技术集中模式里有说明工分制的方法与考核的意义。

551. 技术工艺设计工分制考核

技术工艺设计工分制考核 设计人员：　　　　工号：　　　　时间：　年　月								
序号	项目名称	分值	一级审核	二级审核	三级审核	合计分值	每分价值	合计报酬

552. 设计图纸工分制考核标准

设计图纸工分制考核标准								
序号	项目名称	图纸规格	评定级别	工分额	一级审核 ± 分	二级审核 ± 分	三级审核 ± 分	合计分值

（1）企业需要先建立考核标准，确定设计图纸的工分值，审核的标准方法与计分值，协调的方法与规定的奖励办法。

（2）工分制的工资构成公式应该是基础工资加工分奖励。

（3）审核的加分与扣分应该是以生产产品成功后的质量检验结果为主要标准。

五、经营管理考核系列

产品合同管理的成败在于企业对经营人员考核的指导作用和激励机制。采取边际利润考核制是唯一的办法。因为企业必须确保毛利收入，才可能讲利润的产生。

553. 经营人员毛利测算表

经营人员毛利测算表						
姓名			时间			
工号			承包固定费用			万元
序号	项目编号	合同价	材料成本	专用费用	毛利	完成（%）
月合计						
年累计						

1. 在关于经营集中模式里举例说明了【022. 经营计划毛利测算表】的意义。在总厂进行总测算，了解掌握企业的经营状况。

2. 【553. 经营人员毛利测算表】是每一个经营人员分配经营任务的企业年度目标，是总厂【022. 经营计划毛利测算表】的组合之一。经营任务就是企业的固定费用分解额。承包固定费用是企业与每一个经营人员签订承包合同的经济指标，按产品类别“量身定做”的经营目标任务。

3. 经营人员承接每一项经营合同，需要做【023. 目标成本书（报价书）】，填入【553. 经营人员毛利测算表】，累计业务量指标完成情况。

4. 经营人员承包的毛利不是利润，利润是企业经营者（第一责任人）的经营目标。利润 = 毛利 − 工时费用 − 管理费用 − 财务费用 − 税金。成本费用是经营者才有的控制权力。

5. 经营人员有权过问控制材料成本和专用费用的责任。在市场谈判合同价格的时候，经营人员应该已经掌握或者通过技术部门或者物资部门，再或者是企业内公布的材料价格计算的产品成本，通过企业内制定的有关程序证明【023. 目标成本书（报价书）】的材料成本价格，以此作为【553. 经营人员毛利测算表】中的材料成本费用计划价格。

企业可以制定相关的成本控制制度规定，比如：①实际材料成本价格高于【023. 目标成本书（报价书）】的材料成本价格的，查清原因后证明不是经营人员的问题，不计算经营人员的材料成本项目指标，而计算在完成固定费用项目额之内。②材料成本实际价格低于【023. 目标成本书（报价书）】的材料成本目标价格的，差额部分应计算在经营人员完成固定费用项目额之内。

经营人员是成本控制的监督者，也是控制成功的受益者。经营人员是市场营销成本控制的内行专业管理人员。

6. 经营人员的考核政策是配套的，有鼓励加惩罚的激励机制。

554. 经营人员业绩考核台账表

经营人员业绩考核台账表			
考核时间	年　月	计划承包总收入	万元
姓名		计划承包固定费用	万元

续上表

工号			计划完成固定费用提成率（%）		
项目	本月	累计	项目	本月	累计
1. 销售收入			3. 核定业务活动费（%）		
税金			上月已使用		
材料成本			本月使用		
专用费用			节余		
毛利额			4. 核定差旅费（%）		
毛利率（%）			上月已使用		
2. 计提工资			本月使用		
上月已使用			节余		
本月使用			5. 奖励		
节余			上月已使用		
			本月使用		
			节余		

（1）经营人员的业绩一般一个季度结算一次。

（2）计提工资方法，可以保底加计提浮动，或全浮动，也可以封顶，方法与【547. 业务员业绩考核台账表】考核工资方法上的原理一样。

（3）核定业务活动费、差旅费可以按合同定额百分比提取计算，也可以按月固定计算。

（4）奖励方法与【547. 业务员业绩考核台账表】上的原理基本一样。

六、福利事业部门考核系列

医院、技工学校、宿舍物业、饭堂、幼儿园在企业办社会并不是负担累赘。企业要发展壮大，成为一定规模的企业，必须有一套福利性的设施，留住人才，才能谈得上留住技术和发展精神。

企业需要办饮食服务，按企业的要求有加班餐、高温餐、船舶出海试航餐，都需要按企业的意志服务；办医院规模不需要太大，如现场医疗服务、工伤的紧急处理、社区的服务，不是一流的医院可以实现的；办幼儿园是年轻人发展的需要，减除后顾之忧；技工学校已经替代了学徒制度，有偿培养企业技术劳工的基地；建设一定的员工宿舍和住房，更是企业的实力和精神思想的体现。

关键是对这些同样产生社会责任的经济服务部门，采取模拟内部法人的管理形式，给条件、给政策，采取经济责任承包方式。方法是核定一定的合理补贴额，自行扩大创收范围，利润可以不上缴，转作生产发展基金或奖励基金模式。

因为这些单位部门太专业化，规模不大，考核的方法与实用表格不在此表述。

七、单项奖考核系列

单项奖在企业的范围非常广，管理的力度需要非常强大，达到的效果不可估量。至少在每一位员工的意识里会产生节约的自觉概念。

1. 办公费用考核：办公费用是企业和单位大规模的控制管理范围。对于办公部门，企业都应该与各部门签订费用承包指标控制考核。预算管理的结果是为了节约，能够达到节约的目的需要靠一种考核激励的机制。

555. 机关管理费用的考核台账

××年度机关管理费用的考核台账

部门：　　　　部门代码：　　　　考核时间：　年　月

项目	本月实际消耗	累计消耗	应有指标	到本月累计指标	差额	提奖率	应付奖金
合计							
办公费							
差旅费							
水电费							
业务活动费							
部门奖金							
维修费							
旅游费							
资料费							
会议费							
订报费							
劳保用品							
饮料饮水费							
机动车费用							

556. 办公费个人考核台账

××年度办公费个人考核台账

姓名			职务		
工号			月指标	元	
节约提成（%）			应付奖金	元	
项目名称	规格型号	计量单位	数量	单价	金额
复印纸					
……					
月合计					
年累计					

办公费需要每个人的自觉性，办公用品最大的浪费还是个人“拿回家的结果”，考核

明白企业的利益最大化是每一个人应该平等享受的权利。

2. 工具劳保费用项目考核：在预算的章节里已经做好了基础管理工作，考核奖罚会顺理成章。

557. 工具用具个人考核台账

××年度工具用具个人考核台账										
姓名			职务			节约提成（%）				
工号			指标合计			应付奖金				
项目名称	应配备指标数量	计量单位	单价	金额	本月实际消耗数量	本月实际消耗金额	累计消耗数量	累计消耗金额	差额
剪刀									
手锤									
……									
合计									

558. 劳动保护用品个人考核台账

××年度劳动保护用品个人考核台账									
姓名			职务			节约提成（%）			
工号			指标合计			应付奖金			
项目名称	应配备指标数量	计量单位	单价	金额	本月实际消耗数量	本月实际消耗金额	累计消耗数量	累计消耗金额	差额
工作服									
手套									
……									
合计									

3. 机动车考核：机动车的考核标准有几种，一是企业的专用营运运输车，二是企业交通面包车类，三是公车私用，四是私车公用。

预算开支的标准不一样，考核的标准也不一样。有具体的标准，财务执行起来没有水分和矛盾，是公正与和睦的工作环境的基础。

559. 机动车考核标准

××年度机动车考核标准				
单位：		年　月	计量单位：吨/千米	
项目	营运运输车	交通面包车	公车私用	私车公用
合计				
资产折旧费				

续上表

养路费				
保险费				
年审费				
过桥费				
年票费				
保险费				
维修费				
油费				
保管费				
……				

标准可以参考前一年做总预算指标，也可以按吨/千米计算封顶。

560. 机动车考核台账

××年度机动车考核台账							
驾驶员：			机动车牌号：		考核时间：		年　月
项目	本月实际消耗	累计消耗	应有指标	到本月累计指标	差额	提奖率	应付奖金
合计							
资产折旧费							
养路费							
保险费							
年审费							
过桥费							
年票费							
保险费							
维修费							
油费							
保管费							

企业适用的考核方法表格，需要在完善的管理制度下，根据企业管理的特点不断地创造、维护、发扬。

而能创造维护一个企业的管理体系，离不开企业财务管理水平的发挥。ERP 管理软件需要在企业科学地利用，需要企业财务总负责人不遗余力地推广，排除万难地配合最高行政长官理顺企业的基础工作，才能实现 ERP 软件成功的实施。

第六章 关于财务管理的论述

第一节 谈谈企业财务负责人的职业操守

在全球经济时代，中国需要发展大型企业，培养大型企业的财务负责人更是经济发展的迫切需要。目前中国的大型企业是国有企业居多，国有企业的资本关系决定了管理的性质。将财务负责人冠以“企业管理的总设计师”是社会发展理念的希望，要做到名副其实，必须培养一批德才兼备的财务人员，更需要共同探讨财务负责人的职业操守。

大型财务机构一般指在15人以上，按生产经营体划分的所属部门有5个以上，财务负责人应该是企业最高决策层组织成员。以下称厂长、总经理为“最高行政长管”，按所属部门生产经营自然体组成的单位第一负责人为“经营者”。不在此解释财务与会计的区别，按自然称谓。

一、财务负责人的职业道德

财务负责人的职业道德一般说来具备以下职业要求：①有全面的财务理论知识，有财税知识，有法律知识。②有组织能力，有很好的语言表达能力。③有一定的文字写作能力，对数据极为敏感，用数据分析判断。④了解掌握所服务部门的生产和经营知识。⑤大型企业的负责人必须有8年以上的实际操作能力和工作实践经验。⑥有综合素质，包括融洽的人际关系和交际应酬的能力。

美国会计师职业道德很通俗地解释说：①强有力的职业判断力。②不参与所服务部门的是是非非。③职业的保密性——比如你认为与服务部门的主管意见不一致时，可以去同行协会或权威机构讨论取得可行结论；如果回去报告还是不听取意见的，自己思考选择，或继续服务等待看情况，或写下备忘录后辞职，但不能暴露情况来源或所服务的单位。

综合起来可以这样理解：企业会计师是“管家的”，最高行政长官是“当家的”。管家的必须具有服从的涵养，修养也必须是造就服从的人格。服从的工作方法是会站在对方立场上逆反思维，会坚持讲原则的方法，但显示出不会太原则的方式。在企业，一切必须服从经营者的意志是基本职业道德。

这样陈述会计师的职业道德与历来的独立性大相径庭。笔者认为是市场经济体制的使然，是市场经济决策不允许缓慢的必然。会计师的对立面是高明的审计师，市场经济体制的发展必须建立政府与企业之间的管理方法，就是由审计师、税务师等形成的矛盾统一的社会格局。

其实一个单位账务组织的设计是根据企业的生产管理组织决定的，一个单位核算方法的确定是根据企业的产品属性决定的。实践说明，企业的财务负责人必须具有极强的专业知识水平，以内行的管理手段形成财务领导的人格魅力，才能有令必行，有禁必止地管理企业。按着现在的理论说法“企业的总会计师是企业管理的总设计师”，企业管理实际是成本管理，用财务数据讲话也是现代企业经营者的基本素质。总设计师的人格也只是“只见产品不见人”的最终把关者。

实际上会计师的职业性格是：不宣扬自己，不出风头，做默默的后台英雄；吃得冤枉，抵得误解，理解你周围的人和事；按着“一定要合理，尽可能合法，法是根据理来制定的”的原则做事。会计师需要在法与理之间的距离中靠专业和理智、知识和才能，构筑在长跑中用心血去平衡的工作条件。

二、财务负责人的权利范围

国有企业的财权，形成财务的特殊地位。中国经济发展到今天，明确要求一个法人机制下的企业财务人员实行集中管理的体制。集中管理有如此的优势：①超脱人际关系不参与所服务部门的是非。②以专业领导管理专业人员的办法，避免许多经营领导者不了解财务会计职业如何领导的矛盾。③避免2～3人的小会计机构容易犯法行为。④便于岗位的交换和业务的交流。⑤便于内控制度和监督机制的实施。⑥更重要的是资金的统一管理和调度。

在20世纪80年代起是以划小核算单位为主，产生了大大小小的不应负有国有财产处理权的小法人。现在，采取了内部模拟法人核算管理的事业部制，带来了二级和三级经营者们认为没有财权所产生“不听话”的矛盾，由此将企业内部经济管理所带来的问题集中在财务部门。

因此财务负责人必须懂得怎样摆好自己的位置，不能包办一切，不能取代一切，将矛盾变成管理的动力，掌握自己明确的权利范围：

1. 财务负责人必须把所有的财权交给最高行政长官的管理模式。在企业领导层行政管理分工以后，财务负责人按着各位领导的管理职责，将赋予的经济责任权明确分工给负责领导开支批准的项目。比如固定资产开支给主管固定资产的领导审批，工资总额开支给主管工资人事的领导审批等。在经济权分工中财务负责人只有一个职责是监督权，监督一支笔制度执行的实施。财务负责人与各位领导没有直接的利益冲突，信任性的监督才会产生最具权威。

在企业，最忌财务负责人将所有的审批权集于一身。企业管理以财务管理为核心，不是以会计人员为中心，而是以数据化信息渗透到每个角落，通过反映财务数据取得信赖，效果事半功倍则不一样。

2. 财务负责人负责建立基层经营者的审批权方法。所谓企业管理实质是目标成本控制管理。管理需要各方面的专业人才，成本管理不是财务人员的专利，是企业全体成员的自觉行为。比如应该加班还是合理调配劳动力的使用，对成本的控制是每位经营者的管理责任。

财务做得好是动力，做得不好是阻力。给基层经营者的审批权方法，实质是预算管理方式，开支的预算与经营目标挂钩。比如工资与利润挂钩，提取业务活动费与销售收入匹配。经营者有指标会有自觉控制的行为。财务部门配合建立各种台账，认真执行实际开支与指标分析的严肃性。如果生产情况需要修改指标的，必须通过最高行政长官的批准，不允许会计人员的随意性。

3. 财务负责人是建立权、责、利配套的主要执行者。国有企业从计划经济到市场经济有一段距离，集中反映在权、责、利三角配套管理上。许多经营者说："任命给了带头工作的权利，很多时候没有给责任与利益，时间长了，成为孤家寡人。讲无私奉献是对领导者，而不是对所有经济人。"经营者无非想要表现领导科学管理行为的一点权利。

财务负责人应研究提供"责"和"利"配套给"权"的工作环境。政策制度的合理性能造就基层经营者们不畏手畏脚、互相信任的经营氛围。领导者的权威是建立在互相信任的基础上。不要忌讳一个领导讲权讲利，财务部门要在"利"上学会分配"利"的权利，不要让领导间的权力交叉，造就心理的磨合就是造就失效的工作机会。"管而不死，活而不乱"就是要研究如何管、如何不乱的问题。

财务负责人应该结合企业的实际情况提请决策层建立有关的政策与管理方法。比如：①工资奖金多种形式的分配制度；②合理的业务活动费；③厂长经理基金；④销售折让制度；⑤一把手工程的保障利益制度。

政策和制度需要通过合理性的执行方法，"开前门才能堵后门"，这一切必须靠财务部门帮忙制定管理制度和管理方法。

4. 完善内控制度的执行基础。监督是指上面对下面的管理，下面对上面是没有监督可言，监督是需要权利和权威作保证。群众需要的是监督的办法和结果，参与过程只会乱了市场经济秩序。监督需要的是办法和完善的机构。

在一个企业里财务集中管理，首先保证了监督的机制。

所谓"管而不死，活而不乱"，是指将所有的一切纳入预算中详细的指标管理范围，制定相对控制的措施，在监督控制的程序下给各级经营者灵活的使用空间。比如给经营者"厂长基金"，可以不用集体讨论，有权个人决定奖励特殊生产积极分子，形象地说就是那些突然生产需要半夜立即起床听指挥的人。"厂长基金"指定财务人员专管，按计量规定交个人所得税后，给党委书记和工会主席审查。财务部门按保密和监督程序办理财务资料归档。

5. 考核机制不能放弃不理。企业管理方法的第一要素是激励机制。企业激励机制政策的制定，与国家的人事工资政策密不可分，一个国家经济政策基本体现在财务核算制度里，财务负责人必须结合企业实际，向决策层提供切实可行的激励办法。

每个所属部门的业绩是财务负责人主要关注的重点。成本费用的真实性是财务负责人经常解释的原因，把所有的情况与经营者说清楚，合理合情的分摊费用的标准和方法，由经营者决定年度业绩的决算结果。年度决算决定了经营者的能力体现，配合最高行政长官把分配奖励机制作为企业管理的头等大事不可轻视，合理兑现业绩的奖励可以刺激体现团队精神的凝聚力。

三、财务负责人的工作方法

赋予工作权利的位置，不等于给予工作的权威。现代理论说"建立并运行以财务管理为核心的管理体系"，以财务管理为核心，以财务数据指导企业的主导行为与方式。财务负责人需要寻求有效的管理模式，建立应该有的工作权威。

1. 首先是"先知先觉"关系的处理。在许多时候，财务负责人总是会比别人觉悟在先，源于财务报表是企业生产经营成果的全部反映。这时候，以什么方法和态度去告诉经营者，特别是问题必须反映的时候。不是讳莫如深，更不是趾高气扬的指责，将自己放在对立面，使所有的愿望适得其反。

经营者们不可能面面俱到，没有太多的时间学习各种专业知识可以到运用自如的地步，故而此时，写论文式的报告和请教式的说话就非常重要。当经营者有时间看明白了就会做出决定。摆正自己的位置非常重要，由“当家的”做决定而不是由“管家的”来替代。

2. 懂得“丰年补欠年”。企业的生命之源就是有利润。财务负责人的主要职责就是控制企业经济形势，运筹帷幄。在已经有规模经济正常化的企业里，不能让利润大起大落，控制成本就是利润的结果。企业持续发展的主要标志是利润的平稳略有增长。所谓理财，就是财务负责人在全年工作中时刻在预测与分析、观察与思考，有许多费用的收支是可以在理财中调整的，是内行的理财师合理的举动。比如丰年储备工资总额，欠年动用工资储备等。

在每一年财务负责人都有一个工作重点，首先是研究前一年亏损部门的情况，挖潜或研究后向决策层提出调整方案。第二是一般在每年的第二季度末摸查当年利润的可能状况，提出对调整部门的生产任务和费用的发生控制；第三季度末确定当年的利润目标。第三是密切注意突发情况，可能的大费用、大效益、大项目的发生与开支，提出对策建议等。

3. 协调比什么都重要。有一些企业决定，任何事须经财务负责人把关批准，这种现象不太正常。财务人员不是“全能冠军”，财务部门仅仅是把企业全体人员创造的成果，通过数据加以综合整理，以数据说话。

作为规模经济的企业，不能将权利集中在一两个部门或一两个人手里。实行分权制管理，利用财务专业核算的方法分别进行分块管理，由专家各管其职。要使企业“有令必行”，利用经济手段协调要科学。一个优质的财务管理体系是，其他专业部门是“政策制定部门”，财务部门是“执行配合部门”。怎样配合，协调很重要。

企业的一切经济活动应该有财务人员参加，是参与而不是决策。通过参加，及时了解企业经济动态，配合各部门，随时提供数据信息及符合经济规律的财务管理方法。财务部门要建立把责任交给大家的自觉管理方法，帮助建立所有的账目和台账，将财务管理数据渗透到每个角落，用数据讲话管理，而不是人治管理。怎样要大家接受财务数据，协调更重要。

4. 坚持维护厂长负责制的管理工作制度。改革开放以来，将“厂长负责制”作为企业管理的一个制度与政策。法人治理结构实际上就是强调厂长负责制的责任问题。经济基础决定上层建筑，因此决定了经济财权必须掌握在企业最高行政长官手里。财权可以牵制所有的经济行为。

财务负责人必须在任何时候认真悉听最高行政长官的决定，及时配合制定相关的政策，苦心研究可行性方案推行政策的实施。假如方案不可行、不严肃，下属会对上级采取不信任期望值，戏称“说大话，瞎许愿”，损毁了决策层的威望。

一个成功的企业管理到位，往往是最高行政长官亲自主持和财务负责人配合的经济责任承包制的管理方法。对大型企业能正常运作的方法是层层责任承包制，承包书是最高行政长官的思想和管理方法的行为宗旨，财务部门是维护承包责任制的主要部门，维护各级承包者的利益是财务工作的主要职责。

5. 专业知识和品德必须是一致的。财务人员是企业管理者的队伍，需要把自己变成专家，专家不是政治职业家，不要求财务人员在政治上有太多的表现。财务负责人需要用很多时间做内部基础管理工作，许多的核算业务问题要研究，许多的财税政策要理解，不断地学习接受现代世界的管理理论是财务人员必备的品质。

财务核算过程是保密的，财务管理过程要透明化。财务负责人必须推行企业 ERP 管理软件，必然会触犯许多人的既得利益。依靠管理软件，让每一个经营者时刻了解自己审批的项目执行情况，汇总在企业总部后随时监控成本情况。

财务负责人致志推行目标成本管理方法。现在称为“成本工程”，考核控制从技术部门搞“成本设计”的源头开始，比如按“成本设计”定额是1 000 万元的材料设备成本超支了，如果是设计问题，依法追究技术部，是设计范围外的采购成本超支了，依法追究物质部。有章有法，比无法追究要好，建立在制度上去信任人的办法，完善经济管理的约束机制。在目标成本管理的过程里，财务负责人扮演着裁判和运动员的角色，品德和才能是成功的基础。

6. 建立一支管理会计型的财务队伍。计算机电算化以后，改变了会计以前大部分时间放在记账、算账、平账上，现在基本没有了“会计算的人”。会计工作现代化不仅需要使用现代工具，将会计们到各部门收单报账的过程引导成为管理行为，通过了解情况、分析研究、请示汇报、提高管理水平。

会计掌握着企业的经济秘密，财务管理深入到每个角落，无形的权利无意也得罪不少人。财务部门的地位变得尤其重要。财务负责人要团结爱护全体财务人员，在正式场合必须教会 $1+1=2$ 的规范道理，更多的时候在非正式场合耐心的教会 $1+1\neq2$ 的道理，效果优秀可能会是 3 或者 6 的结果。内部模拟法人核算也是另一种形式的划小核算单位，管理更需要将考核与算账结合在一起，考核到班组，考核到个人。但是局部利益与整体利益的关系经常交错，遇到经营者的“不理解”，使会计们非常委屈。会计们没有资格说“不行”，只能相告“请报告请示最高行政长官”。职业要求学会理解领导的一切行为，只要不是贪污现象，即使伤害了也要想办法理解，甘心当垫脚石。

培养会计们的写作能力，定期进行经济活动分析，写解决了什么问题，或者解决不了的问题会引起什么后果。写作可以提高培养观察和判断能力，增强独立处理业务的水平，可以凝聚一个强有力的工作团队。

建立轮岗制度，主要岗位 3 ～ 5 年轮换一次，次要岗位在 1 ～ 2 年轮换一次。在交接工作过程中可通过对比与检查、学习与交流提高财务人员的工作水平。对会计“无形的权利”是约束。

告诫会计们锻炼自己笑容的姿势，财务也是一个服务岗位。不能顶撞领导，懂得请示汇报是学习的过程，是交流的过程，是互相了解的过程，是知道上级精神实质的过程。理解与懂得财权的决定只能一个中心、一个资金口，是资本性质决定的。

四、财务负责人的希望与要求

财权决定了财务人员必须与企业各级一二把手打交道。没有哪个财务人员不希冀遇上理解财务工作的经营者。经营者对财务工作者的要求有什么标准和说法，在此不是本文探讨的课题。虽然说财务人员必须服从与理解经营者，借此机会表白财务负责人的希望。

1. 财务工作的特性：财务是专家型管理人才，专家应该远离政治中心。不管是任何社会和资本性质，财务核算没有阶级论。虽然说经济基础决定上层建筑，经济基础却能在统治者的意志里摇曳。财务工作无疑是在政治旋涡的中心里漫步。

在日常的经济运行中，财务工作融聚了不少矛盾的焦点。职业性得罪人是财务工作的特点，不是某个人的问题，是这个职位的性质。钱所代表着人类的欲望是永远不会停止的。

财务是硬指标工作部门，每月初和月末，年初和年末，一直到每年5月份前还在忙于前一年的事务。新一年的工作又必须马上展开，“短命会计”的俗称使财务工作没有等待的时间，等待就是失误的开始。困难企业的财务工作更是加倍的艰难。

经营者要给财务工作化解矛盾，说财务部门是信息中心也是是非中心，优秀的财务工作者是经营者的眼睛和耳朵，除了允许人性化的选择工作伙伴以外，在建立了严格的制度以后，管理和控制是经营者得心应手的本能，信任能产生权威的根基，应该不要随便怀疑财务工作者的职业道德。社会化分工，“管家的”不能有“当家的”行为，“当家的”替代不了“管家的”职能。

2. 财务人员的工作性格：市场经济的发展，使固定的理论模式在市场经济中没有形成一定的规律。因此，不断地接受新事物，不断地改变自己的思维习惯，使财务人员变成矛盾混合体的性格非常明显。但是如果感到自己的观念是正确的，固执己见又是专业人员应有的性格。

保密要求财务人员不能随便以至随和，怎样将自己的意见让人接受，经常需要以写论文的方式或者其他的方法与经营者沟通。比如投资和大项开支问题，资金在所有的资本中是关键资本，无效投资使活资金变成死资金，形成庞大的固定资产引起的折旧费可严重地影响利润，没有利润所带来一系列破坏性的名誉，使企业陷入无以复加的困境。投资是企业生死的关键决策，往往是财务负责人与最高行政长官意见分歧的焦点，也经常是分道扬镳的导火线。

政府的纪律检查部门对财务工作的光顾特别多，使财务人员经常绞尽脑汁思考核算业务的处理方法。为了保护企业尽量不受经济损失，为了保住自己的会计师职业，像所有的技术专家一样，思考会使人目中无人，难以明了的时候烦躁不安。

性格修养在财务队伍已经是老生常谈了，了解外因才能理解内因。

3. 外行领导内行制约财务工作：财务专业出身的负责人怎样取得经营者的信任与理解是最大的问题。

有一个企业，使用外行的财务负责人，最终出错一个会计科目被罚款和亏损，几乎将企业多年的积累损失殆尽。不是财务人员水平低，是政府在建立完善管理制度阶段出现的正常行为，而掌握政策的负责人不知道国家的制度改变与原来的规定所不一样的差别，不懂得自己主管工作的专业性，怎样可以指导、检查、监督所属财务部门的工作。会计是“边缘工作”者，往往一个“会计科目”的使用会决定企业的生死标准。后来有人问你们不能告诉他吗？专业人员说怎样告诉他，如说因为那件事这样，所以需要这样，请你决定这样，马上组织那样！可以吗？

财务工作专业性很强，大型企业财务负责人应该有8年左右的实际操作经历。因为上面的不懂难以沟通，下面必然小心翼翼，免得嫉能遭殃。为了饭碗，自然形成“拉帮结派”、“阳奉阴违”的氛围。财务队伍大忌三心二意不团结，市场的日新月异，需要财务人员同心协力研究探讨，互相猜疑等于互相拆台内耗。不可能会有“人才之说”。没有人才，哪里有理财，没有理财，企业不会聚财。

经济发展实行专业分工是现代社会的标志。许多单位经营者不知道怎样领导财务人员而找“外行领导内行”的现象比比皆是，是财务人员的悲哀！

企业最高行政长官必须征服每一位专家“为我所用”，让专家治国同样是领导者素质的体现。

五、对财务负责人的组织原则

财务无小事，经常一笔账会引起“满城风雨”。所有的组织体可以没有许多工种，但不可以没有财务人员。管理财务专业队伍，需要一定的组织原则。

1. 行政长官须学会领导财务专家：企业最高行政长官应该学会怎样领导财务专业人员，理解和支持比什么都重要。财务人员在职业形式上是掌权人的心腹干将，统治者有权可以按自己的意志培养企业会计的职业道德，只要认为是符合社会科学进步与政府的法规不相抵触的。人世间没有圣人，决定了经常会出现差错，财务人员不能顶撞不执行，修正的权利唯有最高行政长官。这就是企业领导需要建立的一种文化艺术。

财务工作对主管经营者没有秘密也不神秘，经营者有权要求财务人员请示汇报包括质问，有权控制财务人员的一切行为。比如要求建立内部详细财务报告书制度，要求将报告书内所有数据解释清楚并提供所有的证据。

经营者对财务人员表现出来的忠诚给予的是尊重，是悉心的听取（尽管不想听取的意见），是坦诚的批评和答复。

经营者应当容忍财务负责人需要休息的时间。纵观财务负责人的队伍，很少能与某位行政长官坚持长期的合作，常常有带着“厌烦”而离异。管理岗位往往是一年熟悉，二年提高，三年讲管理。说“管理”不仅是日常工作的“消防队”，而且是经常提出对现状的改进更上一层楼。

2. 建立考察财务负责人的职业标准：组织考核每一个人是必要的，但是考核需要一个方法和标准，避免人为的印象和语言偏见，对财务负责人的标准应该是这样：

（1）通过交谈了解到他把时间和精力都放在研究政策和钻研业务上。至少会亲自写决算说明和总结。

（2）不拉帮结派，不大吃大喝，不玩弄权术。主要表现在“与其较好而放水，与其不好而管卡”。

（3）没有授予自己有直接付款的审批权利。可以通过建立是否完善的内部稽核和内部审计机构的检查标准证明财务负责人的权利范围。

（4）建立由企业经营者执行的各项目的审批制度。现金的支付权必须是企业经营者亲自签名而不是财务负责人。

（5）建立监督自己的机制。规定审计稽核部门有明确检查财务负责人的权利执行情况，包括财务副职领导管理岗位的轮换制。

(6) 推行计算机 ERP 管理软件，使各级财务控制权利透明化，使最高行政长官得到控制企业的绝对权利。

(7) 使用不能有家庭异样的人做财务负责人。比如夫妻不合，有家庭借款，家庭负担太重等。

3. 相信行会的监督和考核制度：经济社会的行业公会已经成为约束非法律范围管理行为的补充显得越来越重要。完善会计师公会和总会计师协会的作用，对管理财务队伍非常必要。

会计行会的经费由政府税务部门按当年的税收收入额，提取 1‰供给行会使用，组织内部经费委员会，定期公布经费使用情况。

行会由资深会计师组成，制定行会管理制度与方法，规定职业道德准则和业务水平标准。每个地区行会管理的范围是按税收属地管理的地域。

对凡是考上会计师职称以上的人员在行会建立管理档案，每年可以请税务部门和财政部门牵头考核企业财务负责人的社会道德和企业发展业绩，给予肯定和总结，实行对职业操守检验的职责。

行会应该向用人单位推荐、输送人才，企业经营者可以向行会选拔人才。行会重点对财务负责人的社会监督和心理素质的辅导和引导。

行会应该是会计师心灵之家，是研究学习和交流业务的地方，是支持心理健康的地方，是委屈伸冤的地方，是事务处理不当应该批评的地方，是指责严重违反职业操守决定撤销会计师资格的权威地方。行会是能在一定场合里帮助会计师在法律上维权的组织，也是在法律上保障会计师的职业道德和操守权利的组织。

第二节　行政长官要学会财务管理工作的艺术

中国进入了科技时代，财务工作也由此变成了管理会计的新年代。怎样领导管理好财务工作，是现代企业行政长官的敏感课题，也是考究行政长官的管理艺术。

本文是在企业合法经营前提下研究的理论观点。

一、关于财务管理权利的问题

计算机进入财务工作以前，在理论形象上将记账会计称为“历史会计”，财务管理称为“管理会计”。

两者的主要区别在于：历史会计是记账、算账、平账，1 +1 必须等于 2，以前给会计人员的赞誉和夸奖是“为了一分钱查账到通宵”。财务人员一般指这个行业的领导，带有管理者的性质。管理会计信息需要一个半月以后手工整理出来，经常是滞后的信息数据。

在计算机替代了历史会计以后，大部分会计人员的主要时间转移为管理的职能，处在管理者的位置上。因此，必须对财务人员的职业道德和权利范围的发展需要有一个认知的过程。

在世界上，对会计制度标准基本分四大阵营。

第一是英国模式，必须由注册会计师证明“真实与公允”，标准会计原则由民间职业团体制定。

第二是美国模式，首先是审计人员独立证实可靠性，强调“公认会计原则”同样由职业团体制定。

第三是法国模式，由政府制定标准会计制度。

第四是由原苏联开始的社会主义模式，特点是服从政府的计划经济，在国有资本单一体的体制下，按照中央集权制的规定行使会计工作行为。

在新中国成立初期，基本是国有资本的年代，企业的财务负责人是各级财政部门直接派遣，工资比企业的最高行政长官级别要高。这种现象一直延续到20世纪70年代。财务人员凌驾于企业最高行政长官的理论和责任是顺理成章的，也形成了财务人员的无形特权。

在1978年9月12日颁发的《会计人员职权条例》中“对于弄虚作假、营私舞弊、欺骗上级等违法乱纪行为，会计人员必须坚决拒绝执行，并向本单位领导人或上级机关、财政部门报告”。重要的说明是有权对企业领导的监督职责。

改革开放以后，市场经济形成了多元资本的并存，无论是国有和私有，包括其他渠道形成的资本。中国还是坚定地维持中央集权制的体制。在借鉴与学习运用世界先进的经验中，形成了有中国特色的会计方法与制度。

1999年10月31日重新修改颁布的《中华人民共和国会计法》，在第四章会计监督中强调“健全本单位内部会计监督制度”，“会计人员发现……不相符的，……应当立即向单位负责人报告”。没有再重申1978年的职责。

中国在慢慢地走向市场经济规范的道路以前，企业的财务管理有着举足轻重的地位。财务管理必须深入到企业的每个角落，有时自然分不清行政领导管理与财务管理的责任范围。霸道、独裁、权力大、越权管过界、功高盖主之嫌也就成了有作为的财务人员的共同缺点。

而且，这种现象影响了一代人，恐怕要在10年内转变不是容易的事情。现在就必须在理论和方法、制度和规定上革新。

关键词还是“行政领导要在新形势下如何领导财务系统体制的革命”！

二、在专业业务上的领导

企业最高行政长官要求各级领导实行必读课制度之一的是《会计原理》。

领导者不需要精通会计原理，只要学会运用在领导管理上，学会要求财务人员必须建立每月的报告制度。报告内容有每月必须报告的项目和每月选择报告的项目。

1. 每月必须报告的项目有：

(1)〔利润〕或〔亏损〕的构成说明与分析。利润和亏损构成有经营性和政策性之分。如政策性的出口退税，利率高低，占全部利润的比例，对今后利润发展的影响等。

(2)〔销售收入〕指会计报表反映的主营业务收入和不直接反映的其他业务收入。如分析说明在全部收入中，当期直接收款，以前年度收款在当期结账的原因，未收款转为应收款挂账。重点分析应收挂账额的风险情况。

(3)〔生产费用〕要求费用项目尽量设置得越明细越好。选择固定5～10个主要项目每月分析对比。

(4)〔现金〕和〔银行存款〕的当期收支情况。分两种情况汇报：大笔一次性收支的，如50万元以上的。一种是综合收支情况。

(5)〔应付工资〕按发放的工资类别汇总，有固定工资、计件工资、临时工资、奖金和补贴等。要求汇报最高和最低工资额，管理人员和生产人员工资比例，业务骨干和一般人员工资的增减和浮动情况等。

(6)〔固定资产〕是设备和不动产资本。要求汇报资产的增减变化比例，各项目占用比例，按折旧率计算新旧程度。

(7)〔存货〕包括材料、商品、在产品、产成品、在途未入库和已出库未收款的情况。报告必须反映占用资本金的比例，各类存货占用资金的比例，流动量快与已经积压2个月以上的资金占用比例，商品毛利中负担利息的比例等。

(8)〔应收款〕和〔应付款〕在这里是全部债权和债务的反映。要求汇报最大的10笔应收款和应付款的挂账情况，汇报超过3个月没有动态的情况。

2. 每月选择报告的项目：是根据单位的特殊情况按管理的需要决定。

(1)〔无形资产〕的项目情况，摊销的年限和额度。

(2)〔所有者权益〕也就是股本情况。

(3)〔长期投资〕的单位收益率和基本经营情况。

(4)〔财务费用〕是单位有长期借款和短期借款、票据、信用卡、保函等，以及有外汇业务发生的，应当每月有汇报和分析。

(5)〔应付税金〕的比例，交纳情况。

(6)〔营业外收入〕和〔营业外支出〕的项目分析。

报告以会计科目为标题，必须以会计发生的真实数据为准则。

报告内容一般采取按项目对比，各占百分比和周期（年、月）环比的方法，异常情况大起大落的数据重点说明。

坚持对比分析的连续性，可以找出企业管理的基本规律。

如果财务人员只是罗列数据不作分析说明，是业务水平低劣的表现。具有一定业务水平的财务人员会有很多数据分析的方法，提供参考决策。

三、在财务人才上的领导

当时代进化到要求每个专业必须有系统的知识和经验的时候，财务就是很强的专业性岗位。企业最高行政长官必须要求专门建立财务人才的管理制度。

1. 建立企业的财务文化：在一个单位企业里，必须开始实行“职业财务管理人”制度，需要按最高行政长官的意志决定财务人才的建设和培养。职业财务管理人需要明白在企业的重要与定位。

家族企业是落后的管理方式必须摒弃，但是企业里多头管理是成本浪费的犯罪。应提倡企业“家族观”式的管理模式是企业财务文化的需要，家长制是经营管理的机会成本带来快速的决策效应。

这个管理模式就是，最高行政长官是“当家的”，职业财务管理人是“管家的”。当家的代替不了管家的职责，管家的顶替不了当家的责任。职业财务管理人在职业道德上必须绝对服从最高行政长官的一切意志与要求，建立内部分管厂长、经理层层负责制的管理方法：

（1）必须建立绝对的签字权制度。比如有的财务人员先支付了款项后说“反正经理肯定会签字的”。这是侵犯行政管理权利和违反了职业道德的行为，不管此项目发生的性质是否合理，必须责成追回钱财，追不回的由当事财务人员退款处理。待经理签字后再教育重新支付款项。

（2）必须建立理解领导在市场经济中的经营行为理念。比如有的财务人员以为按着理解的制度去公开指责领导行为的不妥，是应该制止和不允许的。有激烈行为是不符合财务人员的职业品德，应该劝其不能再做财务工作。

（3）必须建立请示汇报的制度。财务工作无小事，已经形成工作惯例的，由内部监督机构经常检查，集中汇报。凡是新鲜事物必须请示汇报再执行。

维护企业的管理纪律和秩序，钱财管理基础必须排在第一位。这就是企业的财务文化，要作为建设指导财务人员的思想基础。

2. 建立财务监督自己的管理方法：社会的监督是社会的责任，企业内部监督主要是经济体系领域的监督。企业要建立财务负责人是一个监督者的身份。监督应该由专业内行人员的监督体制形成的监督方法体系。

财务负责人必须建立监督自己的制度。制度要求财务负责人没有直接审批付款的权利，建立完善监督各项目一支笔的管理制度。财务负责人应该将所有的付款项目开支渠道，详细列表告知和建立所有的分管领导是直接批准人和间接核准人的关系。比如分管工资事项的部门长是直接批准人，分管工资总额政策的副总经理是间接审核人。

财务负责人为了掌握资金的流向，可以规定多少额度的款项有自己的审批权，但必须是在直接批准人和间接核准人的基础上建立的流程。

大单位会计机构设置总稽核部门或审计部门，5 人左右的小机构在办公室设置总稽核师的位置，直接属于总经理管辖范围。总稽核师一般在企业是封闭的，不接触其他人。总稽核师的第一个责任是检查所有的会计凭证是否在财务部门备案的有效签字权人，以保证制度的执行。

因此，财务负责人与各级领导之间不存在权利和利益的冲突，监督和管理方法才会公平、公正。

最高行政长官必须要求建立这种工作方法，不执行的财务负责人需要注意。建立了合理可行的监督制度，各级人员的信任方法才会自动地发展起来。

3. 建立会计人才特殊的衡量制度：在 1978 年《会计法》的细则中说明一个会计机构的负责人，不得由直系亲属担任出纳员或主要监督岗位。1999 年的《会计法》所适用的是所有不同性质体裁的，包括个体和民营企业。因多种资本经营的存在，不排除由家人掌管钱财的必然性，因此没有在人员的任用上有所强调。

早在 20 世纪 70 年代，香港的先进经验中就有不成文的行规，“有家人开公司的人一般不招聘为会计，当会计的不允许玩股票”。香港是著名的自由世界，尚且可以如此规定，在国有企业和公众公司里，一个会计机构不能有 2 个以上直系亲属和其他亲属并存的规定，还是应该列入企业财务文化制度里。

对会计人员的选拔，在制度上要求有品德人格上的注意，将看得见的行为和生活道路决定人的性格作为任用的标准。日本有俗话说，“不结婚的人没有责任心不能培养”，虽然不是绝对的，但是有一定的道理。因而我们说的衡量制度，在我国会计行业里也有不成文的“规则”需要企业领导注意的。其中是“家庭条件太困难的、婚姻离异的、性格激烈的、性格太内向的、拉帮结派的、吃喝玩乐的……”，不适宜做会计工作。

会计行业属于特殊管理专业，非常需要团结合作敬业的环境。市场经济的日新月异，要不断地学习商量许多业务的处理方法。如果因人产生人为的不和睦因素，不团结不可能有合作的行为。

会计行业属于保密专业，经常要开展会计工作研究讨论。如果人员之间有猜忌不团结，损失的是企业的利益。

4. 建立完整制度的管理方法：制定细致的管理制度，不要给财务人员随意的权利太多，随意的权利是产生特殊地位的催生剂。利用制度管人，不要太多人管人的办法。

每一个单位和企业会有自己的会计机构管理方法。将核算制度、管理制度、会计行为、会计考核方法，汇编成单位《会计守则》以供查阅。时常发生解决不了的工作矛盾会产生人为的偏见，经常争吵会导致信任的危机，团结的前提是尽量减少矛盾事物的存在。相信属下的管理方法，是对管理制度的建立与维护。

举例：关于报销差旅费问题。国家在《企业会计制度》里规定，可以建立企业的《差旅费报销标准》报税务机关备案即可。因此，企业应该制定详细的条款，让执行的时候没有争议。比如要求人事部经常搬回汽车站的售票里程，详细规定报销标准，在人事部核定后才到财务部审核付款。避免特权的人际关系。

同时充分利用计算机的报账手段，像日本企业就可以借鉴，要求一般不接触管钱人的方法。

5. 建立的解决矛盾的管理方法：综观现代许多企业，财务管理已经形成了矛盾的中心，甚至演化成政治旋涡，让许多财务人员黯然伤心，厌烦地离去。财务人员不稳定，财务管理永远上不了水平。解决这个长久以来的问题，关键还是企业的最高行政长官。

多年来，没有对“财务管理权利”提出在理论上的研究，自然形成许多财务人员不知所谓，也因此使财务人员不自觉地造成了许多的矛盾。比如财务人员说“如果不是我把关，企业亏损得更多”。其实他忘记了能看到问题的关键是知道许多原始数据的对比分析，可以接触到企业的核心机密。他的沾沾自喜无形得罪了其他专业人员。

现在必须要建立这样的理论：会计特殊管理专业是指必须参与管理，但没有其他专业管理的决定权。财务管理的权利是有权参与各种会议了解旁听，有权深入到各个现场了解情况。会计人员的意见仅仅限于财务管理数据的分析，用数据说话。

财务管理的方法是：随时和定期将所有的数据按最高行政长官规定的范围和方法交到各专业领导手里，让他们参考会计数据，提出管理的意见。分析的报告仅限于主管专业领导参阅，任何决定在主管专业领导身上。主管专业领导如果怀疑数据的真实性，也仅限于主管专业领导与财务人员将数据一起查清楚再议。

把关应该依靠各专业人员。财务人员的管理角色只是幕后制作人。任何时候不要将财务人员推到直接参与处理其他专业的前线，成为矛盾的焦点。

6. 建立分析财务管理制度的方法：财务人员能够接触企业单位的核心机密，看法和意见自然最多。对待经常提意见的财务人员，行政领导应该有一个正确的看法和观念，是最高行政长官需要重点关注工作方法的群体之一。财务人员必须有绝对的建议权，不提意见的是不懂财务专业或没有财务的专业水准。对于可能听起来片面的意见，也许是不了解市场经济的一种主观意见，应当有一个互相理解的办法。如果不耐烦，时间长了不敢再提建议。没有了文言直谏官，在一定规模的单位和企业里，孤家寡人的领导群是没有生命周期的。

任何一位行政领导都怕承担经济风险，建立规避经济风险的方法主要是财务管理。比如财务管理需要产品合同，会触及一些既得利益者的痛处。从产品合同进入企业，合同条款的审核重点在付款部分，生产工号的建立，成本发生的状况，最后的收款或者付款的执行，到目标成本的分析。企业管理的资料不能对财务人员隐瞒，会计工作的把关是建立在无形的工作责任中，这一系列的基本工作是财务管理的基础，

行政领导应该知道和分析财务管理的具体方法与环节，才能掌握出现问题的原因。如果财务人员不懂或者不能做到这一点，应该是企业管理已经发生了问题。行政人员对专业人员的理解与共识，在于领导的水平和方法上的表现素质。

举例：有位基层经营领导交代柜台只收现金不收支票，财务人员发现了这个现象，提请上一级领导重视，得到的是“收现金钱来得快也有问题，不要职业敏感”。财务负责人好不容易要求另派人清仓查库，立刻暴露出以物折物、大小数的现象，目的是私设小金库。事后那位上级领导说“要上财务课，请直接说清楚”。如果都是查出了问题再指责，为什么不能做到防患于未然前首先是尊重对方的专业道德和知识。

财务管理不到位，企业风险难以避免，责任最终在最高行政长官身上。在一定规模的企业里，领导层次的多变，管理的分散，需要权、责、利制度具体化，靠的是承上启下的财务人员在专业知识上的管理行为。

7. 建立摆正财务人员位置的方法：当企业已经完善习惯了的制度，一般不能由某一位领导命令一名会计人员随便更改。凡是更改必然是新鲜事物，在企业应该有一定的决定程序。

财务负责人首先是维护最高行政长官决定一切的秩序，要修改和改变一个管理制度和方法，应该由最高行政长官主持的企业最高权力机构决定。因此，最高行政长官的理解不要以为是死板，中央集权制的财务文化说白了就是企业的经营权不能乱，企业的效率在决定的管理机制，财权是维护一切权利的基础。

如果行政领导立刻要财务人员做某些创意的工作，可能是新鲜事物，暂时说不清的应该给予考虑的时间，让财务人员理解和明白市场经济的玄妙性，强迫在经验中寻找可行之路。财务人员也应当有权利要求给予时间和机会，寻找合理的政策。如果沟通不及时或者盲目地执行，或消极地抵制，损失的是企业的利益。

职业财务管理人应该是会写作的文人。最好的沟通办法是写报告，按需要解决的问题分析原因，说明问题结果。当行政领导明白了大概情况以后，才与职业财务管理人面对面商榷，谈话的气氛会相当融洽。

行政领导对经常说“不能”或说“不行”的财务人员，应当要他说明不行的道理。如果他拿“财务制度”一句话“以势压人”，那么更应当要财务人员说明是什么制度，说不清是没有水平的表现，应当教育。

在会计人员的任用上，需要参谋智慧型的财务人员，老好人、埋头苦干不看路、不懂分析和研究的财务人员在辅助岗位的不能多。

帮助财务人员摆好自己位置的责任在于行政领导。总厂的总会计师，也应该是各自然

经济核算部门的总会计师。总会计师应该有对待不同层次经济领导人的沟通品德，懂得不能凌驾在他们之上的方法很重要。

四、在财务管理上的领导

企业管理的核心实际是成本控制管理。

一个企业会计核算方法的选择，是根据这个企业的产品决定的。一个企业会计账务处理方法的确定，是根据这个企业的生产管理组织决定的。

会计核算模式经过几百年的经验不断完善趋于合理，管理数据的分类是按专业内容建立管理体系形成的。企业需要选择综合性人才组成各个项目分析组，有研究分析，有定期结果，给数据定义和结论的应该是专业技术管理人员。

最高行政长官需要财务人员提供详尽的数据，因此建立相关的管理机制。管理机制的设置，以现代理论的说法是按财务核算的分类方法管理企业。

1. 建立经营毛利管理机制：合同是企业的生命。围绕合同的管理体系是合同台账，目标成本，毛利测算，客户档案资料，经营人员以毛利的考核方法，老产品的生命周期，新产品的开发，应收款和应付款的分析，风险掌握的分析等。

在管理会计中的收益性会计学的理论在这里可以充分的运用。

2. 建立成本设计管理机制：建立以技术人员为主体的“成本设计”。成本设计不是设计成本，设计成本是技术部门发生的费用。成本设计是预算企业的工厂成本，产品费用的全面预测。关注产品成本的极限与空间，分析成本费用的质量框架，工程技术设计是成本控制管理的源头。企业非常需要一批技术人员成为综合性设计人才，是企业经营毛利分析中的主导专家。

在管理会计中的行为会计对成本设计的管理过程进行评估分析很重要。

3. 建立工资激励管理机制：管理会计中已经有人力资源会计的学说。企业和单位必须重视各部门内部的工资考核方案。人才考核管理不仅仅是开座谈会的方式，忽视了激励机制管理的价值是对人才的不尊重。

4. 建立物流财产管理机制：一般生产企业，材料成本占企业生产费用40%以上。材料会计结合资金管理的运用是重点。材料会计重要的工作之一是价格资料的整理储备，提供给供应部门和技术部门。

采购成本不仅仅是货比三家的手段，重要的是专业技术的把关。在一个招标市场上，技术人员显身手的现象是企业成本设计的第一要素。比如价格便宜，达不到技术性能的不行；价格太贵了，性能超过设计要求，能用3毫米的可以满足技术强度要求就不要用5毫米的钢板加大成本费用。要求合理的设计与生产过程发生工时费用形成的产品价格，只有技术部门把关最切实可靠。

因此，成本控制在科学技术是第一生产力的体现，是全员责任的管理水平。

5. 建立资本内部运作的管理机制：企业的资本主要是固定资产和流动资金。流动资金的管理必须建立资金管理委员会的管理方式，不详述。固定资产的使用效益管理必须引起重视，建立单台设备利用率的具体记录与效益核算管理。

6. 建立质量安全管理机制：质量成本会计在管理会计中是比较抽象的理论学说。质量成本会计结合机会成本的理论，结合预测会计的理论。要做好质量成本会计，必须有非常规范的管理基础。

企业经济风险无处不在，财务是第一个敏感觉察部门。在一定规模的企业里，建立健全各级领导层层管理责任负责制是防范风险的基本要求，安全管理机制的经济指标需要财务管理的密切配合。

7. 建立计算机管理体系：从 18 世纪工业革命开始，建立会计核算方法经过了 100 多年的发展，核算制度已经非常严谨，所有的数据一环扣一环，查一处牵全盘。以前的手工作业再细化，因查找不到而出纰漏。现在利用计算机操作，实际是规范企业管理制度，实现内部控制制度的必然完善。

企业建立了以上几个管理委员会，是对会计核算提出更高价值，更科学的管理要求。

五、强调不要外行领导内行

全球经济时代的到来，非常强调各专业的合作与分工。

专业实际是“经验的积累”，提倡职业化就是在前人的经验成为教科书的时候，后人不断地积累经验，成为更高的理论总结及精华。每个专业应该有职业家。职业家是更多的经验不断地完善积累成为高端人才。

职业财务管理人应该是高端管理理论的执行者与新理论的创建者。他们的起步决不是从理论到理论的学者。学者在调查研究中提升理论，职业人员在理论中加强实践的证明。社会的分工有各自的责任。

财务是所有单位和企业必备的专业岗位。在手工时代，有文化可以是会计人员容易理解，进入了计算机时代则不可以同日而语。《会计法》里规定“担任单位会计机构负责人……从事会计工作 3 年以上经历”。这个规定是一般的说法，并不是干了 3 年出纳工作也符合这个条件。对于上规模企业的会计机构负责人应该强调 3 年以上。

会计科目是会计工作的核心，不在基层记账不会理解会计科目的性质和内涵。会计因一笔业务的发生出错一个科目，可能就是违法乱纪，可能对企业成本的真实性产生巨大的影响，导致决策的失误，严重的甚至决定了企业生存的关键。

一个国家的经济政策基本体现在会计核算制度里。怎样体现，需要时间在实践中体会。会计工作的经验主义是延续性决定了政策的严肃性和完整性。专业人员有职业技术道德，必须允许经验主义在法律世界里的专制。

经常有“不听话”的财务人员而使许多行政领导不得不使用“听话”的外行。所说的外行，是没有足够的时间在实际岗位工作过的人，听话是没有专业的主见。一个会计机构没有专业主心骨的领导，会计工作将会没有工作秩序。出现状况，外行者除了推卸责任，只会说自己“不知道”的领导责任。这种领导责任比积极管理出现事故更不可原谅。

外行领导内行是害人害己。如有一位外行的财务主管，在最高权力机构会议上“轻描淡写”说用错一个会计科目被罚了几万元而不知所措。这些例子不胜枚举。

财务是经济政策的体现者。举例说：前几年，国家需要拉动内需，决定可以在成本开支旅游费。财务负责人注意到新政策，马上做好测算预算，报请企业最高权力会议机构做出决议后，起草内部规定控制文件，按部门分配指标，布置报销方法和凭据要求，商量决定会计出账方法，使用的会计科目，做好指标考核台账。新政策是税务机关重点核定的项目之一。过了一段时间，国家决定废止此政策。财务负责人必须立刻请示并考虑，企业是否废止或者继续旅游行为。如果继续执行决议不动，会计出账方法就必须使用另外合理的会计科目。外行者不会理解处理会计科目在政策上的使用意义和办法。

财务是经济政策的维护者。例如税法上规定对查出来的违法税额，按态度规定处罚1～5倍。一位主管对税务检查信誓旦旦，说他经常教育所属人员依法做账，没有违法。税务检查人员对不认错的态度进行了5倍处罚。这位主管不知所措，违法与否，首先在主管财务负责人的把关。

《会计法》规定会计工作的延续性，改变一个制度和方法不是个别会计可以随意决定的。专业领导不仅是强调命令，更需要具体的检查、指导、布置、规定会计业务出账方法的基本程序。如果会计工作没有中心，会计人员只能凭自己的理解或者习惯出账，听之任之、五花八门、各自为政，难免出现这样或那样的责任事故。

财务无小事，分分点点关系到国家的政策，损失的是企业的经济效益。

不管是国有资本或民营资本，财务人员都只能是一个职业道德，那就是“忠实的管理者”。财务管理需要企业和单位的最高行政长官的理念是正确的，才能摆正财务管理权利的位置。

参考文献

［1］荀娟琼，常丹，孟婕，等．ERP 原理与实践［M］．北京：清华大学出版社，北京交通大学出版社．2008．

［2］李海波．会计学原理［M］．上海：立信会计出版社．2001．

［3］曹惠民．管理会计［M］．上海：立信会计出版社．1999．

［4］王世定，赵治．最新企业会计准则实务与操作［M］．北京：经济科学出版社．2007．

［5］方甲．现代工业经济管理学［M］．北京：中国人民大学出版社．1999．

［6］企业标准化管理应用中心．企业管理—经营管理卷［M］．呼和浩特：远方出版社．2005．

［7］刘世萱．西方经济管理［M］．广州：广东经济出版社．2000．

［8］郭翔．关于目标成本管理方法的探讨［M］//朱光亚，周光召．中国科学技术文库．北京：科学技术文献出版社．1998：1252－1253．

［9］郭翔．国企改革的出路在哪里［J］//中国报道杂志社，中国发展文科编委会．中国发展文库——理论与实践．北京：中国世界语出版社．2001：580－581．